国家社科基金项目《中国应对气候变化法律框架研究》的最终研究成果，基金项目编号：10CFX062

低碳经济背景下
中国应对气候变化法律框架研究

郭美含　著

群众出版社
·北　京·

图书在版编目（CIP）数据

低碳经济背景下中国应对气候变化法律框架研究 / 郭美含著．—北京：群众出版社，2020.1
ISBN 978-7-5014-5987-2

Ⅰ.①低…　Ⅱ.①郭…　Ⅲ.①气候变化—法律—研究—中国
Ⅳ.①D922.684

中国版本图书馆 CIP 数据核字（2019）第 164195 号

低碳经济背景下中国应对气候变化法律框架研究
郭美含　著

出版发行：群众出版社
地　　址：北京市丰台区方庄芳星园三区 15 号楼
邮政编码：100078
经　　销：新华书店
印　　刷：北京市科星印刷有限责任公司

版　　次：2020 年 1 月第 1 版
印　　次：2020 年 1 月第 1 次
印　　张：10.125
开　　本：880 毫米×1230 毫米　1/32
字　　数：273 千字

书　　号：ISBN 978-7-5014-5987-2
定　　价：48.00 元

网　　址：www.qzcbs.com
电子邮箱：qzcbs@ sohu.com

营销中心电话：010-83903254
读者服务部电话（门市）：010-83903257
警官读者俱乐部电话（网购、邮购）：010-83903253
法律图书分社电话：010-83905745

自　序

近年来，以全球变暖为代表的气候变化问题在世界范围内愈演愈烈，气候变化不仅改变着生态系统，亦影响着人类社会。气候变化往往伴随着一国农作物的减产和自然灾害的出现，需要开展一系列的应对气候变化活动以降低其威胁；另外，即使该国在气候变化的压力下开展一系列的应对气候变化活动，但该国原有的发展进程也会因此减慢。在这个意义上，气候变化已不再是纯粹的环境问题，而是全人类的发展问题。

气候变化本是气候因素自然演变的产物，但随着近 200 年来人类社会的扩张，气候变化变得多发和剧烈。气候变化的应对需要人类转变粗放的、高能耗的发展方式，努力减少生产、生活过程中的温室气体排放，走可持续发展之路。但是，气候变化应对的过程是一个供给生态公共产品的过程，基于公共产品的外部性而得不到应有的支持。此外相较于经济实力、科学技术较为发达、社会福利制度基本完善的欧美发达国家，转变发展方式、开展应对气候变化活动对于发展需求强烈的发展中国家来说意味着“舍近求远”，从而导致该国人民的物质文化需求不能尽快得到合理满足，最终诱发国内矛盾。气候变化不是凭一时能解决，也不是仅凭一国或几国的力量就能解决的问题，全人类必须携起手来，共同面对全球气候变化的问题，并以《联合国气候变化框架公约》和《京都议定书》为基础，建立应对气候变化国际合作的基本框架，并在该框架下努力开展国内外应对气候变化的活动。

我国是《联合国气候变化框架公约》和《京都议定书》的最初缔约国，同时，也是应对气候变化国际活动的积极参加者。在国际气候谈判中，我国始终坚持“共同但有区别的责任”原则，多次打破僵局，促成了《巴厘路线图》《坎昆协议》等重要国际条约的出台。我国秉承可持续发展的理念，积极履行减排义务，努力颁布政策、加强立法、调整产业结构、提高能源使用效率，发展可再生能源，使得我国的气候变化问题得到了一定的改善。

《京都议定书》第一承诺期已于2012年正式结束，这标志着新一轮的环境利益分配将在全球范围内展开。在《京都议定书》的替代方案尚未出台的今天，高能耗发展模式的既得利益者（主要是西方发达国家）往往不愿为其发展所带来的环境破坏埋单，而是抱着转移国内环保压力的目的大力呼吁发展中国家承担更多的减排义务；广大发展中国家则开始在国际气候谈判中为自己争取生存和发展的空间。我国虽不是《京都议定书》规定的应承担量化减排义务的国家，但由于近年来我国应对气候变化活动的成绩显著，在谈判中屡屡成为发达国家攻击的“靶子”。作为负责任的大国，积极承担力所能及的减排义务，为应对气候变化作出贡献是我国的一贯立场，但如何将应对气候变化与维护我国国家利益相结合是不得不认真考虑的问题。亦即在今天我国不仅要努力开展应对气候变化活动，更要提高应对气候变化活动的质量和稳定性，法律作为理性的制度化，在这一过程中发挥着重要作用。

应对气候变化活动在法律支撑层面需要一部专门的《应对气候变化法》及其引导下的应对气候变化法律体系，即我们通常所说的中国应对气候变化法律框架。在过去的三十年里，我国相继制定与修订了《环境保护法》《清洁生产促进法》《可再生能源法》《节约能源法》《循环经济促进法》《大气污染防治法》《水法》《森林法》等一系列环境资源保护法律，并颁布了大批行政法规、部门规章作为这些法律的配套规定。这些法律法规虽未专门针对气候变化进行制定，但从环境保护的本质上看仍与应对气候变化活动有密切联系，为中国应对气候变化法律框架的构建提供了坚实的基础。

为从宏观上指导应对气候变化活动，我国于2007年6月颁布了发展中国家首部应对气候变化国家方案——《中国应对气候变化国家方案》。在不久后的2008年，国务院新闻办公室于10月29日发表了首部《中国应对气候变化的政策与行动》白皮书，正式确立了我国将每年颁布一份《中国应对气候变化的政策与行动》白皮书，由此向全世界宣告我国在应对气候变化成果方面形成了惯例。《中国应对气候变化的政策与行动（2011）》白皮书指出，我国应对气候变化活动在“十二五”期间的重点是研究并制定应对气候变化的专门法，根据实际工作所需修订相关法律法规，[①] 这表明应对气候变化的法治化已是大势所趋。《国家应对气候变化规划（2014—2020年）》指出，要“加快构建中国特色的低碳发展模式，将减缓和适应气候变化融入经济社会发展的各个方面”，为“十三五”期间我国的应对气候变化活动作出了全面部署。

气候变化问题的全球性决定了在应对气候变化活动的过程中必须各国各领域通力合作，由此国际层面的法律应对机制是必不可少的。在过去，我们通常将关注的基本问题摆在气候变化国际法律领域的基本问题上，而较少抱着找出其目前和未来发展阶段的不足之处的态度对气候变化国际法律本身认真分析；更没有在国际实证分析的基础上，结合我国目前的实际情况提出宏观、全面的应对气候变化法律框架构建思路，实现国际法的国内法转化，使《联合国气候变化框架公约》和《京都议定书》的规定真正落到实处。尽管作为发展中国家，我们有必要强调共同但有区别责任原则，但是作为负责任的大国，有必要提升“道义责任理念”，从自身内部法

---

① 参见《中国应对气候变化的政策与行动（2011）》白皮书，载中华人民共和国中央人民政府网站，http://www.gov.cn/jrzg/2011-11/22/content_2000047.htm，2011年11月22日访问。

律实践做起，为温室气体减排的落实真正尽一份力。[①] 在这样的背景下，努力构建中国应对气候变化的法律框架，将应对气候变化全面纳入到法治的轨道是十分必要的。

中国应对气候变化法律框架并不是我国现有法律的简单汇编，而是在专门的《应对气候变化法》的引导下，对于各类法律、行政法规、部门规章、地方法规的体系化，是内部优化与外部协调的结合，是对现有应对气候变化法律制度的梳理和上升，因此架构中国应对气候变化法律框架是一项长期的，具有专业性与技术性的活动。还需要注意的是，应对气候变化的最终目的是实现经济社会的全面协调可持续发展。在这个层面上，构建应对气候变化法律框架须与发展低碳经济相结合。发展低碳经济、构建“低碳社会”是人类对过去的发展模式进行反思的重要成果，同时也是我国复兴路上的必然选择。事实上，“低碳社会”的构建，就是中国政府在经济发展领域认真贯彻《联合国气候变化框架公约》及《京都议定书》的最好佐证，因为中国不仅仅积极参与国际应对气候变化事业的发展，还注意从内部解决自身的问题，努力在国内发展低碳经济，构建“低碳社会”。可以说，发展低碳经济，既可以完成国家节能降耗指标的要求，实现控制气候变化的目的，又可以实现经济结构的调整与优化，如何将发展低碳经济的要求嵌入到构建应对气候变化法律框架的过程中，是需要密切关注的问题。

基于此，本书以低碳经济发展为背景，以法学、经济学理论为分析方法，以中国应对气候变化法律框架的基本原则、中国应对气候变化法律框架内的基本制度、中国应对气候变化法律框架的内容、中国应对气候变化执法机制、中国应对气候变化司法体制为研究对象，结合我国现行应对气候变化政策以及应对气候变化相关的法律，以国际法的国内法转化为切入点，探索建构我国应对气候变

---

① 郭冬梅：《气候变化法律应对实证分析——从国际公约到国内法的转化》，载《西南政法大学学报》2010 年第 3 期。

化法律框架的合理路径，以求为中国应对气候变化的法治化提供理论支撑。

本书共分九章，第一章与第九章为导论和尾论。第二章至第八章为本书的正文主体部分，主要包括如下内容：

第一章导论部分，分别对选题背景及意义；研究现状综述；研究方法和重点难点；主要创新和尚待研究的问题进行了基本阐述。

第二章低碳经济概述，是对低碳经济及中国应对气候变化法律框架的基本介绍，旨在厘清本书涉及的基本概念。首先，本章界定了低碳经济的概念，诠释了低碳经济的基本内涵，通过与相关概念进行对比分析，明确了低碳经济的外延。其次，本章对低碳经济发展的历史沿革进行了回顾，并在前述内容的基础上说明我国发展低碳经济的五大必要性，即低碳经济是国际能源安全发展的保障、符合世界经济发展的趋势，是应对气候变化的现实选择，是可持续发展的战略选择，是我国经济发展的重要动力。最后，本章在第三节对应对气候变化法律框架作出了定义，初步界定了应对气候变化法律框架的内涵与外延，同时指出了低碳经济背景下研究气候变化法律框架对于应对气候变化活动的意义。

第三章中国应对气候变化法律框架的基本原则是指那些我国在应对气候变化问题时所应遵循的，效力贯穿于气候变化法律体系始终的，能够指导我国气候变化法律活动的根本准则，是对气候变化法律所调整的中国国内或与中国国家利益相关的法律关系的集中反映。它们包括并重区别责任和自身任务原则、不与贸易规则相冲突原则、政府主导与市场激励相结合原则、环境保护优先原则、公众参与原则、国际合作原则、减缓和适应相结合原则。本章对上述中国应对气候变化法律框架的七大基本原则的主要内容及贯彻七大基本原则实践的展开作了基本阐述，为后文中国应对气候变化法律框架的具体构建奠定了基础。

第四章中国应对气候变化法律框架内的基本制度和第五章中国应对气候变化法律框架的基本内容是本书的主体内容。第四章介绍了当今已在我国确立的重点用能单位能源利用状况的报告制度、能源效率标识制度、可再生能源上网电价与费用分摊制度等与应对气候变化相关的制度。并在介绍的基础上对其加以分析，指出现有制度的症结所在，对其予以纾解，最终作出对应性的选择，即我国应对气候变化的法律框架内的基本制度应更多地侧重于依靠市场机制而建立的制度。在上述基调的指导下，本章结合中国应对气候变化法律框架的基本原则，对本书选择的中国应对气候变化法律框架内的基本制度，即主要由碳税、碳汇、碳金融相关制度组成的“低碳经济制度”“碳排放权交易制度”和“气候信用评级机构的责任制度”的理论基础、基本内容和实践展开论述。

第五章中国应对气候变化法律框架的基本内容，明确研究对象是中国应对气候变化法律框架的内容，即构成气候变化法律框架的具体的法律规范、法律制度及法律部门。本章将中国应对气候变化法律框架主要分为两个层面，一是中国应对气候变化境外法律框架，二是中国应对气候变化国内法律框架。

在对中国应对气候变化法律框架的内容定义，确定中国应对气候变化法律框架基本内容的方法后，按照境外法律框架和境内法律框架的顺序依次评述了境外、境内两个法律框架的基本内容，在境外法律框架层面，主要包括《气候变化框架公约》《京都议定书》，我国加入和认可的有关气候变化的其他双边、多边条约；在国内法律框架层面，主要包括《宪法》《环境保护法》，以《可再生能源法》和《节约能源法》为代表的能源利用法律体系，以《大气污染防治法》为代表的环境保护单行法，与应对气候变化相关的行政法规、部门规章、地方法规等内容。

为充分展示中国应对气候变化活动的全貌，同时为了加强论证的力度，本章在评述中国应对气候变化法律框架的基本内容的同时还穿插了应对气候变化境外法律框架的正当性论证，应对气候变化境外法律框架的中国展开，中国应对气候变化政策体系等内容。为总结经验，吸取教训，本章在明确中国应对气候变化法律框架的基本内容之后，还对“后京都时代”下中国应对气候变化立法的得失作了简单的反思与展望。

第六章中国应对气候变化司法体制和第七章中国应对气候变化执法机制旨在研究中国应对气候变化法律框架运行的法律程序基础。第六章的研究对象是中国应对气候变化的司法体制。一方面，本章从公益诉讼主体和气候公益诉讼主体两个层面阐述了中国应对气候变化诉讼主体的相关内容。另一方面，本章立足于环境资源保护法及三大诉讼法，论述了环境民事诉讼程序及环境刑事诉讼程序，以期为应对气候变化的诉讼程序设计提供参考。考虑到应对气候变化活动全球性的特征，本章还结合我国在环境法方面的具体规定，讨论了外国法院判决承认与执行的概念、条件和程序，并介绍了环境司法国际合作的相关内容。

第七章中国应对气候变化执法机制的研究内容是中国应对气候变化的执法机制。一方面，本章讨论了我国应对气候变化执法主体的相关内容，具体包括我国“执法主体”的界定，我国应对气候变化执法主体设置的缺陷以及完善应对气候变化管理机构的对策。另一方面，本章结合中国应对气候变化法律框架中的相关内容，介绍和分析了中国应对气候变化的主要执法方式，具体包括应对气候变化行政许可、应对气候变化行政规划、应对气候变化行政确认、应对气候变化行政处罚、应对气候变化行政指导、应对气候变化行政奖励和应对气候变化行政复议七种方式。

第八章中国应对气候变化的创新性路径选择，在前述研究的基础之上本章提出了中国应对气候变化的创新性路径选择，主要包括以下两种路径：第一，建立气候变化补偿基金；第二，建立气候公益信托。

对于第一种路径，首先，对传统侵权诉讼路径应用于由气候变化所引起的纠纷的不足之处进行了剖析，明确提出了建立气候变化补偿基金的必要性。其次，提出建立气候变化补偿基金，并对气候变化补偿基金的四个关键元素进行了探讨，主要包括：第一，气候变化补偿基金设立之初的关注重点应当放在那些显著和容易识别的气候变化影响上，而非灾难性的影响；第二，气候变化补偿基金的资金来源；第三，气候变化补偿基金的人员结构；第四，气候变化补偿基金的补偿计算方法。最后，气候变化补偿基金目前并不是一个完美的方案，因此本章对其现存的一些问题进行了介绍，以期后继研究者能够对此进行更为深入的研究。

对于第二种路径，首先，介绍了气候公益信托的基础——公共信托原则。其次，剖析了一般法对于应对气候变化诉讼的价值，总结出一般法用于应对气候变化法律问题的四个特点。最后，提出建立气候公益信托，并对我国建立气候公益信托要注意的三个方面进行了分析。

第九章尾论在前面八章内容的基础上，阐述了本书的基本思路和得出的基本结论，并对中国应对气候变化活动的未来走向作出了思考与展望。

希望本书对中国应对气候变化法律框架的研究和实际构建尽微薄之力，是为序。

目　录

第一章　导　　论

第一节　选题背景及研究意义

一、选题背景

气候（Climate）是在多年时段中，地球上某地区大气的一般状态，是特定时段之内，特定区域的各种天气过程在整体上的表现。气候往往可通过气温、降水、风力等要素①在不同时段的变化表征，并因为纬度、地形、海陆等因素而具有明显的地域性。一般认为，一定区域内气候的特征对该区域的生态系统有着重要影响。

气候不仅影响着生态系统，还影响人类社会。比如，特定区域的气候特征决定着该区域内的农业生产结构、工业发展方向、社会生活方式等。但随着人类进入现代文明社会，气候对于人类活动的影响逐渐减弱，人类活动甚至可以在一定程度上影响气候。工业革命以来，科学技术的发展改变了人与自然的关系，使得人类社会得以迅速扩张。然而，这样的高速发展是以牺牲自然环境为代价的。工业革命以后，人类社会在经济、科学、工业、人口等方面的迅猛发展导致化石燃料使用的急剧上升，排放了大量的、成尖锐增长态

① 研究气候的科学被称作气候学，温度、降水等能够表征气候特点的变量通常被称作“气候要素”。

势的温室气体，最终导致全球气候正经历一场以气候变暖为主要特征的显著变化。自然环境的许多部分已经开始受到全球气候变暖逐渐深化的影响，具体包括海平面上升、冰川融化、动物和植物的数量及分布范围变化等。这一系列的变化打破了生态系统的平衡状态，催生了一系列的自然灾害，进而影响到人类社会。

气候变化是人类社会发展的副产品，但在今天，它对人类社会呈现出全方位、多层次的影响，这不仅是环境问题，更是经济问题、政治问题和社会问题。根据联合国政府间气候变化专门委员会(IPCC)[①] 于2013年发布的《气候变化2013：物理科学基础》报告，自1950年以来，部分气候要素的变化是过去几十年甚至千年以来史无前例的。例如，1880年到2012年，全球海陆表面平均温度升高了0.85℃；2003年到2012年海陆表面平均温度比1850年到1900年平均温度上升了0.78℃。此外，1901年到2010年，全球平均海平面上升了19厘米，上升速度高于过去两千年。而在过去的10年间，冰川融化的速度也比20世纪90年代加快了数倍。[②] 虽然不同地区间的气候变化幅度不同，但从整体上看，气候变化的趋势在全球范围内无疑已具有相当的普遍性。气候变化引发的飓风、海啸、洪水等自然灾害；气候变化引发的暴雨、旱灾等极端天

---

① 联合国政府间气候变化专门委员会（Intergovernmental Panel on Climate Change，IPCC）是世界气象组织（WMO）及联合国环境规划署（UNEP）于1988年联合建立的政府间机构。其主要任务是对气候变化科学知识的现状，气候变化对社会、经济的潜在影响以及如何适应和减缓气候变化的可能对策进行评估。IPCC本身不做任何科学研究，而是检查每年出版的数以千计有关气候变化的论文，并定期评估报告，总结气候变化的“现有知识”。目前IPCC分别于1990、1995、2001、2005、2014年发布了5次评估报告，为应对气候变化国际合作提供了强有力的理论支持。

② 《IPCC第五次评估报告：过去130年全球升温0.85℃》，载中国新闻网，http://www.chinanews.com/gn/2013/09-29/5336991.shtml，2013年9月29日访问。

气不仅可能破坏人类设施；还可能影响农牧业，导致农产品产量下降，最终催生贫困、饥荒等人道主义灾难，使得“气候难民”大量出现，甚至在少数政治局势不稳定的地区，气候变化可能为恐怖主义的孕育提供土壤，危害国家安全和世界和平。此外，气候变化可能会加快某些传染性疾病的传播，在一些医疗卫生设施不完备的国家和地区（以非洲为典型），气候变化往往会导致瘟疫，严重威胁着人们的生命健康。① 可以说，气候变化严重侵害着人们的发展权，放任气候变化，继续维持高能耗、高排放的发展方式意味着侵占我们子孙后代的发展空间。

在这样的背景下，将应对气候变化与可持续发展联系到一起已成为人们的共识，全世界都必须严肃认真地对待由于温室气体排放而导致的温室效应以及全世界范围内的气候变化，仅仅依靠一个国家的内部力量，必然无法真正解决全球范围的气候变化，甚至连自己本国的气候变化问题都无法解决。早在 1988 年 12 月，第 43 届联合国大会根据马耳他政府“气候是人类共同财产之一部分”的提案，决定在全球范围内对气候变化问题采取必要和及时的行动。② 基于对气候变化带来的负面效应的共识，世界多数国家都将目光转向国际社会，开始寻求双边或者多边的解决方案。1992 年，来自 150 多个国家的代表在巴西里约热内卢共同签署了《联合国应对气候变化框架公约》（以下简称《气候公约》），并在其基础上开展了一系列的应对气候变化的国际合作。

然而，开展国际合作应对气候变化活动意味着放弃过去惯行的高能耗、高排放的发展方式，会牺牲一国国内的经济发展速度。这意味着，一国在国际应对气候变化活动中是否承担减排义务、承担

① 杨泽伟：《国际法析论》，中国人民大学出版社 2012 年版，第 127-131 页。

② 杨泽伟：《国际法析论》，中国人民大学出版社 2012 年版，第 124 页。

什么样的减排义务与该国的国家利益密切相关，各国都不得不认真思考自己在应对气候变化活动中应扮演什么样的角色，并努力在全球气候博弈中抢占先机。这也是近年来国际气候谈判久拖不决，难以取得实质性进展的根本原因。应对气候变化是全人类的共同责任，近年来，部分发达国家在国际应对气候变化谈判中不断给以中国为代表的发展中国家施压，推诿自身减排义务的做法是不可取的，但如何在承担减排义务与保持国内经济发展间保持平衡，还需要各国的进一步思考与合作。

自 1993 年交存《气候公约》的加入书以来，我国一直是应对气候变化活动的倡导者和践行者。我国不仅积极参与和推进各类应对气候变化的国际谈判，还努力开展一系列应对气候变化的活动。在全国人民的共同努力下，我国对气候变化的适应能力和控制能力有了较大的进步。

然而，过去二十年里我国在应对气候变化方面所取得的众多成就是和我国薄弱的发展基础以及宽松的国际环境息息相关的。我国终究是发展中国家，现阶段不论是在农业还是在工业上都存在较大的发展需求。在城乡发展差距尚未明显缩小的今天，我国的能源结构还不合理，能源利用技术亟待完善，这就意味着我国以煤炭为主的能源结构短时间内难以改变，在未来十年里采矿、金属冶炼、燃煤发电等高碳产业仍将是我国经济结构的重要组成部分。应对气候变化，意味着在适应气候变化影响的基础上，努力减缓气候变化，最终将全球气候稳定在一个适合的程度上。从根本上看，应对气候变化需要设法弱化温室气体排放和经济发展间的联系。当今世界正经历一场经济和社会发展方式的变革，其核心内容是：发展低碳能源技术，提高能源效率，优化能源结构；转变经济发展方式。建立低碳经济发展模式和低碳社会消费模式，并将其作为协调经济发展与保护气候之间关系的根本途径。[①] 在科学发展观的指导下大力发展低碳经济，走新型工业化道路是我国的必然选择。近年来，我国顺应全球低碳经济潮流，在国内坚持加快转变经济发展方式，努力使节能减排贯穿于所有部门的经济发展之中，以期达到经济发展与应对气候变化间的和谐统一。

此外，国际局势的变化也为我国在新时期应对气候变化活动提出了新要求。基于环境问题的潜在性、突发性和不可逆转性，大多数的国际环境条约采取了先签订一个原则性的“框架条约”，规定应对气候变化国际合作的基本原则及各缔约方的基本权利义务，然后陆续通过出台“议定书”或“附件”的形式来对框架公约的内容做进一步的、技术性的细化，[②] 这样的国际条约体系构建模式被称为“框架公约——议定书模式”。目前的应对气候变化国际条约体系将《联合国气候变化框架公约》作为“框架条约”，并通过《京都议定书》及其附属条约来确保国际应对气候变化活动的合理运行。这本是一个较为合理的模式，但在 2005 年《京都议定书》通过之后（亦被称为“后京都时代”），国际应对气候变化局势却显得扑朔迷离。出现前述情况的原因主要在于各国为维护自身利益，在《京都议定书》的履行上难以达成共识，一部分的缔约国退出了《京都议定书》，部分发达国家则开始向中国、印度等发展中大国施压，要求它们承担更多的减排义务。2015 年年底，新的应对气候变化国际条约《巴黎协议》最终得以通过，它将取代于 2020 年到期的《京都议定书》成为未来开展应对气候变化国际合作的“总纲领”，这意味着“气候外交”将迈出新的一步，新的秩序呼之欲出。在这样的背景下如何抓住机遇，努力迎接挑战，将是

---

① 何建坤、周剑、刘滨、孙振清：《全球低碳经济潮流与中国的响应对策》，载《世界经济与政治》2010 年第 4 期。

② 秦天宝：《严格法律意义上的国际环境法渊源初探》，载《探索·创新·发展·收获——2001 年环境资源法学国际研讨会论文集（上册）》。

摆在国人面前的一个难以回避的问题。

2014年11月出台的党的十八届四中全会《决定》强调要“推进多层次多领域依法治理。坚持系统治理、依法治理、综合治理、源头治理，提高社会治理法治化水平”。应对气候变化的法治化理应属于其中的重要内容。笔者认为，应对气候变化不仅是环保界和经济界的责任，同时也是法律界的责任。目前，我国并未制定专门的《应对气候变化法》，但存在大量的应对气候变化政策，应对气候变化活动更多是由这些政策在指导。众所周知，气候变化活动的法治化具有明显的优越性。加强应对气候变化立法，努力实现应对气候变化政策的法定化，可以使政府、企业和民众了解他们在应对气候变化活动中的法律权利和义务，并使得他们得以根据法律的规定，在日常生活中作出与法律规定相符的，有利于减缓和适应气候变化的行动选择，通过法律的强制力，处罚和纠正不利于减缓和适应气候变化的行为，最终促进应对气候变化政策的实现。同时也有利于低碳经济在我国的平稳发展。节约资源、保护环境是我国的基本国策，加强气候变化应对，确保美丽中国建设平稳进行是我国复兴之路上的重要一环。中国的新一轮应对气候变化活动应当被纳入到法治化的轨道上来。

然而，不论是由《联合国气候变化框架公约》确立的应对气候变化国际合作基本原则、基本制度，抑或《京都议定书》规定的履行机制和量化的减排义务，都仅在国际法领域发挥作用，并且其中大量的规定是不具有强制力的“软法”。为确保我国应对气候变化的活动落在实处，我们不仅要积极参与到全球应对气候变化的大潮中，更要探索出一条既能有效地应对气候变化，又不过度阻碍我国经济发展需求的应对气候变化道路。这就需要我们立足于应对气候变化国际条约的规定，结合我国国情将国际条约国内化，在做到有法可依的前提下努力实现有法必依。

尽管我国还未制定专门的《应对气候变化法》，但环境资源保护立法一直被我国所重视。我国现已制定与修订了《环境保护法》

《可再生能源法》《循环经济促进法》《节约能源法》《清洁生产促进法》《大气污染防治法》《森林法》《水法》等一系列的环境资源保护法律，这些法律虽不和应对气候变化直接相关，但其贯彻执行有利于促进我国的应对气候变化活动。例如，《节约能源法》《可再生能源法》有利于推进节能减排活动，《森林法》有利于保护森林碳汇等。此外，中央和地方为促进这些法律的施行，还相继制定和颁布了一系列的行政法规、部门规章和地方法规，在广义的法律概念下它们也具有法律渊源的性质。如何将这些法律串联起来，建立自己的应对气候变化法律框架，使这些法律在发挥原有作用的同时为应对气候变化活动作出更大贡献，无疑是值得研究的。

二、研究意义

应对气候变化活动具有“牵一发而动全身”的特点，相应地，应对气候变化法律框架必然是一个庞杂的体系。中国应对气候变化法律框架的构建涉及背景的把握、概念的界定、基本原则的选择、制度的设计和基本内容的确定，同时还须和中国现有的环境执法程序和司法体制相协调。本书将立足于新时期我国的低碳经济建设，从现实到展望，从法理到规范，从实体到程序，研究中国应对气候变化法律框架的构建思路和具体展开。

本书研究的主要问题，尤其是中国应对气候变化法律框架下具体制度的设计与基本内容的确定问题，属于目前环境法研究的前沿问题。对于这些问题的研究对解决“后京都时代”下中国如何应对全球气候变化有着重要的意义。研究国际环境法的国内法转化问题，有利于我国进一步明确自身的立场，以更灵活的方式应对气候变化领域内的国际交流与合作。同时也有利于借鉴国外的先进经验，为我国应对气候变化法律制度的构建与完善提供理论依据和决策参考。此外，研究中国应对气候变化法律框架的构建还有利于推进我国的低碳经济建设。

第二节　研究对象

本书将立足于低碳经济的背景，研究中国应对气候变化法律框架的概念、基本原则、主要内容、基本制度与实践构想。在展开具体的论述前，本节将对中国应对气候变化法律框架作出初步的界定，以引领接下来数章的内容。

一、应对气候变化法律框架的调整对象

在阐述了低碳经济的相关内容后，本节试图对全书的研究对象及中国应对气候变化法律框架作出初步的界定，以引领接下来数章的内容。

定义旨在描述某一概念的真实意义，并表征其外延。在逻辑学上，前述“真实意义”被称作词项的内涵意义，即普遍词项指谓的所有对象并且仅仅那些对象共同拥有的属性集。[①] 因此，我们在为中国应对气候变化法律框架作出定义前，我们有必要对其调整对象及基本特征作出界定。应对气候变化法律框架的调整对象是应对气候变化活动中所产生的法律关系。本书认为，应对气候变化活动是指国家、企业、团体、个人实施的，能够直接或间接地减缓气候变化进程、增强人类对气候变化适应能力的活动，其基本属性如下：

应对气候变化活动的第一个属性是空间上的双层性，即包含国际和国内两个维度，这两个维度相互依存。气候变化的全球性与政治性决定应对气候变化是全人类的共同责任，需要各国团结协作，制定国际性的应对气候变化方案。而这些方案的最终实现，则需要各国将国际性的应对气候变化方案同本国国情结合在一起，在本国

---

① 苏南：《首部气候变化中长期规划问世》，载高新网，http://www.chinahightech.com/html/1842/2014/1008/1325029.html，2014 年 10 月 8 日访问。

履行这些国际方案。

应对气候变化活动空间上的双层性决定了其主体的广泛性，应对气候变化活动的主体不仅包括国家、国际组织等国际法主体，还包括国内法意义上的企业、社会团体。在特殊情况下，个人也能成为应对气候变化活动的主体。

应对气候变化的核心方式是减缓与适应。气候变化原本是自然长期演变的产物，之所以会成为危机，是因为气候变化因人类社会的飞速扩张而变得迅速而剧烈，而生态系统和人类社会无法充分适应这样的剧变。这就意味着，气候变化至少在很大程度上是不可逆的，人类开展应对气候变化的活动，不是要使气候变化中止，而是要努力降低气候变化对自然环境和人类社会的不利影响，即一方面要减缓气候变化的进程和强度，另一方面要增强对气候变化的适应能力。前者如节能减排，后者如修建堤防、培育新型农产品等。这也导致应对气候变化活动在形式上的多样性。颁布政策、加强立法、调整产业结构、提高能源使用效率、优化能源结构、增加碳汇、加强地方对气候变化的适应能力、提高应对气候变化的科技支持都属于应对气候变化活动的内容。相应地，无论是国家、企业和个人开展的直接减缓或适应气候变化的活动，还是国家机关通过对上述活动的规划、监管、保障等方式间接减缓或适应气候变化的活动均属于应对气候变化活动。亦即应对气候变化法律框架不仅调整人与自然的关系，还调整人与人的关系。

应对气候变化是一项具有很强的公共性及外部性的活动。原因在于，选择开展应对气候变化活动意味着摒弃多年来粗放的、以消耗大量可再生能源换取经济发展的生产方式，走低碳经济之路。这对于企业来说意味着放弃利润，对国家来说则意味着牺牲经济发展速度。而它们所面对的气候变化问题在很大程度上却是在受困于外部性而无力供应公共产品的市场经济下产生的。这些因素要求应对气候变化活动在国际层面必须由发达国家主导以满足发展中国家的正常发展需求，在国内层面必须由政府主导以发挥国家这一“有形的手”集中力量办大事的优势。这也决定了单纯依靠立足于个人本位和意思自治的私法不足以对应对气候变化的法律关系加以调整，[①] 而组成中国应对气候变化法律框架的法律部门更应当立足于国家利益和社会利益，运用强制性规范调整公法和社会法。

二、中国应对气候变化法律框架的特征

“框架”（Framework）一词通常用来比喻事物的组织和结构。在法学领域，法律框架和法律体系一般作为同一概念的不同表述形式来使用，二者均是指由一国现行的全部规范性法律文件按照不同“法律部门”分类组合形成的一个呈现体系化的有机联合的统一整体。法律体系是教义学思维的产物，按照德国学者阿列克西的观点，法教义学的任务在于对法律概念的逻辑分析、将这种分析概括为一个体系、将这种分析的结果用作司法裁判的证立三个方面，[②] 亦即法律体系作为分析法律所使用的工具，本身即具有司法导向性。构建法律体系的前提是将法律看作一个多层次的构造物，将法律整体分为法律规范→法律制度→法律部门→法律体系四个层次，其中，法律部门（有时亦被称作“部门法”）是组成法律体系的基本要素，但法律体系并不是法律规范乃至法律部门的简单堆积，而是法律规范、法律制度、法律部门按照一定的价值标准和逻辑原则相互联系、相互补充、相互制约而形成的整体，具有较强的系统性。

本书承认法律框架与法律体系在概念上的一致性，但在表述上采取“法律框架”而非法律体系，原因在于法律对于应对气候变化活动的调整具有框架性。应对气候变化国际合作的走势决定着各国国内气候变化活动的方向，虽然人类已经在团结一致，广泛开展

---

① 当然，这并不意味着中国应对气候变化法律框架中不包含私法规范。

② ［德］罗伯特·阿列克西：《法律论证理论——作为法律证立理论的理性论辩理论》，舒国滢译，中国法制出版社2002年版，第314页。

应对气候变化活动的必要性等方面达成了共识，并纷纷在国际和国内进行了一系列的应对气候变化活动，但各国在减排义务的分配及对发展中国家进行援助的具体方式上始终未能达成共识。在此背景下，如果国内法对于应对气候变化活动作出过于详尽的规定，一旦相应的国际局势发生变化，之前的国内立法很可能会因不能适应新的应对气候变化国际合作模式而变得无用武之地。如果该国采取“先立法，后废止”的模式，又会使得法律丧失稳定性，从而动摇其权威。正基于此，在立法上较为灵活和经济的做法是立足于现行的《联合国气候变化框架公约》—《京都议定书》体系，整合我国现有的应对气候变化政策及相关法律，对我国应对气候变化的基本立场、基本原则、基本制度做原则性、框架性的规定，对于更具体的内容，则交由应对气候变化政策调整。

应对气候变化法律框架所包含的法律部门具有多样性，这是由其调整对象即应对气候变化活动的性质决定的。应对气候变化活动在空间上的双重性决定其同时受国际法和国内法调整；主体的广泛性和形式的多样性决定其同时受实体法和程序法调整。公共性和外部性决定其同时受公法和私法调整。这就意味着，中国应对气候变化法律框架同时涉及国际法和国内法、实体法和程序法、公法和私法。需要特别指出的是，由于气候变化和能源资源节约及自然环境保护息息相关，因此应对气候变化法律框架的主要内容是环境与资源保护法中与应对气候变化相关的部分。

此外，本书的研究对象是中国应对气候变化法律框架，而非一般意义上的应对气候变化法律框架。中国应对气候变化法律框架具有中国性，具体表现为：

在目标上，中国应对气候变化法律框架立足于中国国情，旨在维护中国的气候利益，解决中国问题；在组成部分上，中国应对气候变化法律框架的组成部分须是中国的国内法或中国签署或承认的国际法；在效力上，中国应对气候变化法律框架的效力原则上仅限于中国国内。

综上所述，笔者将中国应对气候变化法律框架初步界定为，以环境资源保护法为主的调整中国国内的或与中国的国家利益相关的应对气候变化法律关系的法律规范、法律制度、法律部门按照一定的原则相互联系、相互补充、相互制约而形成的框架性系统。需要指出的是，这个定义含有描述的意味，其作用在于减少歧义而非对中国应对气候变化法律框架采取终局性的论断。而在应对气候变化的立法进程飞速推进的今天，实际上也不可能出现某种“一劳永逸”的定义。

第三节　国内研究现状综述

一、研究现状

早在20世纪五六十年代，我国就有对气候变化的研究，但更多是在气象学为代表的自然科学的框架之下研究气候变化问题，国内外的气候变化史或是研究气候变化对于农业发展的影响是主要的研究内容。随着20世纪七八十年代以来国际社会对于气候变化问题的重视，我国学界开始将气候变化与气候异常联系到一起，将关注点放在当时逐渐映入人们眼帘的气候变化问题上。20世纪90年代以来，我国的气候变化研究取得了较大进展。最为直观的改变在于我国的气候变化研究对于气象学的框架有所突破，国内学者开始将研究的重点摆在气候变化的影响上，以法学为视角的气候变化研究也有出现。自中国签署《联合国气候变化框架公约》以来，尤其是2005年《京都议定书》强制生效后，学界对于气候变化的研究热点大幅增加，应对气候变化目前已成为学界的热点问题。

基于气候变化的全球性、长期性与政治性，应对气候变化必然是多主体、全方位的活动。相应地，气候变化亦是自然科学界和社会科学界共同关注的问题，各学科往往以自己的学科为基础，结合其他学科的内容或方法展开论述。以社会科学中的主要学科为例，面对气候变化问题，经济学界认为要转变经济发展方式，发展低碳经济；法学界则提出要通过专门立法和相关领域立法来构建我国应对气候变化的法律制度等。由于本书研究的对象是低碳经济背景下的中国应对气候变化法律框架，属于法学类的研究，故在下文仅就我国法学界对应对气候变化法律框架的研究展开综述。

具体来看，在“中国知网”数据库（社会科学Ⅰ辑）以“气候变化”为主题、1990—2016年为检索时间，共能检索到4787篇论文；其中属于法学学科的论文共2100篇，占总数的43.9%。从二级学科看，1990—2016年2083篇以“气候变化”为主题的法学论文中包含“国际法”类论文886篇，“行政法及地方法制”类论文832篇；“经济法”类论文113篇；“法理、法史”类论文203篇；“民商法”类论文46篇；“诉讼法与司法制度”类论文12篇；“刑法”类论文8篇。以“气候变化法律”为题名，其他条件不变，则只能检索到74篇论文。其中与应对气候变化法律框架的构建直接相关的研究有28篇，它们分别是：《我国应对气候变化法律对策研究》（汤钊）、《应对气候变化法律制度研究——从“外”到“内”的理性回归》（郭冬梅）、《论哥本哈根协议的法律价值——兼论中国应对全球气候变化法律措施的完善》（顾华详）、《气候变化法律应对实证分析——从国际公约到国内法的转化》（郭冬梅）、《中国应对气候变化法律体系的完善》（孔令颖）、《全球气候变化法律应对及“后京都时代”我国的对策》（袁海勇）、《中国应对气候变化的法律对策》（袁海勇）、《中国应对气候变化的法律对策》（牟景和）、《中国应对气候变化的法律对策》（李培祥）、《应对气候变化的环境法问题研究》（赵娜）、《应对气候变化立法研究》（李英丽）、《应对气候变化行政法律机制研究》（柳珉）、《我国应对气候变化的立法对策研究》（霍伟华）、《我国气候变化立法研究——以减缓、适应及其综合为路径》（廖建凯）、《气候变化背景下我国环境法的应对》（杨白）、《气候风险视域下我国应对气候变化之法律进路》（钟凰元、张积储）、《应对气候变化的法律框架建议》(郭锋、苏苗罕、张小平)、《中国适应气候变化的法律对策》(曾文革、毛媛媛)、《我国气候变化立法问题研究》(梅霄)、《试论〈京都议定书〉对我国环境立法的挑战》(周鹏)、《中国发展低碳经济的法律与政策问题研究》(朱秉男)、《我国应对气候变化立法现状及其完善建议》(胡珀、强晓捷)、《国际气候变化制度的完善及中国的立场与对策》(阮一真)、《日本温室气体减排政策与法律研究——兼论我国相关制度的完善》(范思立)、《国内外应对气候变化立法研究进展》(刘海涛、杨洁)、《全球气候变化背景下我国法律应对问题的思考》(王健)。

(一) 梳理与反思我国气候变化立法现状

现有的研究大多对我国应对气候变化的立法情况做了不同程度的梳理。例如,廖建凯博士在其博士论文《我国气候变化立法研究——以减缓、适应及其综合为路径》中认为在我国尚未针对气候变化进行专门立法的情况下,我国气候变化法律体系的主要内容体现在环境保护法、能源法、产业法(一方面排放温室气体,另一方面又受到气候变化不利影响的工农业领域)和灾害防御法等法律部门或法律领域之中。[①] 华北电力大学梅霄的硕士论文《我国气候变化立法问题研究》则将我国现有应对气候变化立法分为能源领域立法(包括清洁能源和节约能源两个方面)、环境保护立法、工农业生产立法、灾害防御立法四个方面。[②]

在梳理我国气候变化立法的同时,部分学者还对我国的气候变化立法进行了反思。例如,彭本利博士认为,我国现今的应对气候变化立法缺乏专门性、系统性和可操作性,难以同地方的应对气候

① 廖建凯:《我国气候变化立法研究——以减缓、适应及其综合为路径》,中国检察出版社 2012 年版,第 121-127 页。

② 梅霄:《我国气候变化问题立法研究》,华北电力大学 2014 年硕士论文。

变化活动有效对接，应进一步加快应对气候变化政策的法律化。[1]

（二）解读应对气候变化国际条约内容

应对气候变化是全球性的活动，气候变化国际条约对于指导应对气候变化的国际合作有着重要意义，我国学者通常选择从《联合国气候变化框架公约》和《京都议定书》入手，解读它们的内容。例如，吕霞博士《〈气候变化框架公约〉中的应对气候变化责任原则解析》一文立足于《联合国气候变化框架公约》中的应对气候变化责任原则，认为其表述应当是“共同但有区别的责任”和“各国能力”的原则，前者以温室气体排放量为责任承担基础，后者则更加侧重应对气候变化的能力。同时指出，人均国民收入、工业化水平和能源结构等因素对我国寻求责任分担上的公平待遇是有利的，现阶段我国应该更多地考虑从“各国能力的原则”中获得帮助，而不是一味地重复“共同但有区别的责任”。[2] 再如江伟钰教授的《21世纪绿色GDP与〈气候变化框架公约〉京都议定书研究》一文将《联合国气候变化框架公约》和《京都议定书》与GDP的绿色化相联系，认为要实现《京都议定书》的承诺，必须实现绿色GDP的发展。[3] 近年来，一些学者开始结合国际气候外交的进程，探究在“后京都时代”全球气候博弈背景下维护我国国家利益的路径，如郭冬梅副教授的《〈气候变化框架公约〉履行的环境法解释与方案选择》一文则以《联合国气候变化框架公约》的“软法”性质及其履行困境为基础，对“震慑”和“激励”两种方案进行理论和实证的博弈分析，认为国际环境条约的履行机制应以“震慑型”方案为主，借鉴执行中的国家行为理论和各国国

---

① 彭本利：《中国气候变化立法的重点》，载《前沿》2012年第11期。

② 吕霞：《〈气候变化框架公约〉中的应对气候变化责任原则解析》，载《中国政法大学学报》2012年第3期。

③ 江伟钰：《21世纪绿色GDP与〈气候变化框架公约〉京都议定书研究》，载《法学杂志》2005年第5期。

内环境法的执行方式。[①] 再如宋俊荣博士的《〈京都议定书〉框架下的碳排放贸易与 WTO》一文分析了《京都议定书》下清洁发展、联合履行、排放贸易三大机制，并将我国在碳排放贸易中所扮演的角色概括为温室气体减排服务的进口国和 CERS[②] 的出口国。他认为一旦 WTO 规则适用于碳排放贸易国，只要我国不作出具体承诺，就无须承担市场准入和国民待遇义务，便不会因此遭受太多的负面影响，从而得以作为 CERS 的出口国受益于 GATT[③] 规则。同时该文指出，我国有关碳排放贸易的立法还比较薄弱，今后我国应进一步加强相关领域的立法。[④]

（三）介绍国外应对气候变化立法

我国尚未制定专门的《应对气候变化法》，应对气候变化法治化对于我国亦是一个较为陌生的话题，而国外在长期的应对气候变化实践中积累了一定的经验，值得我国参考。近年来，国内部分学者从比较法的视角对国外的应对气候立法做了一定的介绍。例如，宋锡祥、高大力的《论英国〈气候变化法〉及其对我国的启示》一文，立足英国于 2008 年通过的《气候变化法》，介绍了英国《气候变化法》的出台背景和基本内容，分析和提炼出其所遵循的基本原则与主要特征，并结合中国的应对气候变化实践，阐述了英国《气候变化法》对我国的启示。[⑤] 再如郑莉副教授的《欧盟等发达国家应对气候变化法律制度探析》一文介绍了欧盟、美国和日

---

① 郭冬梅：《〈气候变化框架公约〉履行的环境法解释与方案选择》，载《现代法学》2012 年第 3 期。

② “核证减排量”简称 CERS，（Certified Emission Reductions）。

③ “关税及贸易总协定”简称关贸总协定，（General Agreement on Tariffs and Trade，GATT）。

④ 宋俊荣：《〈京都议定书〉框架下的碳排放贸易与 WTO》，载《前沿》2013 年第 13 期。

⑤ 宋锡祥、高大力：《论英国〈气候变化法〉及其对我国的启示》，载《上海大学学报》（哲学社会科学版）2011 年第 2 期。

本在气候变化国际合作中的立场，并对欧盟、美国和日本应对气候变化法律制度做了评析。该文指出，欧美日国家应对气候变化的法律制度与我国的经济发展利益攸关，对我国参与国际气候谈判具有重大影响。我国尚未制定专门的应对气候变化法，应探析他国应对气候变化的立法经验，遵循科学发展观的理念，完善有中国特色的气候变化应对法律制度体系。① 此外，一些关于中国应对气候变化法律框架构建的硕博学位论文，如郭冬梅副教授的《应对气候变化法律制度研究——从“外”到“内”的理性回归》、廖俊凯博士的《我国气候变化立法研究——以减缓、适应及其综合为路径》也在不同程度上对国外的应对气候变化立法做了评介。

（四）提出应对气候变化法律框架的构建思路

目前来看，学界更多是把构建应对气候变化法律框架作为研究的出发点和落脚点，或是在针对应对气候变化，但从整体上对应对气候变化法律框架的构建思路的专门性研究并不多。但总体来看，国内学者对于应对气候变化法律框架的构建思路争论并不大，大致上可概括为制定应对气候变化基本法、推进应对气候变化专门性立法、努力实现应对气候变化法律框架内部与其他部门法的协调性、完善各项应对气候变化法律制度、吸收国外经验等。

二、对研究现状的看法

随着气候变化问题危害的不断凸显及应对气候变化国际合作的发展，我国对于气候变化的认识亦不断深化。可以说，我国应对气候变化法治化研究的兴起正是我国应对气候变化从经验化、政策化再到法律化这一进程的反映。总体来说，对于应对气候变化法治化的研究，我国学者大致坚持了“以我为主，为我所用”的原则，将在应对气候变化国际合作中维护我国的国家利益，构建中国应对

① 郑莉：《欧盟等发达国家应对气候变化法律制度探析》，载《生态环境》2011年第11期。

气候变化法律框架作为研究的出发点和落脚点。虽然瑕不掩瑜，但国内现有的研究仍存在一些不足之处。

首先，没有将发展低碳经济与应对气候变化有力地结合起来。应对气候变化和发展低碳经济实际上是一对双生子。经济发展所伴随的高能耗和高排放往往是诱发气候变化的主要原因，想要在根本上解决气候变化，就需要设法弱化经济发展与温室气体排放之间的联系，大力发展低碳经济。而想要加快低碳经济建设，就必须在经济发展各领域尤其是工业上完善气候变化减缓制度。然而，国内的研究往往忽略了二者的紧密联系，要么单独讨论低碳经济发展，要么仅研究应对气候变化。尽管学界对于应对气候变化法治化的研究正如火如荼地进行着，但从法学视角对低碳经济的研究仍然较少。

其次，没有将应对气候变化国际法的研究与应对气候变化的国内法的研究有效地对接。目前来看，对于应对气候变化法律制度的研究主要集中于应对气候变化国际条约的解读与分析，虽然这些研究的出发点和落脚点都是解决中国问题，但它们往往忽视对国内现有立法的研究，更忽略了我国应对气候变化实践更多是由应对气候变化政策主导的现实，而只是单纯地主张用立法填补法律空白，从而使得研究成果难以与应对气候变化的国内实践有效地对接。同时，近年来我国的环境与资源保护立法活动较为频繁，而对于应对气候变化法治化建设的研究却未有效地跟上立法进程，导致大量研究成果由于立法活动的推进而成为历史文献。

再次，缺乏在整体上对应对气候变化法律框架（法律体系）构建的深入研究。气候变化问题涉及经济发展、环境保护、生态适应、国际合作诸多方面，这也决定专门的《应对气候变化法》只能是原则化、框架化的一部法律，其作用需要与其他和应对气候变化相关的法律规范、法律部门乃至国际条约相配合方能充分发挥作用。亦即中国的应对气候变化法治需要构建一个能够把应对气候变化国际法和国内法囊括在其中的法律框架。然而，现有的研究更多着眼于《应对气候变化法》的立法问题，在整体上对于应对气候变化法律框架构建的深入研究较少。

最后，缺乏对气候变化应对基础理论和制度构建的深入研究。现有的研究更多侧重于应对气候变化法律规范研究与实证研究，在很大程度上有“就事论事”之嫌，这或多或少地制约了应对气候变化研究的深度。

第四节 研究方法和研究重点

一、研究思路与研究方法

笔者认为，中国应对气候变化法律框架的构建需要立足于应对气候变化的国际形势和中国国情，有选择地将应对气候变化国际法国内化，应对气候变化国家政策法律化。同时，要在整合现有与气候变化应对相关的立法，实现其系统化的基础上，总结其内容，并在应对气候变化国际法的基本原则和基本制度的指导下，综合应对气候变化国际法、国内法和国家政策的基本内容，将其抽象化而制定出专门的《应对气候变化法》，以其为基础最终形成中国应对气候变化法律框架。

具体来看，本书将从第二章开始，以低碳经济为纽带，论述中国应对气候变化法律框架的概念、意义、基本原则、制度设计和基本内容，并介绍中国的环境执法程序和司法体制，从而展现出中国应对气候变化法律框架的大致轮廓。在研究的过程中，本书主要运用下面几种方法：

（一）规范分析的方法

本书首先明确应对气候变化法律框架的基本原则和法理基础，并力图将应对气候变化的基本价值取向贯彻于研究始终，以此统领构建中国应对气候变化法律框架的全过程。

（二）比较研究的方法

本书立足但不局限于我国的应对气候变化实践。在研究应对气候变化的中国问题的同时，还将比较和分析各国应对气候变化的实践，努力总结经验，吸取教训。此外，在必要的时候还将突破环境资源保护法的框架，探求将刑事法、行政法、民事法领域内的责任机制、诉讼程序等内容运用于气候变化应对方面的可能性，并努力找寻气候变化法律责任机制可利用的法律资源与制度资源。

(三) 文献资料的方法

通过查阅我国现有的法律法规和国内外相关学术文献，并将其与我国的应对气候变化实践相对照，力求了解现有法律框架、制度和理论的不足，从而提出改进意见。

二、研究重点

总体来看，本书研究重点有以下几个方面：

第一，实现应对气候变化法律方面符合我国国情的理论创新。本书结合全面推进依法治国的新要求，以该领域内中国应对气候变化法治为研究对象，通过规范分析法、比较研究法和文献资料法等方法的运用，以期形成较为科学、系统、全面的应对气候变化法律框架理论。

第二，实现解决当前应对气候变化的制度创新。应对气候变化，就是要加快转变经济发展方式，走低碳经济的道路。本书立足于“后京都时代”下我国大力发展低碳经济的背景，从法律的视角出发，努力探求能够实现经济发展和气候变化应对的两全之策，力求在应对气候变化的制度方面有所创新。

第三，构建有中国特色的应对气候变化法律框架。本书着眼于当下我国应对气候变化基本法和专门法缺失、缺位的现实，秉承从“外”到“内”的路径，从应对气候变化的国际条约出发，通过国际法的国内化，国内法的体系化等方式，最终提出一套具有系统性和可行性的中国应对气候变化法律框架方案，对应对气候变化法治的构建和发展尽微薄之力。

三、研究进路

构建中国应对气候变化法律框架是一个长期的、复杂的过程，需要用世界的眼光检视中国问题，并在此基础上在二者间实现协调。本书基于前述中国应对气候变化法律框架的初步界定，将在后面的章节大致按照下面的进路展开研究：

低碳经济是构建中国应对气候变化法律框架的背景。气候变化应对具有"风险投资"的性质，人类今天主动减慢发展速度而追求发展的自然协调性，是为了预防自然环境陷于不可恢复的地步而大大压榨人类未来的发展空间。低碳经济是一种可持续的发展模式，能够实现经济效益与生态效益的统一。构建应对气候变化法律框架，应当立足于发展低碳经济的背景，努力使二者相协调。

构建中国应对气候变化法律框架须遵循一定的基本原则。法律原则是法律的基础性真理和原理，或是为其他法律要素提供基础或本源的综合性原理或出发点。法律的基本原则是指体现法的根本价值的法律原则，是整个法律活动的指导思想和出发点，构成法律体系的神经中枢。法律的基本原则具有立法指引的功能，遵循一定的基本原则，有利于把握法律的内在价值，从而更好地整合现有法律、提出立法构想，最终实现应对气候变化法律框架的系统性。

应对气候变化活动的实现需要一定的制度基础、在《联合国应对气候变化框架公约》—《京都议定书》模式之下，在各国间基本形成了以"京都机制"为代表的应对气候变化制度。然而，我国对于这些制度的落实并不是十分理想，确立这些制度的内容、实施方式，乃至对其法定化的可能进行论证，是构建中国应对气候变化法律框架的关键。

构建中国应对气候变化法律框架须系统性、类型性地梳理国际法与国内法。如前所述，我国已有多年应对气候变化的经验，在此基础上已形成了一系列同应对气候变化相关的法律、法规、规章及规范性文件，它们将同《联合国应对气候变化框架公约》和《京都议定书》等国际条约共同构成中国应对气候变化法律框架的内容，如何按照一定的标准将其整合起来，是构建中国应对气候变化法律框架的基础性工作。

专门的《应对气候变化法》是中国应对气候变化法律框架的“大本营”。应对气候变化法是指以减缓气候变化进程、增强人类对气候变化的适应能力为目的，专门性地规定应对气候变化活动的基本原则、基本制度及相关法律责任、执法体制的单行法。《应对气候变化法》是应对气候变化政策法律化的产物，它直接针对气候变化活动本身，并集中规定了应对气候变化活动的基本原则、基本制度等内容，总领中国应对气候变化法律框架。虽然我国对于应对气候变化活动的统筹主要通过政策进行，尚未制定专门的《应对气候变化法》，但正如本书多次提到的，法律对于应对气候变化活动的调整具有优越性，制定《应对气候变化法》意味着我国应对气候变化活动的制度中心将从政策转到法律，是应对气候变化活动法治化的必然要求。对于《应对气候变化法》的立法构想是本书的重要内容。

此外，应对气候变化不能是“没牙”的活动，应对气候变化法律框架应当具有可诉性。对于应对气候变化活动的法律监管，需要有配套的司法体制与执法体制。明确相关的责任主体、形式及追责程序，并为其找到国内法上的支撑，是中国应对气候变化法律框架实效性的保障，也是我们需要重点考虑的问题。

总之，气候变化应对问题不同于一般的环境问题，中国应对气候变化法律框架是西方经验和中国现实的融合，在总结全书内容的基础上，本书试图探寻中国应对气候变化的创新性路径，这也是本研究的最终落脚点。

基于以上原因，在下面的章节里，本书大致按照低碳经济与中国应对气候变化法律框架—中国应对气候变化法律框架的基本原则—中国应对气候变化法律框架的基本内容—《应对气候变化法》立法构想—中国应对气候变化法律框架的基本制度—中国应对气候变化的司法体制—中国应对气候变化的执法机制—中国应对气候变化的创新性路径选择这一顺序逐步展开对中国应对气候变化法律框架具体构建的讨论进路。

第二章　低碳经济概述

21世纪以来，随着温室效应加剧，全球气候变暖现象越演越烈。全球气候危机的爆发使发展低碳经济成为人类社会实现可持续发展的必然选择。现如今，世界上绝大多数国家已就发展低碳经济达成了共识，低碳经济也逐渐成为人们所倡导的主流经济发展模式。本章将从低碳经济的概念入手，明确其基本内涵，追溯其历史沿革，并结合国际社会现状和中国国情论述我国发展低碳经济必要性的五个方面，它们分别是国际能源安全发展的保障、世界经济发展的趋势、应对气候变化的现实选择、可持续发展的战略选择和我国经济发展的重要动力，并由此延伸到我们在低碳经济背景下研究气候变化法律框架的意义，以期为后续的展开论述奠定基础。

第一节　相关概念的厘清

一、低碳经济的概念

低碳经济这一概念的提出始于温室气体超量排放而导致的温室效应。根据《联合国气候变化框架公约》（以下简称《气候公约》）的定义，温室气体是指“大气中那些吸收和重新放出红外辐射的自然的和人为的气态成分”。《京都议定书》（Kyoto Protocol）则以列举的方式将温室气体的范围进行限定，[①] 使其类别得以明文的形式确定下来。由温室气体所产生的“温室效应”（Greenhouse Effect）又被称作“花房效应”，其内涵最早由法国学者让·巴普蒂斯·约瑟夫·傅立叶（Jean-Baptiste Joseph Fourier，1768—1830）于 1824 年在其关于热源的文章中提出，傅立叶本人也被认为是温室效应的发现者。

温室效应引发的全球气候变化主要是指气候变暖，当然气候变化本身还包括了气候变冷、气候紊乱等。从导致气候变化的原因来看，气候变化可被分为由自然原因所导致的气候变化和由人类活动原因所导致的气候变化。[②] 全球气候变暖则主要是由于人类活动排放的大量温室气体导致大气中温室气体浓度变化，当然性地属于后者。现如今的科学已经预测出或证实了全球气候变暖可能会或者已经带来的一系列不利影响，其中包括海平面上升、病虫害增加、土地沙漠化加剧、极端天气增多、生物多样性减少等现象以及地球上的森林、冰川、海洋生态、水循环的变化等。这一系列的变化可能导致全球生态失衡，甚至引发为躲避生态灾难而进行的大规模物种迁移以及在此过程中所产生的冲突。这将严重威胁人类和自然界其他物种的生存与发展。

英国前首相撒切尔夫人于 1979 年上任时首次提出全球气候变暖的问题，尽管其演说中包含了诸多政治因素，但该问题的提出无疑是整个人类关注全球气候变暖的开端。亦即从 1824 年傅立叶发现温室效应开始直至 20 世纪 70 年代，全球气候变暖才得到了人们的广泛关注。

世界气象组织（简称 WMO）和联合国环境规划署（简称 UN-

---

① 根据《京都议定书》，温室气体包括二氧化碳（CO_2）、甲烷（CH_4）、氧化亚氮（N_2O）、氢氟碳化物（HFCs）、全氟化碳（PFCs）和六氟化硫（SF_6）。

② 郭冬梅：《应对气候变化法律制度研究》，法律出版社 2010 年版，第 11 页。

EP）于1988年成立了联合国政府间气候变化专门委员会（简称IPCC）。它是一个向WMO和UNEP所有成员国开放的政府间机构，力求在客观全面、公开透明的基础之上，对全球气候变化现有数据进行评估，以期为联合国气候变化谈判提供科学依据，从而更好地应对全球气候变暖。

随着《气候公约》和《京都议定书》的生成，温室气体减排，特别是二氧化碳减排，已成为全世界绝大部分国家和地区的义务，尤其是对于负有强制性减排义务的附件一国家来说，在2008年到2012年第一承诺期内践行此义务并实现既定减排目标并不是一件容易的事情。为实现减排目标，各国纷纷出台一系列减排政策。但人们很快发现，如果只是在现有的经济模式基础之上单纯地强制要求减少碳排放量的话，似乎是一件不经济也难以做到的事。因此，与传统先污染后治理，高能耗、高排放、高污染的“三高”经济发展模式迥异，一种以可持续发展理念为指导，经济效益与环境效益并重的，低能耗、低排放、低污染的“三低”清洁发展模式应运而生，即低碳经济。

综合前述内容，本书将低碳经济定义为“以可持续发展理念为指导，通过技术创新减少能源消耗或提高能源利用率，开发新能源等多种手段来减少温室气体的排放，以缓解全球气候变暖，最终实现经济效益和生态环境效益双赢的全新经济发展模式”。

二、低碳经济的基本内涵

根据低碳经济的概念，我们可从以下几点来分析其基本内涵：

（一）低碳经济是一种新的经济形式

低碳经济之所以是一种新的经济形式，就在于它与传统经济发展模式相比突出的“三低”特征，即低能耗、低排放、低污染。所谓低能耗，是指单位国内生产总值（Gross Domestic Product，GDP）所消耗的能源较传统方式低。换句话说，也就是能源利用效率较传统方式有明显提高。一般来说，低能耗是低排放和低污染的前提，但也不乏在排放之前捕捉碳并将其安全储存的碳封存技术，以及捕捉排放后的碳，将其压缩后使它回到安全地方的碳捕捉技术。然而，诸如碳封存和碳捕捉技术的应用毕竟只是实现低碳经济的手段，要从根本上解决碳排放过多的问题还是得从源头抓起。低碳经济也有自己的“三高”，即高效能、高效率、高效益。① 虽然人们普遍认为低碳经济是一种新的经济形式，但并不意味着它只着眼于经济，在经济发展过程中重视环境保护，是低碳经济新之所在。这里所说的高效益既指经济效益，也指生态环境效益，二者并行不悖。虽然这“三高”并不完全与“三低”一一对应，但也充分显示出提高能源利用率在发展低碳经济中的重要地位。毕竟温室气体主要产生于化石能源的大量燃烧，而化石能源又是有限的重要资源，对于人类社会的可持续发展至关重要。因此提高能源利用率不仅是为了减排，它还有一个更为深刻的意义，即在环境、资源危机日益凸显的今天，节约能源资源，保护环境，防范甚至于解决环境、资源危机，为人类的永续发展提供充足的动力。

（二）低碳经济以可持续发展理念为指导

任何发展方式都必须以某种理论思想为指导，因为它并不是空穴来风，而是根植于人的头脑，是人们对社会某种期待的具象化。低碳经济也不例外，它以可持续发展理念为指导。由于低碳经济是一种经济发展模式，首先所对应的当然是经济的可持续发展。对经济可持续发展的衡量，湖南大学的陈长华提出了一套具有参考价值的专门评估指标体系，包括如下 7 个指标：经济规模、经济效益、经济结构、经济发展外向度、经济推动力、科技教育能力和环境治理保护力度。

我们通常关注的人均 GDP 和 GDP 增长率属于经济规模的考量范围之内。经济效益则包括工农业劳动生产率，万元产值能耗、万

---

① 付允、马永欢、刘抬君等：《低碳经济的发展模式研究》，载《中国人口、资源与环境》2008 年第 3 期。

元产值三废排放量的指标。经济结构主要是指第一、二、三产业在国民经济中所占的比重。为实现经济的可持续发展应当扩大第三产业在国民经济中所占的比重，因而第三产业占 GDP 比重就成为了考量经济结构合理的重要指标之一。除此之外经济结构指标还包括了高新技术产业所占 GDP 的比重。经济发展外向度则包括了进出口总额占 GDP 比重、利用外资占 GDP 比重。经济推动力直接指向了拉动我国经济发展的“三驾马车”：投资、出口、消费。它包括固定资产投资、社会消费品零售额和出口增长率。科技教育能力主要是指对教育和科技的投资所占 GDP 比重，此外还包括了文盲（半文盲）率、万人拥有科技人员数。由科技教育能力可推知环境治理保护力度的其中一项指标，即对污染治理的投资所占 GDP 比重，水土流失治理程度、三废治理和综合利用产品产值占总产出比率、保护区面积率也在此列。这些指标只是实现经济可持续发展的具体量化标准，如果要给如何实现经济的可持续发展一个抽象概括的话，笔者认为应该是不断满足人们日益增长的物质、文化、精神、生态生活的需要。

又因低碳经济强调“低碳”，与节约能源资源、开发新能源、减排温室气体、缓解气候变暖、保护环境等一系列环境因素相关，所以理所应当地和生态的可持续发展相对应。生态可持续是可持续发展的环境基础，于 1980 年公布的世界保护战略从根本上改变了世界对生态可持续的政策导向，从事后治理转为了事前预防。低碳经济通过“将大气中温室气体的浓度稳定在防止气候系统受到危险的、人为干扰的水平上”维持了基本的生物地球化学循环和生命支持系统，从而有利于生态可持续发展的实现。

再者，减排温室气体和开发新能源都需要倚仗技术手段，由此又可以推动技术创新，最终实现技术的可持续发展。除此之外，低碳经济还涉及诸如制度创新、管理创新、产业转型等一系列问题。经济是基础，经济的发展为生态环境的改善、科学技术的前进等奠定了物质基础，而良好的自然环境、尖端的科学技术、科学的管理模式、合理的产业结构等又为经济的飞跃提供了可能。这一切最终将推进人类社会的可持续发展进程，人类将成为低碳经济的最终受益者。由此可见，可持续发展理念不仅指导着低碳经济，也终将成为低碳经济的归宿。

（三）减少二氧化碳等温室气体的排放是实现低碳经济的关键

低碳经济中的“碳”主要是指二氧化碳，它也是最主要的温室气体。二氧化碳等温室气体的减排是实现低碳经济的关键，而减排的关键又在于降低单位能源消费量的碳排放量，即碳强度。降低碳强度，使得经济增长与由能源消费引发的碳排放“脱钩”，最终实现经济与碳排放错位增长（低增长、零增长乃至负增长）。[①] 那么如何实现经济与碳排放错位增长呢？笔者认为主要有以下几点：

第一，转变思想。此处所指的思想不仅仅是可持续发展的理念，更多的是包含可持续发展理念在内的生态中心主义。长期以来，人类中心主义都占据着主导地位，由人类中心主义向生态中心主义转变，以生态中心主义引导着人们进行低碳生产、低碳消费、低碳生活是发展低碳经济必不可少的一步。

第二，努力开展技术创新活动。创新是一个民族兴旺发达的不竭动力，要通过加强技术创新，来提高化石能源利用率，大力开发清洁能源、新型能源。调整能源结构和产业结构，扩大清洁能源、新型能源在整个能源结构中所占的比重，积极鼓励、支持低碳产业的发展，引导高碳产业的走向。

第三，进行南北对话，开展国际交流与合作。应对气候变化绝对不是局限于某一个国家、某一个区域的事，因此开展国际交流与合作，从发达国家引进先进减排技术，吸取其他国家发展低碳经济的经验，和各国共同应对气候变暖这个世界性的难题不仅有利于在本国国内发展低碳经济，亦更有利于我国在国际社会中塑造负责任

① 庄贵阳：《低碳经济引领世界经济发展方向》，载《世界环境》2008年第2期。

的大国形象，从而赢得良好的国际发展环境。

第四，加强政策引导，完善相关法律法规。在大力加强技术创新的同时，我们不能忽略制度创新的重要性。通过制度创新让减排在良好的制度框架内运行，用制度为发展低碳经济保驾护航。以法律的形式将低碳经济确定下来，使其更具有正当性，让新制度为低碳经济保驾护航。

（四）低碳经济的目标是实现经济效益和生态环境效益的双赢

在低碳经济模式下，人们将摒弃传统“先污染后治理”的观念，在发展经济的同时重视环境保护。社会经济发展将呈现生态化、低碳化、循环化，即生态、低碳、循环三位一体的状态。[①] 就经济效益和生态环境效益的关系而言，笔者认为，经济效益不能也不应当优先于生态环境效益，否则就极易出现以牺牲环境为代价而换取经济增长，等到环境污染严重阻碍经济社会发展时又不得不牺牲人力物力来改善环境的“死循环”。经济发展与环境保护之间最理想的状态应当是处在一个平衡点上，然而，当二者的矛盾达到不可调和的程度，不得不有所倾斜的时候，笔者更倾向于生态环境效益优先。但这里的优先并不意味着就要放弃经济效益，只是相对于之前完全不顾及生态环境效益时所获得的经济效益而言，此时为兼顾生态环境效益所付出的经济成本增加因而相对地降低了经济效益。

三、低碳经济相关概念比较

（一）低碳经济与绿色经济

就概念上来说，绿色经济是以在生产和消费环节实现绿色化为核心，以绿色技术为手段，以经济与资源的协调为目的，立足于传统产业经济，强调经济、社会与环境一体化发展的一种“可承受

① 邓常春、任卫峰、邓莹：《全球气候变化、低碳经济与环境金融》，光明日报出版社 2013 年版，第 56 页。

的”经济模式。其充分体现了自然资源价值和生态价值，通过流通、交换、分配各个环节绿色化的实现，以经济发展助力环境改善，确保有限自然资源的可持续利用。绿色经济与低碳经济主要有以下几方面的不同：

第一，二者提出的背景不同。“绿色经济”提出的背景是人类毫无节制地开发自然资源，导致资源浪费和不可持续。而低碳经济则是在全球气候变暖的大背景下诞生的。

第二，二者的关键点不同。“绿色经济”的关键在于节约和保护自然资源，实现人类对自然资源的永续利用。而低碳经济的关键在于提高能源利用率，减少二氧化碳排放。

第三，二者的实质不同。“绿色经济”实际上是一种将环境成本纳入经济计量的核算方式，计算的是国民生产总值（简称GDP），属于整体考量。而低碳经济计算的则是单位 GDP 的碳排放量，属于个体考量。

第四，二者的范围不同。“绿色经济”是比低碳经济范围更大的概念。由于低碳本身就是一种“绿色”，因而低碳经济应当归属于绿色经济。除此之外，绿色经济重点强调了资源的永续利用，因此任何节约资源、保护生态环境的经济形式都可以是绿色经济。

（二）低碳经济与循环经济

循环经济同样是一种全新的经济发展模式，它强调通过对资源的循环利用来提高其使用效率，减少能耗和排放。可以说，循环经济和低碳经济旨在达到同样的目的即实现可持续发展，但它们也在以下几方面存在不同：

第一，二者的背景不同。循环经济是 20 世纪 60 年代由美国经济学家肯尼斯·鲍尔丁提出的，当时许多国家和地区经济高速发展，与此同时，资源浪费、环境污染和生态破坏等问题越发严峻，末端治理已无法再抑制人类与自然矛盾的尖锐性。而最早提出低碳经济的时间则较循环经济晚了近半个世纪，是英国政府于 2003 年在《我们能源的未来：创建“低碳经济”》中提出，彼时全球气候变暖的问题已经积累到了一个新的高度。

第二，二者的关键点不同。“循环经济”的关键顾名思义在于“循环”，即由资源的循环利用衍生出的资源高效利用，最终的落脚点在于“节约资源，保护生态环境”。与传统非循环经济的“资源—产品—消费—废弃物污染”所构成的物质单向流动不同，“循环经济”实现了“资源—产品—消费—资源”的循环流动。“减量化（Reduce）、再利用（Reuse）、资源化（Recycle）”的3R原则是实现循环经济的行动准则。而低碳经济的关键在于“减排”，其最终的落脚点在于缓解甚至抑制气候变暖。

第三，二者的外延不同。循环经济中的“循环”实际上是一种“碳循环”，因为将废弃物转化为再生资源提高了资源利用率，这也是一种低碳。循环经济的实现能够助力低碳经济的发展，但是低碳经济中诸如开发新能源之类的部分并不属于循环经济的内容。就二者的针对性来说，由于低碳经济着眼于碳排放，较循环经济的资源、环境保护针对性更强，其范围较窄。因此，笔者认为，低碳经济与循环经济的外延为交叉关系，没有必要过度强调二者在外延上的差异。

（三）低碳经济与生态经济

生态经济（ECO），即主张综合运用经济学和系统工程方法，在生态系统承载范围内发挥资源的最大利用效率，实现经济发展与生态发展相统一的经济发展模式。与低碳经济相比，二者存在以下几点差异：

第一，二者的范围不同。“生态经济”是生态学和经济学的有机结合。“生态”是比“低碳”范围更大的概念。通常所说的“生态”是指生物在自然环境下生存和发展的状态，但笔者认为，“生态”亦包含了生物不受人为干预或影响的、最原始的自然状态，即“成为你之所以是”。低碳经济是“生态经济”的一部分，亦是实现“生态经济”所必须的路径。

第二，二者的侧重点不同。“生态经济”侧重于在生态系统承载范围内发挥资源的最大利用效率，它要求在经济发展的同时控制经济发展本身所造成的环境污染和生态破坏。而低碳经济侧重于减少经济发展过程中二氧化碳等温室气体的排放量。对于“碳”的定性学界目前众说纷纭，但我们通常认为“碳”是一种大气污染物。因此，可以说低碳经济侧重于控制“碳”这种污染物对环境所造成的污染，而并未包括生态破坏的内容。这一点也恰好佐证了上述第一点关于低碳经济和“生态经济”二者范围不同的论述。

第三，二者的研究角度不同。“生态经济”强调经济与生态系统的协调，转变宏观经济发展模式，以清洁能源为基础，要求实现全过程密闭循环的生产、消费和废弃物排放，而低碳经济则是从减排的角度研究构建应对全球气候变暖的机制。

第二节 低碳经济的历史沿革

谈到低碳经济发展的历史沿革，首先要追溯至低碳思想的萌芽。1896 年，瑞典科学家斯凡特·阿伦尼斯（Svante Arrhenius，1859—1927 年）曾提出过“燃烧化石燃料会增加大气中所含的二氧化碳浓度，导致全球气候变暖”的论断，[①] 但是该论断一直到 20 世纪 70 年代才被证实。

1972 年“罗马俱乐部”发表了题为《增长的极限》的报告，报告指出地球承载人类活动的能力是有限的，若人类继续维持之前粗放的发展方式，在 100 年后可能会超出地球所能负担的极限。该书的研究方法虽饱受争议，但其预言式的结论在当时引起了轩然大波。当时沉溺于高增长、高消费“黄金时代”之中西方发达国家的人们，开始反思一贯高能耗、高排放、高污染的传统高碳发展模

---

① 马连鹏、程严：《哥本哈根：一场谈判的由来》，载新浪财经，http://finance.sina.com.cn/roll/20091212/09457094838.shtml，2015 年 3 月 14 日访问。

式，这样的反思随着温室效应全球化的加剧，最终在世界范围内达成了共识。《增长的极限》报告同开启人类环保事业的美国海洋生物学家蕾切尔·卡逊（Rachel Carson）所著的《寂静的春天》（1962年）一样，在环境保护方面给人类敲响了警钟，具有里程碑式的意义。

人类对于自身处境的思考并未停止。于1972年在斯德哥尔摩举办的联合国人类环境研讨会上，经济学家芭芭拉·沃德受大会委托提供了一份非正式报告《只有一个地球》，该报告将人类所生活的范围扩展至两个世界，即继承的生物圈和创造的技术圈。此二者的失衡成就了矛盾以及处于矛盾之中的人类在面临矛盾的同时也在面临着历史的转折点。“我们既不是梦游者也不是迷路的羔羊。人们以前没有理解到地球上的相互依存关系的程度，部分原因至少是由于这种依存性过去还没有出现过明显的事实及精确的自然和科学实例。近年来，通过对地球基本情况的新理解，我们已开始获得了有关人类生存的新知识。我们现在来学习，也许正是时候了。”①1972年联合国人类环境研讨会发布了《人类环境宣言》，标志着人类环境意识的正式觉醒。

由于低碳二字与环境保护紧密相关，因而“节制发展”是其最显著的特点。如前所述，低碳经济以可持续发展理念为指导。1980年《世界自然保护大纲》中首次明确提出了可持续发展的概念。1987年由世界环境与发展委员会发布的《我们共同的未来》则以可持续发展理念为纲领，明确提出“必须为当代人和下代人的利益改变发展模式”的观点。

1992年，在由150多个国家缔结的《气候公约》中首次明确指出“将大气中温室气体的浓度稳定在防止气候系统受到危险的

① ［美］芭芭拉·沃德、勒内·杜博斯：《只有一个地球——对一个小小行星的关怀和维护》，（国外公害丛书）编委会译校，吉林人民出版社1997年版，第251页。

人为干扰的水平上”,[①] 减排温室气体成为国际社会的共同责任。1997 年缔结的《京都议定书》以《气候公约》补充条款的形式成为继《气候公约》之后又一个助力于低碳经济理念形成的国际条约。低碳经济一词最早见诸政府文件是在 2003 年的英国能源白皮书《我们能源的未来：创建“低碳经济”》之中。2006 年，由前世界银行首席经济师、英国经济学家尼古拉斯·斯特恩发布的《斯特恩报告》明确指出了气候变暖对全球经济损害的严重程度，由此给世人以警醒。他认为，如果放纵温室效应继续发展下去，其所造成的糟糕后果不亚于世界大战和经济危机。[②] 2007 年通过的巴厘岛路线图作为后京都时代的产物，为进一步落实《气候公约》设定了时间表。2008 年 UNEP 确定第 37 个世界环境日的主题为“转变传统观念，推行低碳经济”。2009 年哥本哈根会议全称《联合国气候变化框架公约》第 15 次缔约方会议暨《京都议定书》第 5 次缔约方会议，这个被喻为“拯救人类的最后一次机会”的会议虽未就发达国家的中期减排目标问题和用于帮助发展中国家的资金问题达成协议，但是推动了各国开始向低碳经济转型。

第三节　我国发展低碳经济的必要性

笔者认为，发展低碳经济，走全面协调可持续的发展道路是我国的必然选择，主要有以下几方面的原因：

---

① 郭冬梅：《应对气候变化法律制度研究》，法律出版社 2010 年版，第 252 页。

② 载 MBA 智库百科：http://wiki.mbalib.com/wiki/%E5%B0%BC%E5%8F%A4%E6%8B%89%E6%96%AF%C2%B7%E6%96%AF%E7%89%B9%E6%81%A9，2015 年 3 月 14 日访问。

一、低碳经济是国际能源安全发展的保障

随着人类社会不断地向前发展，对于能源的需求和消耗亦将稳步增长。在传统意义上，能源安全仅指能源供应的安全，即保障能源供应的持续性和能源价格的稳定性。然而随着国际形势的变化，有必要对其内涵进行重新界定。本书认为，能源安全主要包括以下几点内容：

第一，物质安全——能源资产、基础设施、供应链和贸易路线的安全以及紧急情况下前4者的替代物；

第二，能源获取的能力；

第三，应对突发或紧急情况的能力——主要是由国家政策和国际机制以协调合作的方式进行，旨在维持能源供应的稳定性；

第四，投资安全——对能源投资进行政策支持和商业安全保障；

第五，环境安全——由于能源生产和消费方式的不经济性产生了包括气候变化在内的各种环境问题，因而节能减排、清洁发展已成为能源技术革命和全球能源结构的主要变化趋势。

虽然能源安全不仅局限于石油供应安全和油价安全，① 但本书认为，基于发展低碳经济所提到的能源安全，其主要还是指环境安全和包括石油在内的化石能源的供应安全和价格安全。又因石油资源在国家战略中具有举足轻重的地位，故能源安全的核心是石油安全。

国际能源安全则是将人类看成一个共同体，并把局限于一国之内的能源安全冠以“国际”二字，使其上升到全球的高度。国际能源安全关乎着整个人类的发展。但是对于某些发展主要依赖于化石能源进口的国家来说，一个最主要的问题就是其自身的发展与国

---

① 吴磊：《中国能源安全面临的战略形势与对策》，载《国际安全研究》2013年第5期。

际应对气候变化的矛盾。环境安全作为当代能源安全的一个重要部分，使得这些国家难以实现能源安全以确保自身未来的发展，因而这些国家的政府不得不充分利用本国的能源运输管道等基础设施，凭借地理位置的优势以谈判的方式寻求解决矛盾的方案，由此便在维护自身能源安全的基础上加入了维护世界能源安全的国际合作。

历史上一共爆发了三次石油危机，分别是在 1973 年、1979 年和 1990 年。三次石油危机给人类造成了严重的损害，再加上石油、煤炭等化石燃料本身的有限性和不可再生性，以及燃烧化石燃料所产生的温室气体引起的温室效应加剧全球气候变暖威胁人类生存发展等诸多因素交织在一起，提高传统能源利用率，大力发展如核能、风能、太阳能等清洁能源，开发新能源，发展低碳经济已经被国际社会所公认。那么发展低碳经济到底是如何保障国际能源安全的呢？本书将结合能源安全的内涵，从以下几方面对这个问题进行阐述：

首先，发展低碳经济可以保障能源的物质安全。低碳经济的发展要求能源结构的多元化。为发展低碳经济需要开发新能源，以此丰富能源资产的种类，相关配套基础设施也将会趋于完善，从而能够达到保障能源物质安全的效果。

其次，发展低碳经济可以提高能源的获取能力。获取能源最关键的环节是技术，低碳经济的发展要求技术创新，把科技这个第一生产力作为低碳经济发展最主要的助推力。

再次，发展低碳经济可以增强应对突发或紧急情况的能力。在将气候变化作为世界性环境问题的大背景下，发展低碳经济必定不能单打独斗，积极参与国际谈判，充分、灵活运用国际机制是我们的必然选择。各国政府将国际法直接适用或者内化为国内法或国家政策用以引导低碳经济的发展，国内政策和国际规则二者协调运行，从而保证在应对突发或紧急情况时，既不会与国际社会的宗旨和原则相背离，亦能够结合国情实现具体问题具体分析，作出最有利于本国的稳定能源供应的决策。

最后，发展低碳经济可以保障环境安全。在能源问题上，世界面临的两大主要挑战分别是提供安全和廉价的能源资源，以满足日益增长的能源需要；对能源消耗，特别是化石能源的消耗所引发的气候问题作出回应。发展低碳经济即是回应环境问题的一种方式，通过提高能源利用效率，减少二氧化碳排放，促进节约、友好型发展，从而保障了环境安全，最终实现经济效益和环境效益的双丰收。

二、发展低碳经济符合世界经济发展的趋势

一谈及世界经济发展的趋势，我们不约而同地会想到“全球化”。全球化是一个多元的概念，其本身并没有主语，或者说主语是多元的。[①] 我们在“全球化”前面加上经济、信息、文化等词汇便可以将其具体化了。众所周知，全球化既是机遇又是挑战。在全球化的大背景之下，环境问题所带来的负面效应也不再只局限于一国或一个地区的范围之内，特别是像气候这一类的环境问题，并不是单纯依靠某个国家或某些国家的努力就能解决的，而必须要依靠各国的共同努力。这也充分体现了世界各国在全球化之中相互影响、相互依存的特点。在国际法层面，通过《气候公约》和《京都议定书》的缔结，低碳经济作为国际社会认可的一种新的经济发展模式也自然地融入全球化的潮流之中，成为国际社会一股新的发展浪潮。

笔者认为，低碳经济所追求的低碳化不只是最终结果上的低碳。如果只是在追求结果而不注重过程的话，势必也不能实现最大的低碳效益。因此，低碳经济实际上追求的是一种从生产、交换到消费整个经济过程所带来的终极低碳。亦即只有尽可能地将经济发展中的各个环节予以低碳化，才能更好地发展低碳经济。当今世界经济的发展从生产、交换到消费的任何一个过程都具有与全球化接

① 张世鹏：《什么是全球化》，载《欧洲》2000 年第 1 期。

轨的可能，特别是随着互联网的发展，线上交易市场的崛起，大到各国之间的经济合作，小到市民社会中商品的买卖都可冠之以全球化的模式。因而低碳经济所追求的生产全球化过程中的低碳化和消费全球化过程中的低碳化，便可推及到整个世界经济发展的低碳化上来。

经济的全球化往往还伴随着国内经济结构、产业结构的调整要求。目前来看，我国经济增长的主要动力是投资、出口而非消费，第三产业对经济的推动力亦较第二产业为弱。这就要求我们加快转变发展方式，调整产业结构，走新型工业化道路。而无论是加强科技、管理的创新，还是新型工业化道路强调的低消耗、少污染，在一定程度上都不约而同地应和了低碳经济创新的核心与节能减排的目标。

三、发展低碳经济是应对气候变化的现实选择

气候变化是指由于直接或间接的人类活动而导致的大气组成成分比重的改变，它既包括气候变暖亦包括气候变冷、气候紊乱。就现实情况来看，这里所说的气候变化则主要是指气候变暖。如前文所述，气候变化根据其成因的不同，可分为由自然原因所导致的气候变化和由人类活动原因所导致的气候变化。其中，自然原因主要包括了如太阳辐射变化、火山爆发等活动所反映的日地关系变化所导致的气候变化以及陆地、海洋、大气之间相互作用所反映的气候系统内部的变化，再者地球公转及自转的变化亦会对气候产生影响。人类活动原因则主要包括了人类在生产、生活的过程之中，燃烧煤炭、石油、天然气等化石燃料，向大气中释放了过多的二氧化碳，砍伐森林、破坏植被，改变土地利用方式等导致地表反照率下降及生态系统碳汇能力降低而增强了温室效应进而导致的气候

变化。①

我国是气候变化的“重灾区”。由于全球气候变暖，我国西部的冰川总体面积已经较20世纪50年代缩小了约18%。② 极端天气亦不断增多，数据显示，近60年中国高温日数和暴雨日数增加，极端低温频次明显下降，北方和西南干旱化趋势加强，登陆台风强度增大，霾日数增加。③

不仅是中国，其他国家也饱受着气候变化所带来的负面影响。气候变化所带来的冰川退化、海平面上升、极端天气灾害、粮食减产、生物多样性减少等一系列环境问题已引起国际社会的高度关注。日前，哈佛大学校长德鲁·吉尔平·福斯特教授访问清华大学时发表了题为“大学与气候变化带来的挑战”的演讲。2014年11月12日，中美两国发表了《中美气候变化联合声明》。美国政府宣布到2025年将其二氧化碳排放量降低至较2005年少26%至28%的水平。同时，中国也宣布本国的二氧化碳排放量将在2030年前后达到峰值，并在2030年增加能源中非化石燃料的使用比例至20%。④

四、发展低碳经济是可持续发展的战略选择

可持续发展是一种与环境资源保护紧密相关的发展观念。许多发达国家在历史上工业化的早期阶段和现如今的发展中国家，包括中国，往往都被“贫困治理”问题所困扰。“贫困治理”就是我们

① 夏义善、陈德照编著：《中国能源环境气候外交大视野》，世界知识出版社2011年版，第355页。

② 载中国气候变化信息网：http://www.ccchina.gov.cn/Detail.aspx?newsId=50365&TId=62，2015年3月18日访问。

③ 载中国气候变化信息网：http://www.ccchina.gov.cn/Detail.aspx?newsId=51514&TId=57，2015年3月18日访问。

④ 载中国气候变化信息网：http://www.ccchina.gov.cn/Detail.aspx?newsId=51303&TId=66，2015年3月18日访问。

平时提到的“先污染，后治理”，受困于“贫困治理”的国家往往都具有较为丰富的自然资源，因而在一开始亟待解决贫困问题的时候选择了掠夺式的发展方式。在这个过程中，可再生资源不断被开采，人们对不可再生资源的消耗乃至枯竭不负责任，污染治理滞后且强度弱。通过此种方式积累起来的财富削弱了环境和经济的可持续性，但是其所带来的环境问题却持续影响着后代人。当人类的发展走到今天，环境问题已积累到了一个临界点，这使它爆发得更快、更突然，人们治理环境问题所要付出的代价更高。然而我们又不能将这些问题作为历史遗留给我们的后代，因此现在这一代人必须承担起治理环境、合理利用和保护自然资源，力求实现可持续发展的责任。这便是可持续发展的内涵之一：注重代际伦理义务。

人们总是把丰富的自然资源当作是大自然的馈赠，却不曾想过它也有可能是一个魔咒。丰富的资源使一些国家长期发展劳动密集型产业并依赖初级产品出口，在这样掠夺式发展的国家里，对人口的需求是巨大的，技术的改革是缓慢的，工业化的竞争是延迟的，由此而滞后的城市化以及人口周期的延迟使每个创造财富的人都必须负担得更多，因而财富的积累比那些资源贫乏的国家更慢。相反，在资源相对贫乏的国家里，资源的稀缺性使他们不得不尽早地开始研究工业化，提高自然资源的利用效率从而以最小的消耗获得最大的发展。工业化带动了城市化同时使人口增长放缓，缩短了人口周期，经济的人口负担较小，因而财富的积累更快。中国地大物博，自然资源种类丰富、总量巨大，但这并不能成为我们依赖资源，进行掠夺式发展的理由。众所周知，中国经济的人口负担是巨大的，中国的工业化起步较晚，城市化虽然推进迅速却也存在地区不平衡等诸多问题。作为世界第二大经济实体，财富的积累伴随着来自人口、环境、社会、资源等多方面的压力，可持续发展已然成为我国未来经济发展的主要方向。

可持续发展的内涵十分丰富，但其核心仍然是发展。[1] 可持续发展作为一种观念需要一个切实的模式来加以实现，低碳经济便是其不二选择。首先，低碳经济以可持续发展理念为指导。其次，低碳经济本身所具有的高效能、高效率、高效益的“三高”特性使实现可持续发展所追求的高效发展理所应当。再者，可持续发展理念的提出实际在一定程度上来源于人们对于未来新技术解决环境问题能力的不确定性，既然对于未来并不确定，那不如就把握当下，以人类可预见、可掌控的技术来解决环境问题。低碳经济所推崇的技术创新正是在当代人能预见和掌控的范围之内。最后，低碳经济和可持续发展终将归宿于经济发展和环境保护的协调，经济效益和环境效益的双赢，是低碳经济成为可持续发展战略选择的最重要因素。

五、发展低碳经济是我国经济发展的重要动力

我们可以假设存在某一个发展中国家，这个国家的发展模式属于传统型，且其自然资源总量十分丰富，完全不需要考虑经济发展对环境造成的影响以及环境因素在经济发展中所发挥的重要作用，投资、出口（外需）、消费（内需）是拉动经济发展的“三驾马车”。那么，就投资来说，由于市场失灵的存在，投资者们无法单纯依靠市场实现其投资效益的最大化，因而需要政府进行干预。政府为投资者营造一个良好的经济环境能够充分发掘本国投资潜在的比较优势，但由于忽视了环境要素，政府便很有可能会制定倾斜的政策，通过诸如补贴等方式鼓励资源的浪费性消耗以实现投资者效益的最大化，从而保护投资者投资的积极性。这样的做法实际上是一个扭曲的过程，因为处于政策保护之下的投资者很难进行比较，而负外部性成本会通过损害环境乃至人类健康的方式展现出来，终

① 参见白洋：《促进“低碳经济”发展的财税政策研究》，中国社会科学院2014年博士学位论文。

将转化为价格成本。然而由于政策的倾斜，本该由投资者负担的价格成本转移到了政府那里。在本书中所假设的情况下，这些价格成本最终将在经历一系列的行政操作后被不了了之，但它们依然还是存在的，并不会凭空消失。当价格成本积累到一定程度之后，即对环境的破坏超出了其本身的承受能力。人们不能再视而不见，向投资者倾斜的政策便会受限于环境破坏的严重程度而无法再继续下去，所以此时投资者的收入也将会受限。或者说，由于长期以来的环境破坏积累了太高的价格成本，投资者进行下一轮投资的成本将会大幅增加，这将严重影响其投资的积极性，因此投资很有可能大幅减少甚至停滞。在这种情况下，政府一方面失去了大量投资，另一方面又要增加投入治理环境，国家经济即使不趋于崩溃也无法长足发展下去。

就出口方面来说，因为具有丰富的自然资源，这个国家很有可能会通过攫取自然资源的方式来创造财富，而不考虑技术创新。由于其可生产的初级产品范围较大而导致大部分的出口制造业长期维持劳动密集型的状态。这些制造业吸收了大量劳动力却无法使劳动力价格上涨，工业化姗姗来迟。出口产品价格低廉，在抢占世界市场的同时也面临着被其他国家指控为倾销的危险。由于产品技术含量低，出口只能定位在薄利多销的层次，一旦世界经济疲软，世界市场不景气，出口将受到重创。与其他国家的工业化竞争无从谈起，高精尖科技所带来的高额利润对这个国家来说则只能是望尘莫及。又由于在发展经济的过程中忽视了环境因素，该国在与世界各国共同面临诸如酸雨、气候变暖、臭氧空洞等全球性问题时，难免遭受国际社会的指责，无法树立良好的国际形象也将直接影响到出口对经济增长的贡献。

就消费方面来说，经济发展的最佳状态是主要依靠内需拉动。扩大内需从根本上来说需要大力发展生产力，正所谓科技是第一生产力，也就是说，要扩大内需刺激消费首先需要科技创新。但是在假设的情况下，科技创新几乎是不可能的。因为资源被浪费性地开发使用，人们根本没有意识到提高资源利用率的重要性，也就更加不会想要通过科技的手段提高资源利用率或开发新能源。在出口初级产品占据了这个国家大部分出口产品的比重时，工业化的延迟导致人们安于发展劳动密集型的制造业，由于其吸收了大量社会劳动力，一旦该产业由劳动密集型转为技术密集型，甚至还会引起人们的恐慌，出现如"剩余劳动力如何安置?" "人们的福利如何保障?"的问题。因此，消费对经济发展的贡献也将是极其有限的。

由此可见，本书假设的那种情况是不可取的，那么低碳经济就自然地成为我国经济发展的选择。首先，低碳经济注重在发展经济的同时保护环境，解决了忽视环境保护的发展模式之下投资不可持续的问题，并在面对世界性环境问题时有益于参与国际合作，获得更多话语权，树立负责任的大国形象。其次，低碳经济强调科技创新，提高能源利用率，开发新能源，与经济转型、推动工业化紧密相关。发展技术密集型产业，摆脱世界贸易中低端产品供应者的地位。走科技发展之路，大力发展生产力，为扩大内需提供了根本保障。综上所述，低碳经济能够从投资、出口、消费三方面分别给经济发展以助力，是经济发展的重要动力。

第四节　低碳经济背景下研究气候变化法律框架的意义

一、为我国应对气候变化的活动提供政策导向

据中国网 2014 年 11 月 25 日讯，发改委气候司司长苏伟表示，应对气候变化法律框架已经起草完毕，现已进入到立法程序。[①] 中国分别于 1998 年 5 月和 2002 年 8 月签署和批准了《京都议定书》，

---

① 载中国网：http://news.china.com.cn/2014 - 11/25/content_34145439.htm，2015 年 3 月 23 日访问。

2007年6月正式发布《中国应对气候变化国家方案》，成为世界上最早制定并实施此方案的发展中国家。

近年来，中国一直在为应对气候变化进行着不懈地努力。就单从国内立法方面讲，2009年8月的《关于积极应对气候变化的决议》虽不是我国应对气候变化的基本法，但应将它视为国家立法机关专门为应对气候变化所做的“准法律”。[1] 除此之外还制定了一些单行法，主要用以减缓和适应气候变化。减缓气候变化的法律主要有《节约能源法》《可再生能源法》《森林法》《环境影响评价法》《循环经济促进法》《清洁生产促进法》《人口与计划生育法》等。适应气候变化的法律主要有《水土保持法》《防沙治沙法》《农业法》《草原法》《渔业法》《土地管理法》《水法》《水污染防治法》《防洪法》《海洋环境保护法》等。这些法律都可以成为我国构建气候变化法律框架的基础。

除立法之外，国家还制定了一系列的政策用以应对气候变化。例如，《可再生能源中长期发展规划》《关于加强节能工作的决定》《关于加快发展循环经济的若干意见》《国家应对气候变化规划（2014—2020年）》《中国应对气候变化的政策与行动》《2014—2015年节能减排低碳发展行动方案》以及2013年11月在华沙气候大会上中国发布的首部《国家适应气候变化战略》等。特别需要指出的是，《国家应对气候变化规划（2014—2020年）》更是以法律的形式确保实现到2020年单位GDP二氧化碳排放比2005年下降40%—45%、非化石能源占一次能源消费的比重达到15%左右、森林面积和蓄积量分别比2005年增加4000万公顷和13亿立

---

① 李艳芳：《论中国应对气候变化法律体系的建立》，载《中国政法大学学报》2010年第6期。

方米的目标。[①]

笔者认为，应对气候变化的立法和国家政策对于国人应对气候变化的指导是并行不悖的，从时间点上来看并不存在谁先谁后的问题。气候变化问题的严峻性和发展低碳经济的潮流推动着各国必须在应对气候变化方面有所作为，法律所具有的强制力和约束性很容易使立法成为人们应对气候变化问题的首选，但因为立法的严谨性、技术性和复杂性，法律的颁布往往比政策的出台所耗费的时间更长。或许出现过这样的情况，一个政策的出台早于一部法律的诞生，但我们说研究气候变化法律框架的意义之一是为政策提供导向，这里所说的气候变化法律框架便不再是某一部法律而是指为应对气候变化所建立起的整个法律体系，它当然性的能够成为政策制定的导向。

二、为应对气候变化活动提供法律政策支持

政策和法律是两种治理国家的手段，我国在应对气候变化问题的过程中，既制定了诸如《中国应对气候变化国家方案》之类的国家政策，又颁布了类似《大气污染防治法》等一系列的法律。政策因其普遍性、指导性、灵活性等特征而广泛被适用于社会生活之中，法律则因其普适性、规范性、稳定性、可预见性、强制性等特征成为国家运行强有力的保障。政策和法律的关系十分密切，互为补充，但法律当然性地高于政策，政策制定和实施的前提条件是合法。这里的“法”既指法律规定也指法律原则、法治精神。也就是说，当政策与法律规定或法律原则与法治精神相冲突时，政策应当然性地无效。当一项政策经过实践证明在现在和将来的一段时间内是适用的、有效的、成熟的，因而通过法律的形式把它固定下

---

① 佚名：《应对全球气候变化的“中国担当”》，载新华网：http://news.xinhuanet.com/world/2014-12/12/c_1113626728.htm，2015 年 3 月 24 日访问。

来，这就是政策法律化。政策法律化是政策向法律转化，实际上就是政策立法。[①] 政策合法是政策法律化的前提，非法政策则不能转化为法律，否则极有可能是恶法，正所谓“恶法非法”，但是政策的合法性并不意味着一定要实行政策法律化，政策依然能够以其自身的状态运行着。

在应对气候变化方面，政策的提出是由国家机关为公民所指明的一个大的方向，并没有具体规定公民在整个应对气候变化的过程中享有的权利和应履行的义务以及违反义务所要承担的责任和责任承担的方式等，而这些都是应该规定在法律之中的。也就是说，政策法律化是以法律的形式将政策细化下来，使政策更具有可实行性和可操作性，属于政策执行的范畴。应对气候变化法律框架中的一部分内容应当是由气候政策转化而来的，如前所述的《中国应对气候变化国家方案》《关于积极应对气候变化的决议》等就属于这一类。

三、由法律调整应对气候变化活动具有优越性

法之所以为法是因其具有正当性。在一般情况下，正当性等同于合法性，但在宪法秩序内，一项法律规范合法并不当然地意味着其正当。合法性既不是判断正当性的最高标准，也不是唯一标准。依据现代宪法理论，在成文宪法国家，法的正当性来源于宪法。[②] 气候变化无疑是一个环境问题，而气候变化法律的正当性则来源于我国宪法中有关环境保护的条款。法律立足于人与人之间的利益抗衡，通过“他律”来实现对人的行为的调整。[③] 法律调整人的行为

---

① 陈潭：《浅论政策合法化与政策法律化》，载《行政与法》2001 年第 1 期。

② 佚名：《试论法律规范的正当性》，载豆丁网，http://www.docin.com/p-280805168.html，2015 年 3 月 24 日访问。

③ 付子堂主编：《法理学进阶》，法律出版社 2013 年版，第 37 页。

不仅应当具有上述正当性，还应具备其相比于其他调整方式特有的优越性。由法律调整应对气候变化活动主要具有以下三点优越性：

第一，法律调整应对气候变化活动具有强制性。调整应对气候变化活动的法律以国家公权力为支撑，以国家公权力的强制性为保障，能够克服应对气候变化活动的外部性，权威性高于其他调整应对气候变化活动的方式且该强制性具有普遍性。这是由于其主体不仅为公民个人、企业，政府及非政府组织等也包括在内，是相比于其他调整方式强制力最强且效力范围最广的选择。

第二，法律调整应对气候变化活动具有稳定性。法律的可预见性决定了其调整应对气候变化活动所具有的稳定性，通过制定较为完善的气候变化法，法律主体能够事先根据该法对自己的行为进行预判，从而得出最初步的价值判断且此种预判路径不会因主体的不同而大相径庭，因此法律是相比于其他调整方式更为稳定的选择。法律的强制性和稳定性将共同作用以保障实现调整应对气候变化活动所预期的目标，即通过气候变化法律义务的履行而实现气候变化法所追求的气候安全秩序价值。①

第三，法律调整应对气候变化活动具有效率优越性。若以其他方式来调整应对气候变化的活动，如市场，则无法避免活动所产生的外部不经济性。人们在市场调节之下总是优先考虑追求自身利益的最大化，从而易忽视掉市场本身固有自发性、滞后性、盲目性的缺陷。当应对气候变化活动由于市场的固有缺陷而停滞，此时再考虑调整活动实施方案势必已经造成了资源的浪费，与其亡羊补牢不如事先设定，以高效率降低社会成本。因此，法律是调整应对气候变化活动社会成本最优的选择。

---

① 董岩：《国家应对气候变化立法研究——以立法目的多元论为视角》，中国政法大学出版社 2015 年版，第 215 页。

四、能够促进中国法律体系的完善

迄今为止，在应对气候变化方面，我国虽然颁布了一系列法律法规，但是并没有一部法律是直接针对气候变化的立法。虽然《大气污染防治法》直指与气候有关的大气，但是由温室效应引起的气候变暖与大气污染还是有本质上的区别的。就世界范围来看，日本于1998年通过的《全球气候变暖对策推进法》是第一部旨在防止全球气候变暖的法律，为细化落实本法，日本又于1999年制定了《全球气候变暖对策推进法实施细则》。英国于2001年通过《气候变化税收规定》的财税立法，率先开征气候税。2008年又正式通过并生效《气候变化法案》，英国成为第一个对气候变化进行专门性立法的国家。美国的《气候安全法案》和《气候变化适应法案》虽未通过，但同2006年加利福尼亚州议会通过的《全球温室效应治理法案》一样，均直指全球气候变暖。

按照减缓性和适应性的标准来划分，目前我国可归于气候变化法律框架内的法律主要有：减缓性立法：《电力法》《煤炭法》《节约能源法》《可再生能源法》《环境影响评价法》《循环经济促进法》《清洁生产促进法》等；适应性立法：《农业法》《草原法》《渔业法》《森林法》《水法》《水污染防治法》《大气污染防治法》等。构建气候变化法律框架体系减缓性立法和适应性立法缺一不可，就目前我国有关气候变化问题的立法情况来看，适应性立法仍然不足（如能源法）并且缺少一部专门性立法，利用市场以及财税政策的立法仍然缺位（如我国许多应对气候变化的财税立法位阶较低，唯一对碳排放权交易有所规定的法律文件是《清洁发展机制项目运行管理办法》）。对应对气候变化法律框架的研究不只是现行法律的简单排列组合，更重要的是制定补充缺位法，修改现行法以使其适应整个气候变化法律体系，废除落后有的、不符合现状的、不再具有价值的法律条款等，以期最终建立较为完善的气候变化法律框架，为进一步完善中国法律体系作出贡献。

第三章 中国应对气候变化法律框架的基本原则

中国应对气候变化法律框架的基本原则是我国在应对气候变化问题时所应遵循的，效力贯穿于气候变化法律体系始终的，能够指导我国气候变化法律活动的根本准则，是对气候变化法律所调整的中国国内或与中国国家利益相关的法律关系的集中反映。它们是并重区别责任和自身任务原则、不与贸易规则相冲突原则、政府主导与市场激励相结合原则、环境保护优先原则、公众参与原则、国际合作原则、减缓和适应相结合原则。依据范围的不同可将这些原则划分为国内原则和国际原则。政府主导与市场激励相结合原则、环境保护优先原则、公众参与原则、减缓和适应相结合原则属于国内原则，其余的 3 个原则均属于国际原则。本章将就以上这些原则展开论述，以期找准我国在后京都时代的定位，为构筑应对气候变化法律框架打好基础，也为我国在应对气候变化方面的作为与不作为指明方向。

第一节 并重区别责任和自身任务原则

一、共同但有区别责任原则的强调

并重区别责任和自身任务原则是由共同但有区别责任原则延伸出来的。所谓共同但有区别责任原则（以下简称 CDR 原则），是指由于气候变化所导致的危机关乎全人类，国家是国际环境法上的重要主体，应对气候变化需要世界各国广泛进行国际交流与合作，共同承担责任，一起努力。但是，介于各国在社会、经济、政治、历史、文化、地理等诸多方面存在显著差异，因而在责任承担的方式、多少上又不能一概而论，应该遵循区别对待的原则。它充分体现了国与国之间的横向公平。

共同责任不等于平均责任、同一责任，主要体现在：各国在保护本国环境的同时不能损害他国的环境利益，并积极参与国际合作，与他国携手应对全球性和区域性环境问题，相互支持和帮助。如果说共同责任是国际社会广泛开展合作的基础，那么区别责任则是关键。所谓区别责任，是指在有关国际环境保护问题（特别是气候变化问题）的国际公约中，根据发展水平的不同进行区别对待，为发达国家和发展中国家设立不同量的义务，其本质是一种实质上而非形式上的平等。特别是发展中国家的义务应当区别于发达国家的义务，主要体现在发展中国家履责的非强制性、履责标准的较为宽松性、履责期限的延长性以及可以受发达国家资金、技术的援助。

现如今，共同但有区别责任原则已经成为大部分国家（特别是发展中国家）的共识，但它的形成并不是一蹴而就的，共同但有区别责任原则主要是在以下国际会议和公约中逐渐发展起来的。

1972 年，第一届人类环境大会中通过的《人类环境宣言》是共同但有区别责任原则的萌芽。在这部宣言中，虽然没有明确提出共同但有区别责任原则，但却多次彰显了该原则的理念。例如，第 7 条、第 12 条和第 20 条都至少提到了开展国际合作，发达国家应当向发展中国家提供资金援助，或者在不使其成为发展中国家经济负担的情况下向发展中国家提供技术支持。此后，于 1989 年生效的《蒙特利尔议定书》第 5 条为“发展中国家的特殊情况”专门条款，并且于第 10 条第 1 款可见“特别考虑到发展中国家的需要”字样。[1] 而1992年的《里约环境与发展宣言》则明确提出了共同但有区别责任原则。[2]《京都议定书》以附件一、二分列发达国家与发展中国家，体现了共同但有区别责任原则适用的严格性，从而使发达国家的强制性减排义务与发展中国家的非强制性减排义务成为共同但有区别责任原则的最好例证。

我国作为发展中国家一直都贯彻共同但有区别责任原则。我国不仅符合国际社会对发展中国家的一般定义，也符合《蒙特利尔议定书》划分发展中国家的具体标准，即在此议定书生效时人均消费受议定书管制的物质不超过0.3千克。因此在后京都时代共同但有区别责任原则仍然是我国在国际气候谈判中所要强调的重点。

二、自身任务的强调

对于发展中国家来说，发展是第一位的。但值得注意的是，我国目前已是世界第二大经济体并且二氧化碳排放总量已超越美国，位列世界之首。过去，我们援引《蒙特利尔议定书》中对于发展中国家的界定标准以及共同但有区别责任原则，在气候谈判中取得了强制性义务的豁免。然而，国际公约以此使发展中国家在履行应对气候变化的义务方面缺位也一直为发达国家所诟病。有西方学者就指出，如果要求发达国家对以往的错误行为[3]负责，那么相应

---

① 参见《蒙特利尔议定书》第5条，第10条。

② 参见《里约环境与发展宣言》第7条之规定：各国应开展合作，本着全球伙伴精神，养护、保护和恢复健康和完整的地球生态系统：鉴于全球环境恶化的因素不同，各国负有共同但有区别的责任。

③ 这里的错误行为是指在过去的很长一段时间里，发达国家以环境为代价换取经济增长，从而导致严重的生态破坏和环境污染，因此这些问题一直积累、延续并影响至现在。

地，发展中国家也应当对现在的污染行为负责。[①] 所以我们必须看到的是，在后京都时代，共同但有区别责任原则并不是发展中国家的“免责金牌”，中国需要在强调共同但有区别责任原则的同时也注重自身在应对气候变化方面所应负的任务，这对于中国来说既是机遇也是挑战。

迄今为止，共同但有区别责任原则在国际法上的属性依旧没有明确。有人说它只是软法，[②] 有人说它应当是国际习惯法，有人说它应当是国际环境法的基本原则，也有人说根据“条约必守”的原则，它应当是具有约束力的一般性原则。争议往往带来不稳定，也正因如此，各公约中对于实现共同但有区别责任原则的规定才难以落实。例如，对区别责任认定标准的争议。虽然区别责任最主要是指发展中国家的责任应区别于发达国家的责任，但这也并不意味着发展中国家之间，发达国家之间责任的等同。根据各国之间历史、地理、文化、社会、经济等因素的不尽相同，同属于发达国家阵营或发展中国家阵营的不同国家也应当承担不同的责任。又如，对知识产权保护的争议。共同但有区别责任原则要求发达国家为发展中国家提供资金援助和技术支持用以保护环境。根据《人类环境宣言》第 20 条之规定，此种技术支持（转让）不成为发展中国家的经济负担。也就是说，发达国家进行自有的具有独创性的技术移转时，无法从发展中国家那里获取等额的甚至高额的对价，知识产权保护之争议由此而生。再如，共同但有区别责任原则本身具有局限性。在它还未被定性为国际环境法的基本原则，不属于强行法基本范畴时，它是缺乏法律制度保障的。又由于各国利益诉求的差

---

① Niklas Hahne et al, Evolution of Commitments under the UNFCCC: Involving Newly Industrialized Economics and Developing Countries, ECOFYS Gm6H, Berlin, Feb. 2003.

② 软法是指不具有法律强制力和约束力的号召性或纲领性国际法文件，如国际组织、国际大会的决议、宣言或行动计划等。

异，对该原则的理解也大相径庭。发展中国家认为区别责任应当优先于共同责任，而发达国家却恰恰相反。

面对诸多争议，中国应该何去何从？本书认为，我国作为国际社会中少数的确认并努力践行共同但有区别责任原则的缔约方，考虑到我国目前经济、科技发展所存在的问题，应该一如既往地坚持此原则，与此同时强调自身任务也是必不可少的。首先，我们应该积极开展双边或多边合作，努力推进国际应对气候变化合作机制的法制化；其次，我们应该积极参与到国际气候谈判过程中，参与制定应对气候变化的各项标准，赢得话语权；再次，我们应该大力发展低碳经济，在维护国家利益的前提下积极承担减排责任，树立负责任的大国形象；最后，推动跨界损害责任制度的建立。①

三、二者的相辅相成

我们经常见到的是，一些人站在发展中国家的立场上过分地强调区别责任而忽视共同责任。本书所提倡的并重区别责任和自身任务原则中的自身任务就是共同责任的一种体现，但是它又不能完全等同于共同责任。我们认为，自身任务的范围较共同责任的范围大。共同责任是在应对气候变化时世界各国都要行动起来开展减排活动，为缓解全球气候变暖作贡献，没有任何一个国家能够置若罔闻，独善其身。而自身任务除了紧跟国际主流趋势进行减排，发展低碳经济之外，还包含了保护国家主权权益，维护自身利益，促进本国经济发展等任务。

在并重区别责任和自身任务原则中，区别责任和自身任务二者是相辅相成的。对区别责任的注重能够避免我国在国际谈判中误入歧途，承担超越我国实际能力和现实国情的义务，加重本国的负担，从而为实现自身任务创造良好的环境。对自身任务的强调则能

① “跨界损害”是指国家管辖或控制下的活动造成国家管辖或控制范围以外地区的环境损害。

够说明我们对区别责任的注重并不意味着对现实责任的逃避，而是仍然会履行应有的义务，为实现缓解全球气候变暖而努力。同时，自身任务中所包含的促进经济发展、自身建设等要求能提高我国综合国力，为我国更好地在国际社会中发挥作用、承担责任打下基础。

第二节 不与贸易规则相冲突原则

一、应对气候变化措施与 WTO 规则的冲突

不与贸易规则相冲突原则是指应对气候变化法律框架内的措施不与 WTO 贸易规则相冲突或者当二者有冲突时应当调和的原则。这里的措施主要是指为应对气候变化所采取的针对他国的国际贸易措施，主要表现为税、费。随着经济全球化的趋势愈演愈烈，贸易全球化与自由化早已是世界各国经济发展所必须的环节。借用西方某位学者之言："贸易创造了财富，而财富净化了环境。"① 便可知人们往往倾向于在提及环境保护问题时把贸易牵扯进来，这一点其实是有因可寻的，但是人们在考虑降低贸易过程中所产生的环境成本时很有可能忽视掉 WTO 最基本的贸易规则，从而导致所制定的措施同 WTO 贸易规则之间的矛盾。以国际条约为例，有但不仅限于以下三种体现。

（一）与 GATT 1994 可能产生的冲突

《1994 年关税与贸易总协定》（以下简称 GATT 1994）的第 1 条和第 3 条分别规定了最惠国待遇原则和国民待遇原则，这两个原则共同体现了 GATT 1994 的非歧视待遇原则。在有关这两个原则的表述中都涉及了"同类产品"，它也是最具争议的焦点。根据不

① Marino Marcich, Trade and Environment: What Conflict? Law & Policy of International Business, Vol. 31, 2000, p. 920.

同因素或标准，所界定的“同类产品”大相径庭，这两个条款适用的可能性则完全不同。由于“同类产品”的不同划界给气候变化所带来的影响不同而导致了国际贸易中的区别对待，无疑是对WTO最惠国待遇原则和国民待遇原则的巨大冲击。

（二）与SCM可能产生的冲突

《补贴与反补贴措施协定》（以下简称SCM）第1条第1款规定，本应征收的政府收入被豁免或不予征收（如税额抵免之类的财政鼓励）应被认为是补贴。① 换言之，政府用财政收入补贴因气候因素给企业带来的环境成本将受到限制。较为典型的例子就是将被创设居于气候变化法律框架内的碳税制度，该制度与SCM主要存在三个方面的冲突：第一，通过开征碳税的方式所达到的减排目标较之采取规范化措施（如开发新技术，提高能源利用率，发展清洁能源等）实现减排目标实际上是一种形式上的不作为，这种不作为将可能构成补贴；第二，政府开征碳税后对所得税款的支配使部分款向流向了某些被征收碳税的企业（如钢铁等关乎国家安全和经济命脉的高碳企业），从而形成积极的财政补贴；第三，通过进行碳税立法将征收碳税的标准制定得较其他国家高，使课税对象的范围较其他国家窄，该法实行起来较其他国家宽松而形成的消极补贴。

（三）与TBT可能产生的冲突

《技术性贸易壁垒协议》（以下简称TBT）中同样也规定了非歧视待遇原则。以绿色标识为例，同《京都议定书》附件一国家所采用的生态标识类似，如果要求他国产品必须具有依照国际标准乃至更高标准所取得的“绿色标识”，或者对于本国具有此种标识的产品提供出口退税等税费减免之方便，从而产生差别待遇，那么就会同TBT相冲突。

---

① 参见《补贴与反补贴措施协定》第1条。

二、应对气候变化措施与 WTO 规则的和解

《气候公约》第 3 条第 5 款之规定："……为对付气候变化而采取的措施，包括单方面措施，不应当成为国际贸易上的任意或无理的歧视手段或者隐蔽的限制。"[①] 当应对气候变化的措施与 GATT 1994 的规定相冲突时，如果能够援引 GATT 1994 的一般例外条款（第 20 条）则能顺理成章地解决争端。第 20 条（b）款规定"为保障人民、动植物的生命或健康所必需的措施"和（g）款规定"与国内限制生产与消费的措施相配合，为有效保护可能用竭的天然资源的有关措施"。[②] 但满足一般例外条款的适用条件并非易事，因此我们不得不从其他途径寻求应对气候变化方案与 WTO 规则的和解，主要从实体和程序两大方面进行探讨。

（一）应对气候变化措施与 WTO 规则在实体方面的和解

第一，在双边性或区域性等贸易协定中明确相关贸易规则与应对气候变化相协调的特殊性。通常贸易协定中对于气候变化问题并没有一个统一、清楚的认识和定位，其中只有很少的一部分具体地指明了气候变化与贸易的关系及相关问题的特殊性，而多数的贸易协定往往只是把气候变化定位为一般的环境问题，对此加以预防和治理以及协调它和社会、经贸之间的关系。另外，就这些规定而言，其中一部分属于开放性、原则性的规定，而另一部分则具体指出了哪些必须遵守以及如何遵守等。笔者认为，将对气候变化问题的定位及其与贸易之间相协调的宗旨明确地纳入协定，并明确指出缔约方作为或不作为的具体事项，不仅能够增加缔约方的预期，还能够使应对气候变化措施与 WTO 规则取得和解的实效。

第二，在双边或区域性等贸易中扩大合作主体的范围，深度发掘不同层次的合作主体，创新合作方式，促进合作机制多元化，从

① 参见《联合国气候变化框架公约》第 3 条。

② 参见《1994 年关税与贸易总协定》第 20 条。

而为加强各方低碳合作奠定基础。虽然这些合作方式多为非强制性的、授权性的，但是亦能为国家间相互交流、分享专业知识、信息、经验，开展技术、资金合作，规划国内政策倾斜导向等提供良好的平台，使各成员国在此基础上就应对气候变化与贸易之间的协调办法达成共识，而这种共识往往是具有约束性质的。这不仅有利于缓和国际谈判中的矛盾，减少争端，化解分歧，提高谈判效率，而且能使应对气候变化活动具有更为广阔和深入的空间。

第三，降低低碳产品、服务和技术的市场准入门槛，扩大市场开放，并对其予以适当的关税优惠是促进应对气候变化措施与WTO规则和解最为直接的方法。然而，由于各国具体国情的不同，对于“低碳”的认定标准也存在显著的差异。因此，在贸易协定中明确“低碳”标准就成为以该种方式应对气候变化的重中之重，否则极有可能因此而产生贸易纠纷。

（二）应对气候变化措施与WTO规则在程序方面的和解

第一，应对气候变化措施与WTO规则在履约机制上的和解。根据国际条约（协定）类型的不同，可将履约机制分为区域或双边协定履约机制和多边协定履约机制，因而通过履约机制的创新使应对气候变化措施与WTO规则达成和解便有了以下两种途径：

1. 通过区域或双边协定履约机制实现应对气候变化措施与WTO规则的和解

根据义务源的不同，该种履约机制又可被细化为以下两种：(1) 以国内有关应对气候变化的法律、法规为义务源的区域或双边协定履约机制。它是指通过在区域或双边协定中明确规定诸如“成员国均应当遵守执行国内部的有关应对气候变化的法律法规的执行程序要求，以及在程序方面对违反该法律法规的行为所处以的处罚和对受害者的司法救济保障”之类的条款，这样不仅促进了执行国内部有关应对气候变化法律法规体系和政策的完善，还有利于缔约双方的减排。(2) 直接以区域或双边协定为义务源的履约机制。它是指缔约方通过直接在区域或双边协定中较为全面和完善地规定成员国有关应对气候变化的权利义务、执行程序、司法救济等方面的内容以及用设置履约机构的方式落实缔约国应对气候变化的行动。

2. 通过多边协定履约机制实现应对气候变化措施与 WTO 规则的和解

这是指在区域或双边协定中，援引了一方或多方成员国缔结的多边协定中有关应对气候变化的环境条款，通过该种方式在区域或双边协定的框架下使得该多方协定义务得以更好地履行，主要有概括式地援引和具体式地援引两种类型。概括式地援引类型如在区域或双边协定中明确规定“缔约方应遵守共同签署的多边协定中有关应对气候变化的环境条款”，或成员国明确承诺将履行自己所缔结的多边协定。具体式地援引类型如《日本—墨西哥增加经济伙伴关系协定》对《京都议定书》中清洁发展机制规定的援引。[①] 在各国适用具体式地援引类型时，几乎都为增加新的多边协定履约机制留有一定的空间并且该种类型的实际使用范围并不广泛。

以上两种和解途径有时可能会产生冲突，但多数缔约国都会采取尽力平衡二者义务、落实其所援引的多边协定条款的做法。相比较而言，通过区域或双边协定履约机制实现应对气候变化措施与 WTO 规则的和解途径要求较为明确，而通过多边协定履约机制实现应对气候变化措施与 WTO 规则的和解途径要求则较为模糊、概括和开放，仅有少数协定采用具体式地援引类型，即作出了明确的列举。即便如此，履约机制的创新在未来应对气候变化的全球活动中所起的作用仍有待于实践的检验，并以期通过其与争端解决机制创新的结合获得更好的适用效果。

第二，应对气候变化措施与 WTO 规则在争端解决机制上的和解。

---

① 李婧舒：《协调应对气候变化与贸易的国际规则研究》，对外经济贸易大学 2015 年博士学位论文。

1. 通过一般的争端解决机制处理应对气候变化措施与 WTO 规则的争端

这主要是指用区域或双边贸易协定中适用于贸易类纠纷的争端解决机制来处理环境争端，这类原本适用于处理贸易类纠纷的争端解决机制被称为一般的争端解决机制。在目前所缔结的协定中，有的允许成员国采用一般的争端解决机制处理应对气候变化的争端，而有的则不允许。例如，在《跨太平洋伙伴关系协定》中，对环境争端的解决和机制的适用只能够根据协定中环境章节的规定程序来处理，应对气候变化的争端作为环境争端的下位概念自然被归于此。并且，在允许采用一般的争端解决机制的协定中对于采用该解决机制处理应对气候变化的争端也有严格的限制。例如，在《美韩自由贸易协定》中，虽然一般的争端解决机制可适用于处理应对气候变化的争端，但必须以适用了特殊的程序为前置要件，即环境磋商和环境事务理事会程序。

在以一般的争端解决机制处理应对气候变化的争端时，大多数国家侧重于非对抗性的方式，如磋商、斡旋、调解、和解等。笔者认为，以一般的争端解决机制处理应对气候变化的争端在区域经济一体化程度越高时越容易实现，如欧盟的罚款机制。然而，由于目前其他的区域经济一体化程度并不高，因此实践中处理应对气候变化的争端仍然主要依赖于特殊的争端解决机制。

2. 为处理应对气候变化措施与 WTO 规则的争端设立特殊的解决机制

由于气候变化问题自身存在的特殊性，它不能与一般的环境问题相提并论，在处理应对气候变化措施与 WTO 规则的争端时亦不能简单套用一般的环境争端解决机制，而应当根据其特殊性设立具有针对性的争端解决机制。由于违反应对气候变化的义务而产生的争端往往发生在违反方一国的境内，基于应对气候变化最基本、最直接的目标，违反方一国应当尽快履行自身义务，使碳减排达到不低于协定所要求的水平，而不是通过较长战线的仲裁和判决，对违反方索赔或授权其他成员国对其报复。这也是非对抗性争端解决方式的一种体现。为处理应对气候变化的争端，区域或双边贸易协定中通常都规定了以非对抗性的方式作为前置要件，如上文中所提到的《美韩自由贸易协定》中的环境磋商和环境事务理事会程序，以及《跨太平洋伙伴关系协定》中的磋商、高级代表磋商、部长磋商、仲裁庭仲裁四个阶段。[①] 这些机制也为在区域或双边框架内解决与多边气候协定有关的争端提供了参考。

第三节 政府主导与市场激励相结合原则

一、政府主导的要点

由于气候具有公共产品的属性，气候变化负外部性所导致的市场失灵需要政府以其国家强制力进行宏观调控，因此应对气候变化的活动应由政府主导。政府在主导时应当注意以下几个要点：

第一，政府定位——做科学型的政绩人。经济人假设起源于亚当·斯密的《国富论》，是古典经济学的经典假设之一。经济人假设的前提是经济人足够理性，那么他所要追求的便只有物质利益的最大化。政绩人也属于经济人的范畴，而科学型的政绩人是指那些在为追求政绩最大化作出决策之前进行全方位考虑的决策者。我们这里所说的“全方位考虑”主要是指决策者在作出决策之前既考虑了经济发展又不忽视环境保护，既考虑了眼前利益也看到了长期利益，既考虑了局部利益也顾及了整体利益，既考虑了经济增长又维持了社会稳定，既发展了经济又普惠了民生。在应对气候变化的大背景下做科学型的政绩人，政府则要把环境因素，特别是气候因素以及气候变化所涉及的人民利益问题纳入决策考量的范围之内，

① 李婧舒：《协调应对气候变化与贸易的国际规则研究》，对外经济贸易大学2015年博士学位论文。

使决策符合科学发展观的要求。

第二，建立低碳投入机制。政府应当在财政预算中设立专项资金用以对企业发展低碳经济的支持。其中包括对新技术开发研究的资金支持，对企业环境成本的税、费或公益性补偿等。同时还应当建立应对气候变化工作的保障机制，严格把控资金流向，专款专用。采取强制性的行政手段作为经济措施的辅助，明确领导主体的责任，建立问责制。

第三，加强公务员队伍建设，提高其应对气候变化的意识，为公众树立榜样。充分利用大众媒介（如网络、电视、报刊、广播等）进行宣传，加强对大众的引导，提高公众参与的积极性。

第四，积极开展政府间合作。要以《气候公约》《京都议定书》等国际条约为基石，充分发挥国际组织（如联合国环境规划署、世界气象组织、政府间气候变化专门委员会等）的作用，汲取发达国家的先进经验，提高自身应对气候变化的能力，特别是对突发极端天气气候事件的应急处理能力。

二、市场激励的突出

毕竟我们正处于市场经济以及经济全球化的大背景之下，应对气候变化若只是单纯依靠政府发挥作用而放弃市场的内在规律与其本身对于资源的调节和配置功能显然是不可取的。事实上，我们不仅要对市场加以运用，还要突出市场的作用，特别是它对市场主体的激励作用。

企业是最重要的市场主体，在应对气候变化方面也扮演着不可或缺的角色。应对气候变化法律框架内与市场激励功能密切相关的是碳税制度和碳排放权交易制度。在碳税制度下，我国承担二氧化碳减排压力最大的莫过于高碳企业，因此如何利用市场激励机制促进高碳企业自行减排，向低碳企业转型是我国减排最终能达到怎样成效的关键。

利润是企业永远的追求，尽可能地降低成本实现利润的最大化是企业一直为其努力奋斗的目标。为加快我国企业、特别是高碳企业向低碳企业转型，笔者认为要突出市场激励的作用，政府可有以下作为：

第一，充分发挥税收的调节作用。在市场条件下，政府利用经济手段对高碳企业征收高额碳税，大幅提高其环境成本，迫使高碳企业淘汰落后产能，向低碳型转化。

第二，实行有差别的能源价格。大量消耗煤、石油等化石燃料是导致高碳的主要原因，高碳企业向低碳企业转型的必备要素之一是大力开发和使用清洁能源。一方面，政府可以通过给能源定价的方式对以煤、石油、天然气为主要能源的企业收取高额的能源费，另一方面也可以对使用风能、水能、太阳能等清洁能源的企业进行补贴，从而调整高碳企业的能源结构，实现能源使用的多元化。

三、二者的结合

从上述对政府主导和市场激励的论述中不难看出，此二者是结合在一起的。政府利用市场化的手段建立有效的激励机制促进企业实现低碳化是我国应对气候变化、发展低碳经济的重要途径。[①] 而政府的主导地位又决定了只有它才能够同时运用行政手段和经济手段“双管齐下”推进减排。由此可见，在构建应对气候变化的法律框架时，政府的主导作用和市场激励机制的创设是必须纳入考虑的因素。

第四节 环境保护优先原则

一、环境保护对经济发展的影响

环境保护优先原则是协调发展原则的改良结果。自 2015 年 1

① 付丽苹：《我国发展低碳经济的行为主体激励机制研究》，中南大学 2012 年博士学位论文。

月1日起实施的《环境保护法》在基本原则部分首次提出了环境保护优先原则，重新定义了经济发展和环境保护的关系。环境保护优先原则的前身，协调发展原则是指经济发展与环境保护相协调的原则。然而，它却往往被那些一味追求经济利益的人曲解为“经济优先”原则的代名词。此次环境保护优先原则的确立，要求应对气候变化法律框架内的制度和措施在制定和实施时不仅应当充分考虑到其与经济发展、环境保护之间的相互影响，即制度和措施的实行对经济发展和环境保护的影响，环境保护对经济发展的影响以及经济发展对环境保护的影响，而且更应当把其对环境的影响摆在首位，以环境保护为出发点，是重中之重。

经济发展与环境保护的关系从本质上来说是人与自然的关系。根据马克思主义唯物论中有关人与自然关系的基本原理可知，我们在利用自然、改造自然以谋求自身发展的同时也要尊重自然、顺应自然、保护自然，学会与自然和谐相处。环境保护的概念比较广泛，它既包括了自然环境的保护也包括了人工环境的保护，既包括了生活环境的保护也包括了生态环境的保护。介于我们把环境保护对经济发展的影响置于应对气候变化法律框架之下，因而在此所说的环境保护中的环境主要是指气候环境。

首先，环境保护对经济发展最直接的影响在于它保护了自然资源，为经济发展存续了动力。应对气候变化的环境保护要求提高能源利用率，开发新能源辅助或替代化石能源，能源结构的多元化使不可再生能源的消耗降低从而达到节约归己的效果，从而有利于实现经济的可持续发展。其次，环境保护对经济发展的影响还体现在优化和促进方面。环境保护的最终落脚点在于经济发展方式的转变。为应对气候变化，发展低碳经济被提上了日程，清洁生产和循环经济引导资金流向低碳产业，调整和优化了产业结构，对二氧化碳排放总量的控制为经济发展提供了更大的气候环境容量。最后，由于环境危机日益严重，世界各国都对环境保护事业高度重视，环境因素已被纳入综合国力的考量范围之内，其对经济发展的影响远远超越了经济增长本身。

二、经济发展对环境保护的影响

经济发展是环境保护的根本。我国是发展中国家，解决环境问题从根本上来说还是要依靠发展，在和平与发展的时代主题之下，发展仍是我国的第一要务。经济发展对环境保护的影响主要体现在其能够为环境保护提供资金和技术支持。我们现在所关注的环境保护已经不再单纯的是环境被破坏之后的治理问题了，更多的是环境问题的防治，即预防和治理。经济发展能够为环境保护提供充足的资金用以研发先进技术、购买设备、进行基础设施建设等，并且我们在全球范围内与各国的经济交往过程中所得到的不仅是经济总量的增长，还可以吸取他国在环保方面的历史教训，借鉴别国先进的环保经验，引进国外先进的环保技术，从而消化吸收再创新内化为自己的环保方式。

三、环境保护优先原则的浅议

过去协调发展原则要求我们实现环境保护和经济发展的平衡，也就是说，环境保护与经济发展二者不可偏废。我们既不能为了发展经济而一味地毫无节制地开采自然资源，对经济发展所带来的环境问题置之不理，以牺牲环境为代价换取经济的增长，走历史上发达国家“先污染，后治理”的老路，但是我们也不能将全部精力、人力、物力、财力都投入到环保事业当中去，毕竟发展才是硬道理。过去我们重经济发展轻环境保护，经济发展在先环境保护滞后，经济增长较环境保护处于更高的位阶。由于经济发展被摆在了第一要义的位置上，其地位便不可能也不应该被拉低，所以我们之前所倡导的实现经济发展和环境保护相平衡实际上是一个环境保护的位阶不断上升的过程。

笔者认为，环境保护与经济发展应当处于同一个法律保护层次，环境保护优先原则的提出不免有过度强调环境保护优先于经济发展的嫌疑。现在我们仍然要实现经济发展与环境保护的平衡，就是要从原来的重经济增长轻环境保护转变为环境保护与经济增长并重，从原来的经济增长在先环境保护滞后转变为环境保护与经济增长同步，从原来的主要依靠行政办法保护环境转变为综合运用法律、经济、技术和必要的行政办法解决环境问题。[①] 而对于环境保护优先原则的解读，我们认为应当附加一个前提条件，那就是当经济发展与环境保护二者相冲突时，环境保护优先原则便指导着我们优先选择保护环境，而并非“一刀切”地割裂环境保护与经济发展的关系。要知道，经济发展并不当然性地破坏环境，它也可以和环境保护并行不悖。

第五节　公众参与原则与国际合作原则

一、加强公众参与

公众参与原则亦被称作环境民主原则。1992 年在里约热内卢举行的联合国环境与发展会议上第一次将该原则确定为国际环境法的基本原则，由于其广泛的经济、社会、环境影响以及对于代际层面的反映，公众参与原则已被公认为是应对气候变化最为重要的原则之一。在 2014 年巴黎气候大会上，公众参与和温室气体减排，促进可持续发展，适应气候变化的能力及信息公开等的重要性被重申。作为国内较早研究公共参与的学者，俞可平教授认为，公众参与是指政府之外的个人或社会组织通过一系列正式和非正式的途径

① 参见温家宝总理在第 6 次全国环境保护大会上的讲话，载北极星节能环保网，http://news.bjx.com.cn/html/20081126/158464.shtml，2015 年 3 月 30 日访问。

直接参与到政府公共决策中来。[①] 笔者认为，俞可平教授对于公众参与的概念界定中有一点是非常值得借鉴的，那就是“政府之外的个人或社会组织”，它明确了公众参与的主体，即“公众”的内涵。社会公众对于气候变化风险的认知在很大程度上影响着他们对于环境政策的态度。[②] 在应对气候变化方面，公众参与则是指政府之外的个人或社会组织积极参与到政府气候决策、监管的过程中以及节能减排的活动中来。

根据联合国《里约环境与发展宣言》第 10 个原则[③]可提炼出影响公众参与应对气候变化行动的因素主要有三个：第一，公众对于气候变化的了解和关注程度，即公众对于有关气候变化信息的获取能力；第二，公众参与应对气候变化活动和决策的机会；第三，公众在应对气候变化活动中获得司法和行政救济的可能性。[④] 正是基于这三个因素的考虑，加强公众参与便有了以下相应的侧重点：

第一，总的来说，需要进一步研究公众参与的最佳方式，创造有利的条件以适当的方法确保公众有效地参与到应对气候变化的活动中来。在参与主体方面应当强调青少年参与决策的重要性和行动

---

① 邢晓迪：《我国低碳经济发展中的公众参与研究》，南京工业大学 2012 年硕士学位论文。

② ［美］Anthony Leisrowitz：《国际气候变化公众认知研究的模式、趋势与局限》，熊伊雪译，载《东岳论丛——名家主持 · 气候传播研究》2013 年 10 月刊。

③ J. Ebbesson, “Principle 10: Public Participation”, in: J. E. Viñuales (ed.), The Rio Declaration on Environment and Development: A Com- mentary (Oxford University Press, 2015), 287, at 291-294.

④ 环境问题最好在所有有关公民在有关级别上加以处理。在国家一级，每个人应有适当的途径获得有关公共机构掌握的环境问题的信息，其中包括关于他们的社区内有害物质和活动的信息，而且每个人应有机会参加决策过程。各国应广泛地提供信息，从而促进和鼓励公众的了解和参与。应提供采用司法和行政程序的有效途径，其中包括赔偿和补救措施。

力以及应对气候变化活动对其的教育作用。青少年参与应对气候变化活动在很大程度上仍然缺乏国家政策和计划，但他们可以帮助国家调整发展路径，拓宽可持续发展视野以及发掘问题背后的社会和经济力量。笔者认为，将气候变化教育纳入国家性教育政策的整合是有限的。以泰国为例，该国对于青少年在参与应对气候变化的政策和决策的机会上很大程度仍然仅限于非正式的社区环境。本书认为，必须使青少年认识到气候政策制定在社会和政治方面的复杂性，并提高其从事气候变化相关问题讨论的能力，以期影响其未来的行动力。

第二，不应仅仅局限于公众参与的规范性方面，在强调民主性、自主性和尊重人权内在价值、社会个体及群体尊严、代际公平与正义的基础之上，应该有更多的研究来探讨在不同民主形式和不同民主化水平之间如何协调南方和北方、南方和全球机构、北方和全球机构在应对气候变化时获取信息的能力、参与和决策的机会以及获得司法和行政救济的可能性等方面的差异。

第三，进一步研究在世界各地的边缘人群如何参与应对气候变化所带来的严重影响，这在气候领域能够有助于确定公众如何参与应对气候变化活动的过程、决策以及机制的制定，并且可以最有效地定位和部署应对气候变化潜在的切入点，使之更具有变革性。

第四，鉴于应对气候变化活动的跨国性日益增强，特别是为应对气候变化而进行的跨国性融资，这就越来越有必要设想和研究气候变化的公众参与在不同政权下的不同表现形式，包括私有制、混合所有制等情形。

第五，进一步研究影响公众参与应对气候变化行动三个因素之间的关系以及社会行动者寻求和获得司法和行政上的补救措施，以减轻、适应气候变化。另外，这项研究将有助于公民参与制定国家应对气候变化的政策，可以提高民主的合法性以及促进公众对气候变化有更深刻的认识，从而追求公平有效的解决方案。

除了上述五个侧重点之外，作为重点的补充或辅助，为加强公众参与还可以采用以下方式：积极开展低碳社会创建活动，组织节能减排全民行动，培养节能好习惯，倡导公众选择新能源；建立和完善资源理性消费机制，促进绿色消费，反对浪费资源，对公众进行消费教育和指导；让公众参与能源决策；重视非政府组织、社会团体，特别是环保组织在号召公众参与应对气候变化行动方面的作用；及时跟进国内外应对气候变化的最新动态等。

二、加强国际合作

气候变化的全球性要求各国必须积极开展国际合作，发展中国家的广泛参与是实现国际合作的基础。就应对气候变化开展国际合作的问题，世界各国大概可以划分为五个主要阵营。第一个阵营是以欧盟、日本为代表的积极响应国家。他们认为发达国家应该承担主要减排责任，严格执行《气候公约》以及《京都议定书》中对其作出的强制性减排义务的规定，将发展中国家纳入减排但目前非强制减排的机制，广泛开展国际合作。第二个阵营是以美国、加拿大、澳大利亚为代表的消极国家。美国拒绝批准《京都议定书》，加拿大和澳大利亚在批准《京都议定书》后又先后退出，反对具体减排义务，强调共同责任，认为发展中国家也应承担强制性减排义务。第三个阵营是以中国为代表的发展中大国。在坚持共同但有区别责任原则的前提下积极实行减排措施，谋求国际合作，作出大国应有的表率。第四个阵营是以沙特阿拉伯、伊拉克为代表的石油输出国。由于应对气候变化要求减少化石燃料的消耗会直接影响到其经济发展，因而这些国家也采取了不积极的态度。最后一个阵营是最不发达国家阵营。基于经济发展的落后而几乎没有减排压力，国际合作能够为其带来的是先进的技术支持乃至资金援助，从一定程度上助其发展，何乐而不为？在这个阵营里的国家对于应对气候变化国际合作的态度自然也是积极的。

虽然各国对于应对气候变化的国际合作态度各不相同，但就我国来说，参与国际合作是利大于弊的。首先，应对气候变化的国际合作实际上是一个平台，在合作方共同努力应对气候变化的同时也产生了双方经济合作的契机；其次，开展国际合作的目的是应对全球气候变暖，对于我国解决由气候变化带来的环境问题好处颇多；再次，我国能从合作中借鉴发达国家的经验教训，包含发达国家用以应对气候变化的制度、模式等，引进先进技术，以我为主，为我所用；最后，积极参与应对气候变化的国际合作有利于彰显我国负责任的大国形象，提升我国的国际地位。总之，这些都是出于维护国家利益的考虑。

三、内外结合的相互作用

公众参与原则和国际合作原则分别从国内和国际两个不同层面向应对气候变化提出了要求，在笔者看来，这二者是相互作用的。一方面，公众的广泛参与促进了应对气候变化国内法的践行，提高了我国自身应对气候变化的能力，增加了我国参与国际合作的资本；另一方面，国际合作的发生又能反过来增强我国应对气候变化的能力，与此同时还带来诸如经济合作、发挥大国作用、提高国际地位、维护国家利益等一系列益处。只有做到“内外兼修”，我国才能在可持续发展的道路上走得更远。

第六节　减缓和适应相结合原则

一、对减缓和适应相结合原则的理解

减缓和适应相结合原则又可称为减适结合原则、减适并重原则，它是指国家在应对气候变化时必须综合运用适应气候变化的手段和减缓气候变化的手段，在制定法律与政策时必须综合考虑这两种手段的不同效果，以防范未来气候变化的风险。就这个定义可以从以下两个方面进行理解：

一方面，减适并重原则包含了减缓气候变化和适应气候变化两

个方面的内容。众所周知，气候变暖主要是由于“源”的增加或“汇”的减少而导致的，或者说是因为“源”的增加超过了“汇”的能力而导致的。[①] 减缓气候变化就是通过减少“源”并且增加“汇”的方式来实现“将大气中温室气体的浓度稳定在防止气候系统受到危险的人为干扰的水平上”。减缓方式主要是通过影响外部环境对气候变化作出反应，就减少“源”来说，它包括了提高能源利用率，开发使用新能源和替代能源等一切可以减少温室气体产生和排放的办法；就增加“汇”来说，它包括了植树造林，碳封存、碳捕捉和碳沉降等一切可以增加吸收温室气体容量使之不向外逸散的办法。而适应气候变化主要是人们就现实的气候状况以及基于气候现状所能够预见的未来而作出的回应，目的则在于提高人们适应气候变化的能力，它包括了制定和实施应对气候变化的法律、政策、制度和规划等。适应性原则较减缓性原则与防范气候变化风险和损害联系得更为紧密。

另一方面，减适并重原则是风险预防原则的体现。尽管我们都知道如果放纵温室气体肆无忌惮地排放下去，人类一定会面临灾难性的后果，但是我们并不知道除了气候变化达到灾难性的临界点之外，气候的每一次变化将带来什么样的结果，也并不知道这种结果何时会发生，甚至于不能确切地知道灾难发生在哪一天。就主观情感上来说，既然这是一种灾难人们当然希望它永远不要到来，但仅仅有希望是不够的，既然已经预见到了相关风险就应该要积极采取行动阻止灾难的到来。这也印证了《里约环境与发展宣言》中对风险预防的阐释，即“不得以缺乏科学充分确实证据为理由，延迟采取符合成本效益的措施防止环境恶化”。毕竟，对于气候变化

---

① 源和汇的概念参见《联合国气候变化框架公约》第 1 条之规定，“源”是指向大气排放温室气体、气溶胶或温室气体前体的任何过程或活动，“汇”是指从大气中清除温室气体、气溶胶或温室气体前体的任何过程、活动或机制。

的问题近几年学界也出现了不同的声音，全球气候变暖并不是一边倒的论调，也有主张气候变冷的观点存在。

二、减缓和适应的价值考量

法律是一个价值系统，反映一定的价值关系，[①] 应对气候变化法律框架内的减适并重原则体现了法律的秩序价值。秩序价值是法律最基本的价值，它包括了和平与安全两个价值。法律的和平价值是指法律的主要目的是以和平方式避免和解决可怕的暴力冲突，为此法律必须包含和平解决纠纷的手段。[②] 法律的安全价值是指法律通过对政府官员的行为进行监督、控制，防止政府权力的滥用，以保证个人自由和生命、财产的安全。[③] 乍一看，《法理学进阶》一书中对和平价值与安全价值的界定似乎与应对气候变化没有任何关系，但经过仔细研读可以发现，减适并重在防范风险的同时也蕴含着化解风险的要求，气候变化所带来的风险本身就是一种不安全，只不过这里所说的“不安全”不再是由政府权力的滥用引起的，应对气候变化法律所要限制的也不再是公权力而是人类不节制的行为，并且这种限制也是通过建立制度、落实政策、创新技术等一系列非暴力的和平手段进行的。

三、二者的并重

应对气候变化的途径主要有三种：忍受、减缓和适应。前一种是消极的、被动的也是不可取的，后两种是主动的、积极的也是应

① 付子堂主编：《法理学进阶》（第 4 版），法律出版社 2013 年版，第 66 页。

② 付子堂主编：《法理学进阶》（第 4 版），法律出版社 2013 年版，第 131 页。

③ 付子堂主编：《法理学进阶》（第 4 版），法律出版社 2013 年版，第 132 页。

当被采纳的，它们充分体现了人主观能动性的发挥。笔者认为，在创设气候变化法律框架时既要注重减缓的效果又要考虑适应的因素，做到二者的统筹兼顾。作为应对气候变化的两种主要选择，减缓和适应是并列的，可以相互融合但绝不能互相干扰，因减缓而阻碍适应或者因适应而阻碍减缓都是不可取的。只有做到两者并重才能实现效益的最大化。

第四章　中国应对气候变化法律框架内的基本制度

由于全球气候变暖带来的种种灾难不仅威胁着人类的现在，更是人类未来生存安全的一个心腹大患，气候变暖已成为全人类亟待解决的问题，其紧迫程度已刻不容缓。

毫无疑问，人类不正当的活动是使温室气体（特别是二氧化碳）增加，导致气候变暖的最主要因素。因此，制定相关制度以规制人类活动成为发展低碳经济必不可少的保障，世界各国都陆续出台了应对气候变化的相关法律。然而，由于各国情况不同，所面临的问题也不完全一样。因此，我国在建设相关法律制度时，有必要对现行的法律制度进行深入的了解。从宏观上把握和梳理应对气候变化的法律制度是构建我国应对气候变化法律框架的逻辑前提。

在我国，应对气候变化的法律制度散见于能源利用法律、环境保护法律、部门规章、地方性法规以及国际条约、协定中，但并没有形成一个逻辑严密、结构清晰的体系。因此，对法律的繁杂进行纾解是很有必要的。本章将通过对中国应对气候变化法律框架内的现有制度存在问题的介绍，作出问题纾解后的对应性选择，主要包括以下相关制度：碳税制度、碳汇制度、碳排放交易权制度、气候可行性论证制度和气候信用评级机构的责任制度。

第一节　低碳经济制度

在环境危机凸显的今天，我国十分重视环境保护。对属于环境问题重要组成部分的气候变化问题亦是如此。为应对气候变暖，我国积极开展各项工作，其中包括积极参加诸如气候峰会之类的国际会议，制定并实施了一系列法律法规，并积极在生产生活中淘汰落后生产技术、工艺、设备和产品，鼓励技术创新，提高能源利用率，开发新能源，调整经济结构，大力植树造林、保护植被，制定并实行了重点用能单位能源利用状况的报告制度、能源效率标识制度、可再生能源发展专项资金制度等。

由此可见，目前我国已初步建立了应对气候变化法律体系，然而还有许多不足，主要表现在：第一，我国目前并没有一部命名为《中华人民共和国应对气候变化法》的法律出台，说明我国法律在应对气候变化方面针对性不强，法律体系还有待补充和完善；第二，我国现行与应对气候变化问题有关的法律实际操作性不强，宣示性较多，缺乏具体执行细则；第三，我国应对气候变化缺乏统一的执行机构。第二个问题的存在直接导致了这个问题。我国现有能源管理体制分散，统一协调功能差，相关部门规章庞杂、混乱甚至互相冲突。笔者认为，针对前述存在的问题，特别是为了避免法律制度的重复和冲突，我国应对气候变化的法律框架内的基本制度应该更多地侧重于依靠市场机制而建立制度，包括碳税制度、碳汇制度、碳金融制度以及碳排放权交易制度、气候信用评级机构的责任制度等。

一、碳税

（一）碳税的定义

碳税是指针对二氧化碳排放所征收的税。[①] 它最直接的目的在于以税收的形式影响人们的经济利益，从而达到减排二氧化碳的效果。对于碳税的定义，在笔者看来，可以就以下两点做解读：

第一，碳税中的“碳”是专指人类在燃烧化石燃料的过程中所排放的二氧化碳。[②] 一方面，这里强调的是“在燃烧化石燃料的过程中”。也就是说，非燃烧用途的燃料（如原材料、冷却剂、防冻剂、还原剂等）不能成为碳税的课税对象。另一方面，强调的是“排放”。显然，该定义是以二氧化碳排放量为依据给碳税下的定义，属于有关碳税定义的主要三种学说中的一种——排放说。这里顺便提到有关碳税定义的另外两种学说——含碳说和混合说。含碳说是以碳含量为标准来界定碳税概念的学说，而混合说则采用了碳含量和二氧化碳排放量的双重标准。

第二，碳税是市场和政策共同发挥作用的方法。碳税属于税收，税收由国家制定，是国家对经济进行宏观调控的手段，但税收大多又与市场相关。比如，国家对个人征收个人所得税，税收的多少在税率一定的条件下往往取决于个人收入的高低，而个人参与市场经济活动，从市场中获取收入，因此与市场有着密切的关系。其他市场主体依法所纳的税大多也是如此，碳税亦然。由于市场失灵的存在，如果只是依靠市场的作用来促进二氧化碳的减排工作，势必不能成功。但如果单纯地依靠政策，成本将会非常巨大，而且单纯政府授权或指令性质的减排类型也不利于促进技术创新。

---

① 郭冬梅：《应对气候变化法律制度研究》，法律出版社 2010 年版，第 220 页。

② 毛涛：《碳税立法研究》，中国政法大学出版社 2013 年版，第 23 页。

（二）碳税的历史发展沿革

一般认为，碳税最早的形态是庇古税，它是由英国著名经济学家庇古（Pigou）1920年最先在《福利经济学》中提出。庇古税是污染者付费原则的体现，根据污染对环境造成损害的程度不同而向污染者征税，以缩小私人与社会之间的成本差异。芬兰、荷兰、瑞典、挪威等北欧国家于20世纪90年代先后开征或引入了碳税，此后意大利、德国、英国、法国等也纷纷开征了碳税。①

目前，中国虽然没有实行碳税制度，但也为应对全球气候变暖做过不少努力。例如，我国先后出台了《中国应对气候变化方案》和《中国应对气候变化的政策与行动》白皮书等应对气候变化的文件，并积极参加与人类环境和发展有关的国际会议、积极参与国际机制，并承担与自身相符的国际责任。1990年设立国家气候变化协调小组和第四工作组，分别负责协调、制定与气候变化相关的政策和负责研究气候变化公约的有关问题以及准备谈判；1992年签署《气候公约》；2002年作为非《京都议定书》的签字国批准该条约；2004年6月30日开始实行《清洁发展机制项目运行管理暂行办法》等。

（三）碳税的法经济学分析

以法经济学的方式分析碳税发现其主要是基于以下几个理论和原则：

1. 科斯定理

科斯定理是由罗纳德·哈里·科斯（Ronald H. Coase）提出的，他本人并未将该定理写成文字，但现如今关于科斯定理的通说是“如果我们假设零交易成本，在外部性存在的情况下，不论初

① 崔军：《关于我国开征碳税的思考》，载《税务研究》2010年第1期。

始权利赋予何方，市场总会达到最有效率的结果”。[①] 由此可见，产权界定和交易成本是科斯定理之中的两大前提，这二者之间存在着不可泯灭的关系。明确地界定产权能够节约交易成本，产权越明确，交易成本可能越低。而当交易成本为零时，不论如何界定产权，市场都能够使资源达到最优化的配置；当交易成本不为零时，对产权的最初界定会影响资源配置的效率，这时就需要通过制度的选择安排，即双方自愿协商而非政府干预的方式来解决外部性问题。[②] 然而在现实生活中，交易成本或多或少是存在的，几乎不存在交易成本为零的情况，但科斯定理毕竟提供了一种通过市场机制解决外部性问题的思路。

根据自由市场环境主义（Free Market Environmentalism）对环境资源产权的界定，在产权明确之时，为解决环境公共产品的负外部性问题，如果产权有了适当的价格而且此价格并非来源于政府补贴，那么前述问题便能解决。[③] 碳税制度无疑就是这样一种价格机制。

2. 公共产品理论

公共产品（Public Goods）是经济学上的一个概念，即符合非排他性和非竞争性这两个标准的物品，通常意义上它也能够用来表示公共利益或公共资源。[④] 公共产品意味着它应当由政府提供，因为如果某一产品不具有竞争性和排他性，那么任何人都可以自由地使用它，进而引发“搭便车效应”，这是与市场的逐利特质相

---

① 参见［美］劳伦斯·索伦：《法理词汇》，王凌皞译，中国政法大学出版社 2010 年版，第 4 页。

② ［美］科斯等：《财产权利与制度变迁：产权学派与新制度学派译文集》，刘守英译，上海人民出版社 1994 年版，第 20 页。

③ 郭冬梅：《应对气候变化法律制度研究》，法律出版社 2010 年版，第 222 页。

④ 参见［美］劳伦斯·索伦：《法理词汇》，王凌皞译，中国政法大学出版社 2010 年版，第 156 页。

悖的。

环境显然属于公共产品，因为并不是所有的环境资源都是无限的，当人们对于环境的消费超过了其自身的承受能力时，再增加消费者就会降低消费的数量和质量，所以环境不具备非竞争性。也正因如此，我们不能任由环境资源被无节制地消费，而是应当尽早采取措施保护环境，政府开征碳税，以所得资金用于降低能源消耗和碳排放污染的治理，从而可以达到保护环境的目标。

3. 庇古税理论与污染者付费原则

笔者在前文中论述碳税的历史沿革时曾经提到过庇古税相关概念。在庇古看来，外部经济（正外部性）或外部不经济（负外部性）使边际私人净产值与边际社会净产值相背离，而市场很难自行调节和消除差异或成本，所以国家必须对此进行干预，通过经济、行政或法律等手段将负外部性内部化，从而缩小私人成本与社会成本之间的差距。

污染者付费原则（Polluter Pays Principle）是指一切向环境排放污染物的个人与组织，其排放活动应当以缴纳用于对其造成的环境损害进行补偿的费用为前提。政府对排放二氧化碳的主体征收碳税，使污染者为其排放二氧化碳所造成的环境负外部性支付对价，以此将负外部性内化为成本。笔者认为，这也是碳税的本质所在，即将污染者排放一吨二氧化碳所造成的环境负外部性内化为成本所需要其支付的对价。

（四）碳税的目的

征收碳税最直接的目的在于减少二氧化碳的排放，实现生态正义，促进社会可持续发展。目前温室效应加剧，全球气候变暖形势严峻，已然成为世界性的难题，国家必须采取措施积极应对。由于问题的紧迫性，想要这些措施在短期内初见成效则必须要以国家强制力大力推行，而法律是其必不可少的制度保障，因此对开征碳税进行立法也是大势所趋。由于排放二氧化碳所造成的环境负外部性在时间上具有延续性，根据可持续发展理论，碳税立法所追求的正义其实与生态立法并无二致，即综合代内正义和代际正义诉求的生态正义。

另外，征收碳税的目的还在于校正市场失灵带来的效率损失。[①] 二氧化碳排放所产生的环境外部性既包括正外部性也包括负外部性，正外部性即给与之无关的人以利益，负外部性即增加其成本。这是公共资源存在的市场失灵，公共资源无法得到优化配置所导致的问题。开征碳税，以市场机制为基础，配之以国家宏观调控的税收经济手段，二者共同作用来使外部成本内部化，以价格信号替代或弥补了市场调节的固有缺陷来校正市场失灵，从而提高资源优化配置的效率，以期最终达到资源优化配置的效果。

（五）碳税的优势

碳税作为减少碳排放的一项重要措施，其可行性已被众多经济学家肯定。总体来说，碳税存在下面的几点优势：

第一，开征碳税能够显著减少二氧化碳的排放量。这无疑是碳税最外显的一个优势。目前，我国是世界上最大的碳排放国家但并未有碳税制度。碳税对于减少二氧化碳排放量的明显作用在其他国家碳税制度的实施中可以得到论证。例如，据估计，芬兰自 1990 年开征碳税以来至 1998 年，二氧化碳排放量减少了约 7%；挪威家庭机动车的二氧化碳排放量降低了 3%左右，而其工厂更是降低了 20%左右；瑞典在 1990 年至 2006 年二氧化碳排放量减少了 9%。[②]

第二，开征碳税能够增加财政收入。税收是财政收入最主要的形式，开征碳税无疑会增加财政收入。2005 年至 2007 年间，瑞典碳税收入每年约为 36.5 亿元；2008 年，丹麦的碳税收入为 9.05

① 郭冬梅：《应对气候变化法律制度研究》，法律出版社 2010 年版，第 221 页。

② 佚名：《碳税：低碳经济发展的“助推器”》，载豆丁网，http://www.docin.com/p-533586837.html，2015 年 2 月 13 日访问。

亿美元;[①] 2008 年，美国科罗拉多州布德市的碳税收入约为 85 万美元。[②]

第三，碳税是一种公平且富有影响力的税种。任何减排二氧化碳的方法都会对经济产生影响，但碳税制度依赖于市场调节，使市场主体共同负担制度成本和减排成本，是更公平、更具有影响力也更为强有力的监管方式。

第四，开征碳税有利于助力低碳经济。碳税对于能源结构的优化和能源应用技术创新意义重大。一方面，开征碳税会使化石燃料（如煤炭、天然气、汽油和柴油等）产品的价格上涨，按照价值规律，此类情况的出现会导致该类产品的需求量下降，最终起到抑制该类产品消费的作用。同时，此消彼长的是化石燃料的替代品即以风能、核能、太阳能为代表的清洁能源的崛起。通过这样的方式，能源结构得以发生潜移默化的改变。另一方面，与政府授权或指令性的减排方式相比，碳税更加依赖于市场机制对主体的切身利益影响。为减排二氧化碳，维护自身利益，各市场主体不得不采购或研发相关减排设备以及配套设施。正所谓科技是第一生产力，有需求就有内动力，因此碳税制度有利于促进减排技术的创新，大量减排技术的涌现和更迭则会推动低碳经济的发展。从另一方面来说，国家开征碳税所得收入的一部分也可以直接用于新技术的探究，这较之前者对发展低碳经济更加有利。

第五，碳税的成本具有确定性。由于税收具有固定性，因此碳税的成本具有确定性，即其数额不能高于法定税率。市场主体依据

---

① Jenny Sumner, Lori Bird, etc. "Carbon Taxes: A Review of Experience and Policy Design Considerations", National Renewable Energy Laboratory (US), Technical Report, 2009, p. 8.

② John Miller: "Leveling the Carbon Playing Field: A Ralwsian Take on Carbon Taxation and Climate Justice", Institute for Fiscal Studies Reports, 2000, p. 20.

这种可预见的成本，结合自身情况选择最佳减排方式，把减排成本降到最低，从而实现经济利益的最大化。但是，由于碳税对于温室气体排放的影响是不可知的，因而碳税在收益方面又具有不确定性。虽然目前尚无法确定成本确定性与收益确定性谁更重要，但由于二氧化碳的减排深受国家宏观调控的影响，政策成本高昂。制定如此巨大成本的政策看上去似乎是目光短浅甚至有些唯利是图，而以二氧化碳减排为目的的任何政策的利益是长远的和全球性的，所以应该更加关注成本的确定性而非收益的不确定性。①

第六，碳税的管理比较便利。碳税管理便利的优势主要体现在机构设置上。我国现行的税收机关是税务局，它分为国税局和地税局。税收从中央到地方，体制已经较为完善。开征碳税不需要再新增其他专门机构，可将碳税直接作为环境税的一个税目由税务局进行征收，从而能够降低开征碳税的成本，提高行政效率。

（六）《京都议定书》对我国碳税制度的影响

《京都议定书》是《联合国气候变化框架公约》（以下简称《气候公约》）的补充条款。②《气候公约》就像其名称一样，是人类在应对气候变化时国际合作的一个基本框架，它并未规定各缔约方是否需要承担义务和承担怎样的义务，亦未规定切实可行的实施办法。而《京都议定书》作为其补充条款，规定了部分国家（主要是附件一发达国家）的强制减排义务，弥补了《气候公约》的缺陷。

我国作为非附件一国家，在《京都议定书》第一承诺期

---

① Reuven S. Avi - Yonah David M. Uhlmann, Combating Global Climate Change: Why a Carbon Tax Is a Better Response to Global Warming Than Cap and Trade，载 http://ssrn.com/abstract=1333673，2015 年 2 月 13 日访问。

② 载百度百科，http://baike.baidu.com/link? url = 7f - kmaSeYFK _ LwequKUNvuGPTu04x6hYeyB2H0lidk _ tV82RA _ 2aGQYO6s3LL0 _ dr5iqU3U8tr8nIU1MkbCPfK，2015 年 2 月 17 日访问。

（2008—2012 年）并不承担强制减排义务，但作为负责任的大国，我国一贯正视自身的历史责任，积极承担与自身能力相应的减排义务。据新华网联合国 6 月 2 日电，中国常驻联合国副代表王民于 2014 年 6 月 2 日向联合国秘书长交存了中国政府接受《京都议定书》多哈修正案的接受书。该修正案于 2012 年 12 月 8 日在卡塔尔多哈通过，就《京都议定书》第二承诺期作出安排，为《气候公约》附件一所列缔约方规定了量化减排指标，实现了《京都议定书》第一承诺期到第二承诺期在法律上的无缝链接。而我国在积极推进此修正案尽快生效的同时也已经宣布，到 2020 年单位国内生产总值二氧化碳排放量比 2005 年下降 40%—45%。[①]

《京都议定书》为发达国家之间、发达国家与发展中国家之间的合作减排提供了合理现实的渠道，基于市场机制的环境管理制度是国际环境管理必然的、有效的制度选择。[②] 如果说《京都议定书》是国际环境法的重要内容，那么我国的碳税制度则是此国际法转化为国内法后的一种表现形式。

虽然我国并非附件一所列缔约国家，但介于目前我国二氧化碳排放总量已超越美国位居世界第一位，在国际气候变化谈判中所受

---

① 《中国向联合国秘书长交存〈京都议定书〉多哈修正案接受书》2014 年 6 月 3 日，载新华网，http://news.xinhuanet.com/2014-06/03/c_1110957088.htm，2015 年 2 月 17 日访问。

② 王英平：《〈京都议定书〉及后京都时代的国际气候制度》，中国海洋大学 2006 年硕士学位论文。

压力巨大，因此援引《京都议定书》第2条之规定，① 我国也应积极进行税制改革，开展碳税立法，建立碳税制度，开征碳税。可以说，《京都议定书》是我国碳税制度的“风向标”，它提醒我们必须对此有所表示、有所建树，督促我国尽快建立符合中国国情的碳税制度。

（七）碳税和碳关税

对于碳关税的概念，目前学界并没有统一明确的说法。但通说认为，碳关税（Carbon Tariff）是指主权国家或地区对高耗能产品进口，征收的二氧化碳排放的特别关税。此概念由法国前总统希拉克最早提出，旨在使欧盟国家对未遵守《京都议定书》的国家课征商品进口税，以避免其所生产的商品遭受不公平的竞争，特别是钢铁业及高耗能产业。碳关税的主要推行者是以美国为首的发达国家，《美国清洁能源安全法案》规定“美国有权对包括中国在内的不实施碳减排限额国家的进口产品征收碳关税”。② 由希拉克总统的用意和《美国清洁能源安全法案》相关规定可推知，被征收碳关税的国家是在《京都议定书》中没有明确减排限额，不承担二氧化碳减排义务的非附件一国家，而这些国家主要是包括中国在内的发展中国家。笔者认为，上述对应被征收碳关税国家的界定未免有失妥当。以中国为例，我国虽为非附件一国家，但为应对全球气

---

① 参见《京都议定书》第2条规定：“附件一所列每一缔约方，在实现第三条所述关于其量化的限制和减少排放的承诺时，为促进可持续发展，应：(a) 根据本国情况执行和/或进一步制订政策和措施，诸如……（五）逐步减少或逐步消除所有的温室气体排放部门违背《公约》目标的市场缺陷、财政激励、税收和关税免除及补贴，并采用市场手段；（六）鼓励有关部门的适当改革，旨在促进用以限制或减少《蒙特利尔议定书》未予管制的温室气体的排放的政策和措施……”

② “The American Clean Energy and Security Act（H. R. 2454）”, June 9, 2009 Committee on Energy and Commerce，载豆丁网，http://www.docin.com/p-202459550.html，2015年2月19日访问。

候变化仍积极采取措施。因此，被征收碳关税的国家应当是未采取相应减排措施达到实际减排效果的国家。

碳关税的实质，通常认为是一种边境调节税（Border Tax Adjustment，简称 BTA）而非关税，其合法性一直是学界争论不休的问题。双方观点主要涉及 WTO 国民待遇原则、最惠国待遇原则，共同但有区别的责任原则，GATT 条款，TBT 条款，SCM 条款，碳泄漏等。虽然中国政府于 2009 年 7 月 4 日已明确表示反对碳关税，但由于全球低碳经济的大势所趋以及国际形势的复杂性，部分发达国家是否真的能在国际范围内普遍推行碳关税也未可知，而中国作为能源消费大国，碳关税一旦被推行又势必对经济产生巨大的影响。因此，我国在表明自己反对态度的同时也应该做好第二手准备，一旦中国被征收碳关税该如何应对？笔者认为，除了在国际层面积极利用 WTO 现有的法律机制，加强国际谈判与区域合作，参与制定国际碳排放标准等，在国内层面转变经济发展方式，大力开发清洁能源外，最重要的是完善法律体系，充分利用《京都议定书》下的清洁发展机制制定符合中国国情的碳税制度。如果说碳关税是一种变相的贸易保护、绿色贸易壁垒的话，那么根据禁止双重征税原则，开征碳关税，打破壁垒，把税收留在国内无疑是一个好的选择。

二、碳汇

（一）碳汇的定义

“汇”有聚集、收集的意思。《气候公约》将“汇”定义为“从大气中清除温室气体、气溶胶或温室气体前体的任何过程、活动或机制”。碳汇中的“碳”特指二氧化碳。因此，碳汇（Carbon Sink）则特指从大气中清除二氧化碳的过程、活动或机制。①

---

① 陈英：《林业碳汇交易法律制度研究》，法律出版社 2012 年版，第 17 页。

不论是哪一种碳汇都以一定的生态系统为载体，根据载体的不同，可以将碳汇分为森林碳汇、海洋碳汇、草地碳汇、耕地碳汇等。可以说，碳汇是由生态系统提供的生态产品，其固碳作用能够在最大限度上维持大气中二氧化碳浓度的稳定，捍卫气候安全。

由于森林是最主要且最可控的固碳方式，因而今天我们所说的碳汇主要是指森林碳汇。森林碳汇概念可以在广义和狭义两个层面使用，广义的森林碳汇指林木通过光合作用降低大气碳含量的过程，狭义的森林碳汇则指人类通过植树造林、加强森林管理、减少毁林等方式来保障树林固碳能力，并进行碳汇交易的活动及其保障机制。就应对气候变化活动而言，狭义的碳汇应是关注的重点。

（二）碳汇的历史沿革

随着人类对气候变化问题认识的不断深入，森林碳汇已受到国际社会的普遍关注。“汇”的概念在《气候公约》中被首次提出，并在2001年召开的《气候公约》缔约方会议上正式被纳入到CDM项目①的范围中；2003年缔约方会议议定了造林再造林的模式和程序，即主要通过森林管理、减少砍伐来增加森林碳汇以此使森林碳汇得到温室气体排放交易市场的认可，达到真正的市场效果。②此外，2004年缔约方会议简化了小规模造林再造林程序；2009年缔约方会议通过了《哥本哈根协议》，使各国认识到减少滥伐森林和森林退化引起的碳排放是至关重要的，为了提高森林对温室气体的清除量应当采取必要的措施、建立必要的机制，并为这一系列举措提供正面的激励，促进CDM下资金的流动。

我国于2007年7月20日正式成立了中国绿色碳基金，积极实

---

① 1997年12月《气候公约》缔约国第3次会议制定《京都议定书》创设的CDM是目前唯一被国际公认的碳交易机制，关于其具体内容，本书第五章将进行介绍。

② Michelle Passero, The Nature of the Right or Interest Created by a Market for Forest Carbon, Carbon & Climate L. Rev, Vol. 3, 2008, pp. 248-249.

施以增加森林储能为目的的植树造林、保护森林等森林碳汇项目，以适应《京都议定书》生效后形成的碳信用市场。首批中国绿色碳基金中国石油碳汇造林项目于2008年3月11日在湖北省武汉市率先正式启动，该项目计划营造10000亩碳汇林，在北京、黑龙江、甘肃、河北、湖北、浙江、广东7个省（市）试点实施。[①] 自2013年1月中国绿色碳汇基金会首个志愿者工作站在江苏常州市落户，到2015年2月中国绿色碳汇基金会西南首个志愿者工作站在昆明成立，[②] 中国绿色碳汇基金会已先后在全国范围内成立了6个志愿者工作站。

根据第8次全国森林资源清查（2009—2013年）结果显示，我国森林资源十分丰富。自然森林总面积达2.08亿公顷，国土面积覆盖率达21.63%，位居世界第五。人工森林总面积达0.69亿公顷，位列世界之首。[③] 由此可见，我国在森林碳汇上的发展前景是十分广阔的，利用其进行减排具有不容小觑的优势。

（三）《京都议定书》对我国碳汇制度的影响

在《京都议定书》创设的三种机制（京都机制）中，清洁发展机制是唯一一种在发达国家和发展中国家之间展开的机制。其中限于造林、再造林的碳汇项目早已得到国际公认。中国作为最大的发展中国家，可将其丰富的森林资源直接出售给发达国家，在帮助其达到减排目标的同时也能获得资金和技术的支持，实现互利互惠。但是，发达国家利用森林碳汇项目进行减排并不是无限制的，《波恩政治协议》就为此设置了“使用总量不能超过相应发达国家

---

① 载《上海证券报》2008年3月12日刊，http://www.cnstock.com/paper_new/html/2008-03/12/content_60831112.htm，2015年2月20日访问。

② 载新华网，http://yn.xinhuanet.com/newscenter/2015-02/17/c_134002474.htm，2015年2月20日访问。

③ 载中国林业局官网，http://www.forestry.gov.cn/main/65/content-659670.html，2015年2月20日访问。

基准年排放量的 5%”这一上限。虽然《京都议定书》为中国发展碳汇提供了模式，但仍然存在一些问题，主要有以下三个方面：

1. 国际法的国内化问题

《京都议定书》这一国际公约所创设的碳汇模式只是给各缔约国提供了一个发展碳汇的大致方向，由于各国具体国情的不同，如何在本国建立起适合的碳汇制度，完善碳汇交易市场，确保碳汇机制的健康运行是各国需要考量的问题，中国也不例外。一方面，应协调和解决国际公约与国内立法的冲突，完善相关立法，以法律的形式将碳汇制度确立下来，为进行碳汇交易提供最基础的法律保障；另一方面，应完善配套法律制度、建立其他配套机制。例如，相关价格机制、交易机制、监测体系，森林资产评估，相关技术、资金档案的管理，成本、利益、风险的承担等。

2. 产权的界定问题

我国森林面积广阔，所有的森林都在不断地进行着“汇”，但并非所有的森林碳汇都可以用来交易。进入碳汇交易市场的森林碳汇作为该市场上的一种商品，其能够进行交易的前提条件是产权确定。从国际法层面看，碳汇应该是由《京都议定书》所确立的一种新的财产权，[①] 而此财产权正是碳汇交易法律关系的客体。

对碳汇产权的界定是开展碳汇交易必不可少的前提。但我们如何将抽象的权利具象化，成为可衡量的物质呢？笔者认为，一方面，碳汇的产权问题应当由法律作最初的确认；另一方面，要通过市场运行机制，将其物化为森林碳汇信用指标。所谓碳信用是指被储存或吸收在碳汇中的碳的数量，这些碳能够被政府或其他实体用来补偿温室气体排放。按照国际市场惯例，规定排放到大气中的每

---

① 刘雪莲、刘晶：《〈京都议定书〉的森林碳汇及其在中国实施的法律制度完善》，载《新疆大学学报（哲学·人文社会科学版）》2011 年第 3 期，第 41 页。

吨二氧化碳相当于一个“份额”，即为一个“碳信用”单位。①

3. 公益与私利的平衡问题

森林碳汇是对生态效益的一种经济补偿方式。与采伐林木获取经济效益不同，森林碳汇所带来的经济效益是长期的、可持续的，相应地，森林碳汇效益所形成的周期也是更加长久的。而作为个体的人们基于“理性人”的心理，往往更加热衷于短期内能快速实现的经济效益。在这样的情况下，解决公益与私利之间的矛盾，实现二者的平衡就显得无可避免。笔者认为，良好的政策引导和法律保障是激励林权个体的有效方式，政府应当综合利用税、利、债、费等形式，对参与森林碳汇项目的个体进行经济上的减免或补贴，从而对森林碳汇的利用起到有效的激励作用。

（四）森林管理委员会

1990 年，森林认证的概念首次出现，随着环保组织和人权组织对森林砍伐、生物多样性减少和社会排斥效应状况，特别是对热带地区的担忧，全球森林认证体系以及森林管理委员会（Forest Stewardship Council，FSC）应运而生，它包括了两种类型——FM 和 COC，其中 FM 侧重于森林管理方面，而 COC 则侧重于与森林相关的各种产业链的管理。1993 年，FSC 的第一个证书在墨西哥发行，截至 2014 年 10 月 FSC 共向 79 个国家发出 1296 个森林管理认证证书，有 184023539 公顷的森林处于该认证体系之下。②

全球森林认证体系下的 FSC 旨在建立和实施可持续的森林管理标准和机制，其在本质上是一种信息工具，与市场相互作用，是一种以市场准入、价格溢价和声誉作为潜在诱因的市场机制，通过对认证产品的市场准入体现了较高的供应链需求。价格溢价可能会增加消费者需求，使其愿意为更多的可持续产品埋单。在许多情况

① 陈英：《林业碳汇交易法律制度研究》，法律出版社 2012 年版，第 23 页。

② 参见 FSC 官方网站：https://ic.fsc.org/en/facts-and-figures.

下，认证是外部利益相关者的声誉和风险管理工具，这就说明了许多公益林所有者事实上只追求其森林管理实践的认证，而不保证通过一个链的托管认证的最终产品的可持续性。

与 FSC 同属于全球森林认证体系的还有 SFI（美国可持续林业倡议）、PEFC（对森林认证体系的认可计划）、MTCC（马来西亚木材认证委员会）、CSA（加拿大标准协会）、UKWAS（英国森林保护计划）以及 LEI（印度尼西亚生态标签研究所）等，而 FSC 与它们的最显著区别则在于，FSC 是唯一依赖第三方机构进行认证的，通常被认为是最有效的森林认证体系，亦日益成为一种公共决策的工具。这是因为：第一，越来越多的政府机构向 FSC 申请认证；第二，在某些情况下，有关森林管理的新法律出台即规定森林所有者或特许权业主应当持有第三方认证书；第三，在发达国家的公共采购政策中使用认证作为杠杆工具，虽然公共采购法往往不能引用特定证书的证明结果，但越来越多的政府注重使用可持续发展的标准来考核其采购的商品，这也使 FSC 更加具有正当性。

笔者认为，为了制止砍伐森林，实现保护森林碳汇、应对全球气候变化的目标，应当限制 FSC 认证在全球范围内大范围地作为一种工具被使用，主要可从以下三点原因对此进行剖析：

首先，FSC 认证仅限于森林部门本身，它既适用于研究森林退化问题，也适用于研究森林生产或其他用途，但并不用于处理、惩罚森林被非法砍伐的问题。森林砍伐的主要原因是由于国内外巨大的消费需求带动，目的在于使用土地的其他用途（主要是农业用途，如粮食、饲料、生物能源等和畜牧森林用途）。

其次，FSC 作为一种市场机制限制了敏感市场的存在。对于发展中国家来说，敏感市场通常都在海外，因此出口目的地市场必须具有良好的政策环境。在发展中国家，正在申请认证证书或持有认证证书的公司通常是出口导向型公司，大多数的 FSC 认证操作发生在非洲中部，由欧洲的国际公司申请，产品主要出口到欧洲。也就是说，越来越多的发展中国家，如巴西、玻利维亚等，正在努力促进其内部市场上的木材产品认证。

最后，价格溢价预期的存在。FSC-FM 认证，不论是初次认证还是再认证，其成本变化都取决于森林的复杂性和面积大小，木材产品认证业务不涉及直接和间接的认证费用。由于昂贵的认证成本和非法来源木材的成本之间所形成的巨大差异，在发展中国家非法砍伐以及非法来源的木材竞争便经常可见。

FSC 第一次认证往往是比较昂贵的，因为它涵盖了一个广泛的认证过程，主要包括以下几个步骤：第一，在 FSC-FM 认证的申请人提交认证申请后，FSC 的督察部门将以数据和时间密集型为支撑模式对其所申请认证的那片森林进行预审核，旨在判定该森林是否具有认证的可行性，从而设计 FSC 森林管理计划。因此，申请人需要提供大量数据，包括树种和植物的种类、年龄分布、每年的增量、增长预测和社会经济数据的预测等。这些数据往往是不容易获得的，特别是在发展中国家。第二，对森林管理计划及详细的行动方案进行评估，提出完善建议。第三，按照完善后的森林管理计划及行动方案布局实施，并对此计划及行动方案的效果进行评估。第四，实施纠正措施。第五，确定认证过程，宣布认证结果，颁发 5 年有效期的认证证书。每年进行一次监督访问，以确保管理被有效执行，每 5 年进行一次较大范围的重评。

由此我们可以看出，步骤二到五之间主要的障碍之一是用以解决实施管理计划主要缺陷的技术知识的缺乏。在整个过程中，审核员不扮演顾问的角色，他们仅仅指出缺陷所在，但并没有告知申请人如何弥补这些缺陷。申请人通常需要进行额外的投资，从而从专家那里获得解决这些问题的技术，因此衍生出了资金障碍。

实际情况表明，FSC 认证的森林比例仍在不断增加，既包括了发达国家亦包括了发展中国家。在应对气候变化和保护生物多样性的背景之下，FSC 提出了一个更为持续的森林管理理念，即用于生产目的的森林可能更加适用于认证。森林可持续管理能够为保护生物多样性和应对气候变化提供新的动力和激励机制（包括实现溢价)，许多生态系统服务措施的出现（如固碳、侵蚀控制、调水等）使人类经济活动的外部性内化为可通过环境服务支付的成本，这种成本内化可能会导致森林利用管理的机会成本与其他土地使用方式相竞争，主要体现在碳封存方面，以清洁发展机制市场或其他合规性、自愿碳市场为基础。因此，森林的自愿碳市场正在快速发展用以支付森林碳汇，采用 FSC-FM 认证作为一个附加的标准，并在一个或多个森林碳标准计划的项目中越来越多地利用第三方验证和认证（例如，美国南部只依据 Smart Wood 和 FSC、FSC 联合公所的森林碳工作组原则和标准来审查、控制与操作 FSC 认证的碳索赔)，FSC 认证已经被证明了其在市场上的主要份额。

COP11（2005 年）首次提出在发展中国家减少毁林和森林退化的“REDD+”计划[①]和以经济方式奖励发展中国家通过各种金融手段减少森林砍伐。时至今日，“REDD+”已经超越了避免森林砍伐和退化的范围，涵盖了更多的包括森林管理在内的其他森林保护方式，FSC 认证是在“REDD+”计划下避免森林退化和保障森林可持续经营的第三方工具。

三、碳金融

（一）碳金融与政府调节

在国际社会紧急应对全球气候变暖的各种活动中，金融业已经成为一个日益突出的利益相关者。各种经济机制为这些有效减少二氧化碳排放量的活动降低成本，向低碳经济转型，创造了一个以金融机构为主要载体的运行框架。在此框架之下，为了公众而非自身的利益，金融机构将利用其经济战略地位影响企业行为，使之作出积极的改变，从而作为碳交易的经纪人来推动清洁发展，减缓和适应气候变暖。一旦成功，在缓解温室效应的同时亦能够弥补政府在

① 即“Reducing Greenhouse Gas Emissions from Deforestation and Forest Degradation in Developing Countries”的简称，“+”的意思是“增加碳汇”。

应对气候变化方面的缺陷。这就是碳金融，即金融机构及相关主体以减缓全球气候变暖为目标所从事的金融活动。

气候变化是最为复杂和昂贵的环境问题。斯特恩报告指出，如果放任气候变化的情况愈演愈烈，未来几年的每一年我们将为此付出世界生产总值的5%—10%的代价；如果人类立即采取行动应对气候变暖，这个数字将会降低到每年2%。由于人们总是优先考虑经济增长，气候变化问题多年来并没有得到根本的改变。转型低碳经济成本高昂，也面临着许多严峻的挑战，因此在大多数国家，政府减排的行政命令是温和的，甚至于落后的。金融业很好地克服了这一点，从而有可能在气候政策的落实中发挥核心作用。它可以分散气候风险，吸引可再生能源、节能技术投资。投资者往往认为气候变化所带来的是关乎自身利益的风险价值组合，而由国际金融机构针对气候变化所做的评估报告则是将环境因素纳入投资决策考虑范围内的一种强大的动力。目前，金融机构主要是以中介的形式参与到投资分配中来，促进一系列与二氧化碳有关的投资，如清洁发展机制项目、碳排放权交易、可再生能源开发等。

虽然气候问题的严峻性以及全球性迫使国际社会达成共识并一致行动，这其中也涉及代际公平、利益分享等众多伦理问题，但是对于大多数的投资者来说，气候变化所带来的最主要问题在于金融投资的机会与风险。应对气候变化问题需要我们对经济模式的可持续性进行深入的探讨，法律制度的建设将会影响这些投资的风险和机会。例如，《京都议定书》中三大机制的建立使拥有减排技术的市场主体在获得更大市场的同时也得到了更多的融资机会，碳排放权交易催生了经纪服务，气候信用评级则给股权和债券融资提供了额外的机会。另外，对于不得不采取高碳经济模式的重工业、污染行业来说，行政手段的打压无疑会使其在竞争中处于不利地位，由此带来的损失即使是理性的投资者也不能避免，因而会伤害到投资者的积极性。于是，理性的投资者会特别关注金融机构对受益人优化金融回报率的提示，并采取行动减少负面影响。金融机构受委托人的委托并负担信托责任，有义务对符合责任的气候变化风险进行提示并监管。某些政府已经开始加强对温室气体排放的控制，并对以市场为基础的政策性工具的依赖不断增强。例如，利用碳税对清洁能源投资者进行补贴。对市场主体的碳排放限制会增加其在碳排放权交易方面的支出，从而带来现金流的风险。由此可见，在分散投资的气候风险方面，与政府调节相比较，碳金融无疑是更好的选择。

然而，投资者也需要一个明确的气候政策，这使他们能够适应监管，但不论气候政策如何制定，笔者认为都应当顾及以下几个方面：第一，鼓励企业投资开发清洁能源系统，从而解决气候变化给其业务带来的经济风险和机会风险，促进企业转型；第二，鼓励企业以报告的形式披露碳足迹，向股东说明气候风险和机遇，以及对减排未来的认识等；第三，鼓励企业通过积极减排参与可持续发展大会，与其他市场主体沟通、交流、协作。

（二）碳金融与企业

气候的完整性除非产生具体的费用或者个人、组织的收入，否则难以被传统的企业财务会计系统计入。虽然政府通常以财政奖励企业增加环保投资和惩罚不道德的撤资行为，但由于企业往往依赖于股票这一工具进行融资，并且利用市场对企业的自发性调节提高企业的社会回报率并鼓励其改善环境的调控成本使其降到最低，因而用股票价格影响企业行为自然是不二之选。虽然大多数企业，尤其是较为成熟的企业，可以通过金融业务和盈利扩大融资，但持续走低的股票价格会影响一个公司的市值，从而更长远地影响到其上市。此外，公司管理层的薪酬也与股票期权密切相关。由于投资者向来是被动的，缺乏激励机制监控的企业难以协调行动，因此在特殊情况下，保持股票价格的虚高来激励企业管理者亦可以达到一定的影响效果。由此可见，企业无法完全与投资需求绝缘。

传统的金融理论认为，在一个有效的股票市场内，股票的需求完全是具有弹性的，股票价格仅仅反映的是预期现金流，体现了公司的价值。因而投资者可以进行任意数量的股票交易而不影响其价格。然而，股票库存的压力并不只反映了公司的财务前景。上述结论的前提条件中并未将投资者的不道德行为与市场划为一个整体，企业环境行为的经济后果被单列出来，投资者也可能被边缘化。在其他理论的研究中，假设企业资本是可以改变的，其他条件也并不如前述那般充分或理想化，那么公司的股票对于投资者来说是有风险的。股票交易量的大小将会制约市场，有预测表明，投资者至少需要占有 20%甚至更多的市场才能影响股票价格。

环保和盈利是可以兼容的。环境污染的丑闻对公司股票价格的影响是短期的，但有可能影响到公司长期的盈利能力。依赖于法律规制改变环境污染者和依赖于有社会责任感的企业之间的财务优势系统，通过奖励或撤资来改善企业的行为影响，这种方式并不能成为碳金融的替代品。如果有能够推进解决气候变化问题进程的方法，那将意味着改革是必要的。包括法律和政策改革在内，改革应当直接挑战金融投资者的行为，这样能够加强受托机构的责任感，整合环境资源，提高委托方的社会、环境绩效。然而，现有的情况是，改革并未被大肆提倡，企业更偏向于自愿遵守业内规范，通过实质性的社会、环境绩效标准（如赤道原则等）建立有规范的框架，形成另一种治理模式——类似于自治；优化管理结构，引导社会、环境活动及其影响；利用评价机制选择投资，对企业绩效进行行业评估和排名。这是由于投资者们往往更倾向于以自由化、程序性的标准作为基础处理、披露信息，审计投资活动，而忽视公民社会的既定制度。自愿机制虽可以对企业行为产生积极的导向性，但因其缺乏强制力，与此同时又面临着来自同类伙伴的压力，而难以维持市场纪律或延续其兼顾环保和盈利的初衷，即通过影响股票价格将环境因素纳入企业融资决策范围，碳金融与企业盈利是并行不悖的。

（三）碳金融与气候变暖

碳金融的本质是气候融资，是应对全球变暖方案中的重要组成部分。企业决策者通常只把投资机构作为经纪人，并没有看到金融业带动企业行为变化所产生的深远影响。金融界越来越意识到气候变化问题会严重威胁到投资组合或者将其作为提高投资回报率的机遇，但实际却是投资者仍然以各种手段阻碍解决全球变暖的问题。这主要是基于以下三个原因：第一，在气候变化问题如此复杂与严峻的今天，投资者多数认为其得到解决的那一天太遥远，而当下有更为紧迫地影响投资价值的问题存在。第二，气候政策和法规给金融市场带来的影响难以确定。例如，没有足够的研究能够证明气候政策和法规与投资回报之间的关系，基本数据也没有精确到能够作为投资决策的依据。第三，作为政府间协议的《京都议定书》对2012年以后的减排目标缺乏规范，也在一定程度上阻碍了具体方案的制订。

由于当前的种种限制，向低碳经济转型需要政府利用气候政策工具发出正确的经济信号，同时市场也一直在努力捕捉并尽可能有效地反映气候风险。但是单方面的失败意味着可再生能源及相关技术的融资需要较高的风险初始化成本，政府必须在市场驱动下进行改革，以集中减排力量，实现长期价值。再者，诉讼风险是投资者将气候变化纳入其投资决策考虑的最主要因素。斯特恩提出了一个悖论，即市场调节虽能够弥补政府监管的缺陷，但又往往严重依赖于国家制定的环境标准。碳排放量的上限、碳税的前景、可再生能源的补贴等都强制企业披露其经营活动对气候的影响。

气候变化所带来的伦理问题反映了人与自然深刻的关系，即使是最高效的商业运作模式也不能因其是一个令人满意的方案而任经济系统无限生长以致造成更多的环境问题。这些伦理问题的解决要求人类提供规范的框架以维护生物多样性、生态完整性、环境权利和社会正义。事实上，共同但有区别的责任原则是关键。谁应当承担解决气候变化所引发的经济社会的一系列问题体现了发达国家和发展中国家之间重要的公平负担的伦理问题。然而，碳金融已经避免直接面对这些棘手的问题而一直紧紧围绕着业务风险和投资机会展开。投资者反感自己无法从减少碳排放量中收获经济利益，但企业的经营状况并不总是能够为其寻求道德动机变化的理由。那么，如何才能在金融市场上提高投资决策者的道德觉悟？答案显然需要更深入的探索，但是一些结论性的意见也简单明了了。因此，应对气候变化作为一个优先事项，改革者应当以法律为标准，明确目标投资机构的信托责任，确定改革的基本经济目标。将可持续发展的目标任务作为整体基准持有的金融投资账户，考虑公共成本促进私人收益受托。但这必须有具体的标准，如果只是模糊地规定“促进可持续发展”是不可行的，这是因为它很有可能被人任意曲解。在制定可持续发展绩效指标时，环境政策将会扩展到金融投资领域，该指标是投资组合之一，即碳足迹。它还需要金融机构决策的民主化，让投资决策者听见更多利益相关者的声音，包括机构普通成员和来自外部的第三方投资。鉴于现代金融市场规模的全球化，应对气候变化的碳金融跨境融资规范必须镌刻在新的国际法律上。

（四）碳金融与气候风险分散

为应对气候变化所带来的金融风险，提高业界对该风险的认识和管理的优化是重点。由于不同投资组合的长期负债，所有机构的投资者都有理由关注气候风险，包括利用合作论坛分享观点和实践经验，借助网络增加气候风险投资，召开论坛大会，在公共政策领域进行改革，提高金融部门对气候问题的认识等。虽然目前世界上已经有一些银行承诺在贷款组合中实现温室气体排放量的绝对减少，但是国际银行业对融资项目所带来全球气候变暖的信息披露和问责仍然没有一个标准的办法。

在财产保险行业，气候风险的问题被放大到一个更为严重的程度。20 世纪 80 年代至 90 年代，各种昂贵的气象灾难推动着保险业参与气候政策辩论。一些保险公司回应，他们会采取风险管理和其他保护措施，扩大免赔额，推出覆盖一定范围的风险溢价产品。但奇怪的是，保险公司似乎常常忽略了投资组合的气候风险。众所周知，保险最主要的功能就在于分散风险，但也仅在于“分散”

而非“消除”。如此，虽然其可以间接地帮助减少灾后损伤并补偿受害者，但无法消除全球变暖发生的风险。一些保险公司也进军到资本市场的内部开创新的气候风险分散机制，如重大气候灾难期货和气候衍生产品。气候衍生产品市场允许气候存在被套期的风险，也就是说，如果发生气象灾难，发行债券的保险公司将向债券持有人支付其索赔，如果债券期间内（通常是一年）并没有气象灾害发生，那么保险公司将回报给投资者本金和利息。

作为非营利性的国际机构，气候组织旨在发挥政府和工商业对应对气候变化工作的领导作用。该组织确立了气候原则，它并非绝对禁止对高碳企业融资而是强调融资的程序标准。投资者实际将社会或环境因素纳入其最终的投资选择，原则上是不需要任何特定的关于环境保护标准的。由于没有法律的规范，投资决策承诺的设计往往是自愿的，于环境有很大裨益，但可能碍于声誉风险却并未采取任何行动。因此，在扩大业务时优先考虑利润最大化的公司需要一个致力于可持续发展的金融机构充分整合生态环境限制因素，在企业战略和核心业务领域（如投资、信贷、保险等）把握社会公平与经济公平，把可持续发展目标放置在与股东利益和客户满意度最大化的平等地位，并积极促进金融交易的可持续发展。如果金融机构广泛采用这一标准，那么将应对气候变化作为价值目标便有了一个有支撑力的平台。

（五）实现碳金融的两个关键——信息披露和股东积极主义

投资者在建立环保和低风险的投资组合时需要了解企业温室气体排放量，此时信息披露方式的标准化、综合性就显得尤为重要。除了落实证监会信息披露制度，金融机构还设计了自己的信息披露工具以便对全球变暖采取行动，如欧盟的碳信息披露项目（CDP）和温室气体协议计划（GHGPI），由此产生出金融机构与企业之间关于气候变化对话所需要的数据。

CDP 是一个协调机制，它要求投资者与企业之间对彼此有关气候变化的活动有所了解，而 GHGPI 主要分为两个模块：企业会计报告标准模块和会计项目协议准则。前者可以帮助企业发现、计算和报告温室气体排放量，但缺陷在于它并没有给金融机构以定位而未考虑到金融机构的温室气体排放量。后者则设计、计算具体项目减少的温室气体和土地利用的变化。GHGPI 为欧盟碳排放权交易计划以及其他应对气候变化的活动提供了会计框架。

另外，股东积极主义是金融业表达其对于气候变化问题担忧的方式。金融家们有时使用股东决议和对话刺激企业管理者以满足他们对公司治理环境问题的要求。股东决议通常要求管理层对气候变化的风险进行预估而不是要求企业采取具体行动来减少温室气体的排放量，这可能会影响企业的报告。虽然许多企业十分抗拒这样的“干扰”，但股东积极主义仍有一些积极的反应。通过股东积极主义，企业有可能同意披露其温室气体排放量，设定减排目标，针对提高能源效率进行投资并将气候风险作为商业计划的核心。然而，股东对气候问题进行决议是罕见的，直到近年也少有决议得到公开支持，但大多数这样的决议已在美国提起，我国也可以比照相关案例实施。

第二节　碳排放权交易制度

一、碳排放权交易的基本定义

随着《京都协定书》中关于碳排放权交易的三项灵活机制的确立，碳排放权交易在全球范围内都得到了普遍的认可和实践，并在实际运用中取得良好效果。同时，随之产生的“碳排放权”、“碳排放权交易”等新的词汇也得到广泛使用，下文笔者将从法学视角对这些新概念进行定义。

（一）碳排放权

在法学视角下，我们认为碳排放权是排污权的一种形式。要厘清碳排放权的前提首先需明确什么是排污权。笔者认为，排污权是指排污主体为降低环境成本，在不超过环保部门所规定的排污额度的情况下，正常进行生产活动时依靠环境自净能力及其纳污量向自然界排放废弃物、污染物，从而获得相关经济利益的一种法定权利。碳排放权在诸多方面与排污权相同：第一，两者原始取得的主体均为因生产的需要而须排放一定量的污染物，利用环境容量的法人；第二，两者的权利客体都是国家所有的环境容量；第三，两者的权利内容均包含对环境容量的占有、使用、收益；第四，两者在初始份额分配上都需要在控制总量的前提下按照法定程序由国家分配。碳排放权由此被笔者定义为：法人因生产活动所需，依法向大气中排放二氧化碳等温室气体，在法律所规定的配额之内对环境纳污量行使占有、使用、收益、处分的权利。但是，由于是一种新型的排污权，碳排放权仍与传统类型的排污权，如水体排污权、二氧化硫排污权等存在一定差异，其主要体现为：

第一，碳排放权的权利主体范围更为广泛。传统类型的排污权的主体只能是污染物的排放者，而碳排放权的主体不仅包括二氧化碳的直接排放人，如各类企业法人，还允许自然人或者民间组织参与碳排放权的市场交易。

第二，碳排放权的权利客体具有可替代性。虽然两者的权利客体均为环境容量，但是二氧化碳的排放对全球气候变暖的影响不受区域的限制，在全球范围内具有同等的作用，而传统类型排污权的客体通常仅局限于一定区域，所以其交易也相应地限于该特定区域。碳排放权权利客体的这一特殊性为未来全球范围内的碳排放权交易体系建立奠定了基础。

第三，碳排放权的法律渊源更为丰富，不仅包括国内法，还包括国际法，而传统排污权的法律渊源一般仅限于国内法。

第四，碳排放权产生缘由的特殊性，其产生的目的是应对全球气候变化，而传统类型排污权的产生通常是为了解决特定区域的环境污染问题。

（二）碳排放权交易制度

依据上述对排污权以及碳排放权的概念界定和内涵明确，笔者认为，碳排放权交易制度是指以应对气候变化，减少二氧化碳排放总量为目的，在根据区域环境容量要求的特定区域，并在一定时间内，确定二氧化碳和其他温室气体中的碳容量，由行政主管部门采取行政许可的方式分配初始容量，并允许按照法律规定的一套程序对过剩的碳容量指标进行交易的法律制度。[①] 与此同时，以法律视角作为切入点来看，碳排放权交易制度是指调整环境社会关系中因碳排放权交易而产生的法律关系的一系列法律规范的总和。由此看出，碳排放权交易被国家公权力影响与干预，因此在一定程度上体现了国家的意志，具有较为强烈的公权色彩，但从本质上来看，其是通过公权力的介入来明确划分环境容量资源的产权并分配碳排放配额，实际上为碳排放权交易的进行提供了前提条件，最终目标还是要满足碳排放权人的需求，保障碳排放权主体的交易行为，从而体现了碳排放交易的私权属性。

按照不同的交易基础、交易范围和交易方式，可将碳排放权交易划分为多种类别。由于不同的交易基础，可分为基于配额的碳排放交易和基于项目的碳排放交易。基于配额的（Allowances-based）碳排放交易是由监管机构在“总量控制与贸易”（Cap-and-trade）的框架内分摊，温室气体排放者通过市场对温室气体排放配额进行交易，如在《京都议定书》中确立的排放贸易机制；基于项目的（Project-based）碳排放权交易是指以项目为依托而产生的经过认证的碳排放额度交易。

由于不同的交易范围，可分为区域内交易和区域外交易。在特定国家或地区内的碳排放权交易是区域内交易；区域外交易则是指交易的区域不受确定的区域限制，碳排放权交易可跨越特定区域进

---

① 孙良：《论我国碳排放权交易制度的建构》，中国政法大学 2009 年硕士学位论文。

行。基于不同的交易方式，有现货交易和期货交易之分。现货交易是指买卖双方当事人在订立合约之后，按照合约中约定的方式，立即或在约定时间内进行碳排放权交易的方式；期货交易是指投资者通过缴纳一定的保险金后签订气候标准化合约进行交易的方式。根据交易是否在特定的气候交易场所进行，可将碳排放权交易分为交易所交易和交易所外交易。

二、碳排放权交易制度建立的作用

（一）应对我国乃至全球气候变化的严峻形势

上文在论述碳排放权的特点时已提及碳排放权以及碳排放权交易制度产生的缘由和目的是应对全球气候变化。目前，全球气候持续变暖，我国气候也同样存在变暖的趋势。根据中国气象局发布的近百年观测结果显示，以 2007 年为起算基点，过去的 100 年以来我国地表的均温上升了 1.1℃，过去的 30 年我国沿海海表温度上升了 0.9℃。1986 年至 2007 年，我国已出现了 21 个暖冬，而沿海海平面上升了 90mm。此后升温并未停止，海平面亦未停止上涨。据科学研究预测表明，未来我国气候将继续变暖，从而导致的海平面上升，极端天气、气候事件频发的状况将会进一步增多。

通过对企业盈利和国民经济的导向，促使国家和企业积极采取措施开展减排活动，实现抑制气候变暖、保护大气环境的目的。因此，构建碳排放权交易制度有利于我国应对各种气候变化的不利影响。

（二）履行潜在的减排义务

尽管我国作为发展中国家目前无须承担《京都议定书》中确定的强制减排义务，但是根据中国气象局发布的消息，我国人均二氧化碳的排放已超过了世界平均水平并面临着前所未有的在减少温室气体排放方面的压力。随着进一步明朗的世界经济和碳排放格局，以及进一步改善的中国经济的现状，我们国家必将在适当的时候作出减排承诺，参与国际共同行动以减少二氧化碳排放。碳排放权交易的构建将有利于我们从容应对可能向我国施加的强制减排要求，在现阶段则履行潜在的减排义务。

（三）激发企业、公众参与环境管理

在碳排放权交易市场下，碳排放权人，如各类企业，可以按照市场规则进行交易。减排成本高于碳排放权市场价格的企业可以购买市场上的碳排放权；减排成本低于碳排放权市场价格的企业可以在市场上出售剩余的碳排放权以获取利润。事实上，通过碳排放权交易市场机制，减排成本较高的企业成功将减排任务交给减排成本较低的企业。同时，碳排放量需求较高的企业也可将碳容量移转给碳排放量需求较低的企业，有助于降低排放量减少的社会成本，实现整体资源的优化配置。转移过程产生的成本减少和利润改善的效果也将有效调动企业参与碳排放权交易，以此实现企业将环境因素纳入决策管理考虑范围，国家将企业纳入环境管理体系的目的。

再者，碳排放权交易制度的构建也有利于激发公众对于环境管理的参与。我国公众在参与有关气候变化方面的环境管理上通常是采取间接的方式，其中包括参加应对气候变化的宣传活动，听取相关学术研讨讲座等。但这些活动对于减少温室气体的排放往往只能起到极为有限的作用，公众参与环保的热情也难以被调动。民间组织以碳排放权交易主体的身份有效地参与市场交易，通过交易而获得碳排放权，以此能够在确定总量的基础之上减少二氧化碳的排放，降低大气污染，改善大气环境。这种将公众纳入碳排放权交易的方式不仅能让他们拥有参与环境管理的机会，还有利于增强碳排放权交易市场的活跃性，给市场提供大量的资金与广泛的参与者。经过普遍的实践，这样的做法已经取得很多国家的认可，并达到了良好的效果。

（四）鼓励先进减排技术的发展

由于碳排放配额可在市场上进行交易并获得利润，温室气体排放企业出于提升盈利的考量，会尽力发展先进的减排技术以将排放量控制在其碳排放限额内，并将富余的排放额度出售给市场获得收益。尽管有些情况下发展减排技术未必会给温室气体排放企业带来盈利，因为创新技术同样需要较大资金投入，但是通过碳排放交易获得的收入可以在一定程度上抵消其减排的投入，有利于企业在发展技术的同时降低成本。

（五）促使政府职能的转变

政府在环境管理方面通常需要经历三个发展阶段：第一阶段为政府以强制性行政手段全面介入环境管理，对其进行绝对主导的阶段；第二阶段为政府注重降低成本与提高效益，引入市场机制，利用包括价格规律在内的一系列市场规律与行政管理手段相配合的阶段；第三阶段为公众广泛参与，积极开展合作协助，提倡管理方式多元化的阶段。[①] 目前，我国在实践中仍基本停留在第一个阶段，即依靠政府的介入与强制力管理环境。

随着我国社会主义市场经济制度的建立，我国政府在环境管理方式上也亟需由第一阶段向第二阶段、第三阶段过渡，以此适应市场化的要求。碳排放交易制度恰好符合这一要求：政府可以不再凭借强制力直接介入减少二氧化碳等温室气体排放的管理，而能通过对碳排放权的初始分配，发挥其对碳排放权交易过程间接的宏观调控作用。通过引入灵活的市场机制降低利用宏观调控手段进行环境管理的成本，从而提高管理效率，促进减排目标的实现。

三、我国碳排放权交易制度的体系构想

建立碳排放权交易制度首先必须要明确与之相关的各项要素，其中包括交易主体、交易行为、基本原则，碳排放权的初始分配以及交易参与各方的追责机制。笔者将通过逐一分析这几个要素来探讨如何建立中国的碳排放权交易制度体系。

---

① 李挚萍：《环境法的新发展——管制与民主之互动》，人民法院出版社 2006 年版，第 2-11 页。

（一）基本原则

碳排放权交易制度的基本原则是指贯穿于整个碳排放权交易制度始终的，指导碳排放权交易制度的制定与实施的基本准则。它具体包含以下几项原则：

1. “三公”原则——公开、公平、公正原则

作为一个涉及各交易主体、政府以及公众多方利益的复杂制度，碳排放权交易制度需要以透明性、公平性来保障其正常运行。首先，碳排放权交易制度应当具有公开性。与碳排放权交易制度相关的法律渊源——法律、法规、规章，以及碳排放权初始分配的形势要求与实质要求，碳排放权初始分配结果、移转情况等均需要广大公众公开。其次，碳排放权交易制度应当具有公平性。这就要求参与碳排放权交易的各方当事人都平等地享有权利，同等地履行义务，合法权益平等地受到保护，并以此获得平等的交易机会，任何一方都不得享有特权。最后，公正性在碳排放权交易中也需要有所体现。作为碳排放权初始分配者以及交易监管者的行政主管部门在发放行政许可以及审批交易申报许可时应当正当考虑相关因素，不歧视、不偏私，所作出的批准或拒绝分配的决定应当说明理由。

2. 协调发展原则

笔者认为，协调发展原则是指经济发展与环境保护相协调的原则。具体来说，该原则要求我们在进行经济建设积累社会物质财富的同时，要充分考虑到自然资源的有限性与环境承载能力，对自然资源合理地进行开发利用，并采取相应的环保措施，对因经济增长而遭受破坏的环境进行治理和维护，从而实现经济与环境的相互促进，实现人类社会的可持续发展。该项原则的确立要求在制定和实施碳排放权交易制度时应当结合经济效益和环境效益进行考量，充分协调二者，不得一味追求一方而忽略另一方。这一原则在碳排放权交易制度的制定，碳排放权的初始分配、交易方面均有所体现。一方面，制定碳排放权交易制度的发展过程应当循序渐进，不可因为碳排放权交易在我国的巨大市场潜力和潜在经济效益而过快发

展，而应通过分阶段、分层次、分领域来探索适合我国国情的碳排放权交易制度。另一方面，在初始分配碳排放权时，需完善总量控制立法，碳排放权作为一种产权的经济价值固然存在，但不可只注重经济效益而忽视环境容量资源（碳容量资源）上限的存在。因此，环保行政管理部门应明确国家碳排放总量上限，并采取适当的方式进行分配，在环境容量承载力的范围内发展碳排放权交易市场。此外，碳排放权交易市场的交易主体也应秉承协调发展的原则，不能仅为了追求经济利益而进行碳排放权的交易，用交易带来额外的减排效益，即出让方出让的碳排放权应是从其实际排放量比取得的环境容量低的那部分排放配额中产生的，否则，环保行政管理部门不得核准交易。

3. 政府监管原则

碳排放权交易制度虽然主要是以市场机制为主导，但基于碳排放权是带有强烈公权色彩的私权并且牵涉交易主体以外的社会公众的利益，政府的介入与监管是极为必要的。上文所述，在初始分配碳排放权时环保行政管理部门需明确总量控制，采取适当的分配方式并发放排放许可。同时，政府对于碳排放权的交易也应监管。环保行政管理部门需审查碳排放权交易的申报许可，并对环境容量和环境容量价值进行合理评估，最终作出是否批准许可的决定。需要政府监管的环节还有很多，如对市场出现炒卖甚至垄断碳排放权等现象的干预，对交易行为完成后交易各方的权利义务行使情况的监督，以及对以各种形式违反碳排放义务的惩戒等。因此，政府的监管应持续存在于碳排放权交易的整个过程，如果政府不能进行有效的监管，我们就无法成功运行碳排放权交易制度。由于市场失灵状况的存在以及它的无法消除性，政府在碳排放权交易制度的运行中就扮演了监督者和维护者的角色，监督市场主体的碳排放权交易行为，维护碳排放权交易活动的良好秩序，促进交易双方预期成果的实现。我们在优化环境资源配置的过程中，应当注重市场机制与政府监管的并举，而不是偏废一方。

（二）交易主体

碳排放权交易的主体是指通过环保行政管理部门初始分配或者由市场移转交易而获得碳排放权的法人、其他组织或自然人。需要指出的是，碳排放权的交易主体一般为特殊主体，即包括企业、金融机构和民间组织。自然人虽然在理论上也可以参加碳排放权的市场交易，但是一方面自然人在实际上并没有行政许可意义上碳排放配额的需要，他们的参与往往只是出于环保、投资或者其他某种目的；另一方面，鉴于碳排放权交易的复杂性和风险性，且对于交易主体在技术规范、经济实力等方面有较高的要求，因此在实际操作中，自然人很难有相应的能力来参与交易。因此，自然人如若想参与碳排放权交易买卖，切实可行的方式是成立相关的民间组织，以组织的名义参与交易可以在一定程度上解决上述的问题。此外，通过环保行政管理部门初始分配而获得排放配额的碳排放权人只能是有实际排放需要的企业。因为碳排放权交易制度产生的基础就在于因生产活动的需要而使用一定碳容量的企业在获得政府初始分配的碳排放权后，利用减排措施或其他手段使其实际碳排放量低于分配所得的碳排放配额，而后以富余的碳排放配额在市场上进行交易。如果没有实际碳排放需要的主体可以获得初始分配的碳排放权，那碳排放权交易制度就仅仅成为一项经济制度，失去其减少温室气体排放的环境功效了。

（三）交易客体

碳排放权交易的客体，也称作交易的标的，是指由法律确立的对碳容量使用的权利，即碳排放权。为了使碳排放权的交易顺利进行，根据科斯定理中所提及的产权理论，国家可以通过建立一套环境资源权属制度体系明确环境资源的产权归属来加以对环境资源稀缺性的制度保障，从而实现“拍累托最优”。产权理论在碳排放权交易制度中具体体现在对碳排放权的产权化。对环境容量资源所属的定义是将其分配给一些人使用，而碳排放的环境容量是指除去所允许排放的配额外，超出的必须进行产权界定的环境容量部分。因为这部分碳排放的权利已经超越了使用权的范畴。环境容量资源的稀缺性使其具有了经济价值，当人们的行为威胁到环境功能及其价值时，就需要明确行为人的权利和责任并以此来限制行为人的行为。由此我们可以看出，对环境容量资源归属问题的探讨实际就是对环境使用权的界定。在产权界定时，一方面，应当对环境资源总量进行控制，这主要要求环保行政管理部门通过合理科学的评估来确定总量；另一方面，应将总量按照一定方式分配给私主体，形成私人产权，进而由私主体实现产权的价值。至于如何将总量进行分配的具体方式将在下文中详细说明，此处不再赘述。

碳排放权产权的明晰仅仅有利于碳排放权交易的开展，而碳排放权交易制度的规范化、合法化，还依赖于对碳排放权的立法确立，即我们可以通过立法解释对《宪法》第 9 条中“资源”的概念进行广义解释，由于我国在规范包括环境容量资源在内的一些无形资源的法律法规方面的缺位，明确环境容量资源的产权能够为碳排放权交易的正当性寻找法律依据，当然也可以考虑直接立法——在《环境保护法》中增加对排放权的专门规定，确定排放权这一特殊的无形环境资源的法律概念与法律性质。通过对碳排放权在立法上的体系化，行政管理机关在初始分配碳排放权与监管碳排放权交易时可以依照相应的法律作出规定。

（四）碳排放权的初始分配

碳排放权的初始分配是指在设定二氧化碳排放总限额的基础上，由政府向各碳排放实体分配排放配额。根据目前世界各国碳排放交易体系的制度经验，常用的分配方式主要包括以下三种：免费分配、固定价格出售、拍卖分配。

1. 免费分配

免费分配，是指由环保行政管理部门根据一定的标准将排放配额免费分配给碳排放实体。根据分配标准的不同，可以分为基于历史排放或产出的免费分配与基于当前产量的免费分配。基于历史排放或产出的免费分配是指环保行政管理部门依据企业排放实体的历史排放量或历史产量并按照一定比例来进行排放配额的免费分配。基于当前产量的免费分配则是指环保行政管理部门依据企业排放实体目前的产量和单位产量并按照一定比例免费分配排放配额。此外，还有学者提出了可升级的免费分配的概念，即配额的分配除了可以参考历史数据之外，还可以随着时间变化依照一定的规则不断升级。① 免费分配是世界各国碳排放交易体系中应用最广泛的分配方式。作为目前世界上最大的排放交易体系，2005 年成立的欧盟排放交易体系在第一阶段和第二阶段就采用了基于历史排放的免费分配方式。各国在碳排放交易制度设立之初通常都会采取免费分配方式，其原因主要在于两点：（1）保障企业的生产，促进经济的可持续发展；（2）降低企业的生产成本，利于碳排放权交易制度的初始推行。然而，尽管免费分配具有很强的可行性，但是其弊端也非常明显。企业通过免费分配的方式获得的排放权实际上对其意味着是无偿取得的一笔财富，其可以利用获得的排放配额出让给他人而获利。而受让的一方却是依靠支付对价才取得的排放权，这样双方在取得排放权上会出现不公平的情况。长期采取免费分配的方式，必然会导致“碳排放权交易的不稳定”。②

2. 固定价格出售

固定价格出售是指由政府对排放限额进行统一定价后出售给碳

① Fowlie, M. (2010),“Allocating Emissions Permits in Cap-and-Trade Program: Theory and Evidence”, University of California, Berkeley Technical Report.

② 一些企业通过游说政府而获得额外的配额，然后将多出的部分出售获利，政府也存在发放过多配额的现象。参见刘华、李亚：《欧盟碳交易的实践》，载《银行家》2007 年第 9 期。

排放实体的分配方式。在其他污染物排放权交易中，此种形式较为常见，[①] 不过由于二氧化碳的特殊性，固定价格出售在各国碳排放权初始分配方式上通常是作为一种辅助方式。其主要运用于在政府所分配的碳排放额度不能满足企业生产经营对其的需要时，可以以固定价格向环保行政管理部门购买其在初始分配时预留的一部分未分配的碳排放权。当然，能够通过此种方式取得碳排放权的排放实体一般要具有一定要求，如碳排放需求量较大，通过市场交易取得碳排放权费用过高，属于关系国计民生的基础产业等。环保行政管理部门需在对此类排放实体是否符合相应条件进行严格的审查之后才能核准其取得以超额排放量为限的排放配额。固定价格出售也存在其缺陷：（1）由于缺乏对市场参与者信息的了解以及市场波动性的存在，环保行政管理部门往往难以对排放配额确定合理的价格；（2）统一的定价会导致碳排放权的经济价值趋同，难以进行市场交易。

3. 拍卖分配

拍卖分配是指以某种单位完全相同，彼此之间可以相互替代的特定排放配额为拍卖标的向竞买人公开拍卖，由出价最高的排放实体取得排放权的分配方式。与其他分配方式相比，拍卖分配方式具有很多方面的优势：

（1）因拍卖程序的简便而提高了初始分配效率；

（2）拍卖的方式适应市场机制，有利于反映碳排放权的真实成本，免除了环保行政管理部门在对排放配额定价上的困难；

---

① 如《江苏省太湖流域主要水污染物排污权有偿使用和交易试点排污单位排放指标申购管理办法》第19条明确规定："2008年11月20日以前已批准建设，年排放化学需氧量在10吨以上的工业企业（包括接管企业及企业自建污水处理厂），化学需氧量指标按2250元/吨征收，接纳污水中工业废水量大于80%（含80%）城镇污水处理厂按1300元/吨征收。2008年11月20日后批准的新、改、扩建项目按4500元/吨。年征收，污水处理厂按2600元/吨·年征收。"

(3) 拍卖竞价可以使碳排放权在经济价值的体现上最大化，环保行政管理部门可以利用由此产生的多余的利润改善环境；

(4) 各个有意购买排放配额的排放实体可以平等的地位参与拍卖，彼此之间展开公平竞争；

(5) 环保行政管理部门不再直接介入碳排放权的初始分配，而只需监督拍卖活动是否正常进行，充分发挥了市场机制的优势。当然，与免费分配相比，拍卖分配的方式的不足之处就在于增加了企业的生产成本，但从长远的角度来看其优势可以弥补这一缺陷，有助于碳排放交易市场的持续发展。

通过上述对三种常用的碳排放权初始分配方式的介绍，结合我国目前的实际情况，笔者认为，在总量控制的基础上，我国应采取以免费分配为主，固定价格出售为辅，同时探索拍卖分配的分配方式。鉴于碳排放权交易制度在我国需要一个逐渐起步的过程，免费分配不增加广大企业的减排成本，易于其接受，方便政府推行该项制度。随着碳排放权交易市场的日趋成熟，碳排放权、环境资源容量等观念的广泛普及，我国在碳排放权分配上应摒弃传统观念，降低免费分配的比例，将拍卖分配作为主流的分配模式。

与此同时，在碳排放权的初始分配时需同时建立并完善碳排放权申报许可制度。碳排放权申报许可制度是指碳排放实体需要向环保行政管理部门申报与其排放情况有关的信息以确定向其发放排放许可的额度。因为无论是采取免费分配，还是拍卖分配的方式，碳排放实体都需要事先取得环保行政管理部门的排放许可并以许可的排放额度为限获取碳排放权。而碳排放权申报许可制度设立的目的就是给环保行政管理部门合理地分配排放许可提供客观标准，环保行政管理部门依此标准向有需求的碳排放实体颁发一定额度的许可证。碳排放权申报许可制度的具体要求如下：一方面，要求碳排放实体向所在地环保行政管理部门申报登记自己所拥有的碳排放的数量和浓度，处理设施及相关技术资料等信息；另一方面，当出现碳排放的数量浓度有重大改变，或者处理设施处于闲置或拆除状态等可能影响发放排放许可额度的情况时，也应当向环保行政管理部门及时申报。①

（五）交易行为

碳排放权交易行为本质上是一种平等主体之间的民事法律行为，是指在环保行政管理部门对碳排放权进行初始分配之后，交易双方依照法定程序，基于其真实的意思表示而进行的碳排放权移转的法律行为。但由于碳排放权所带有的浓烈的公权色彩，即碳排放权是由环保行政管理部门进行产权界定和初始分配而取得的，同时其权利内容是对国家所有的碳容量的使用，碳排放权交易行为应受到环保行政管理部门的监管。因此，碳排放权交易行为应为要式法律行为，具体要求为交易行为的成立生效，除了需要当事人的合意，还必须经过环保行政管理部门的审查批准。交易行为的进行需要按照一定程序，具体流程如下：

第一阶段，交易主体应就碳排放权的交易额度、交易价格、交易期限等具体内容进行磋商并达成合意，签订交易合同。

第二阶段，达成协议的双方交易主体向环保行政管理部门提出交易申请，并提供交易合同、出让人依法取得的碳排放额度以及富余额度等相关信息资料。

第三阶段，环保行政管理部门对交易主体提出的交易申请进行审核。该阶段是整个碳排放权交易中最关键的环节，直接影响到交易行为能否最终成立生效，碳排放权能否顺利进行移转。环保行政管理部门不仅需要针对双方交易主体的资质，还包括对交易内容进行审核。为了能够让环保行政管理部门相对客观合理地作出核准决定，需引入独立的第三方评估制度。

在实践中，碳排放权交易主体提交交易申请后，环保行政管理部门应当就碳排放权交易主体双方的排放情况进行现场检查，预测

---

① 张安娟：《碳排放权交易制度研究》，南京大学 2011 年硕士学位论文。

交易风险，提出交易是否可行的意见并根据第三方的考察预测结果，结合交易主体的信息资料以及交易行为完成后对社会公共利益的影响程度，作出最终的书面决定。[①]

第四阶段，经环保行政管理部门审核通过，交易双方应在碳排放权登记系统内对碳排放权进行变更登记。一经登记，权利即发生移转。

（六）追责机制

法律责任是指由于违法行为、违约行为或者由于法律的规定而应承受的某种不利的法律后果。[②] 追责机制则是指对法律制度参与主体的法律责任的追究机制，其侧重点在于使法律责任的发现和归结活动更为公正而高效，每一项完整的法律制度均应当有其相应的追责机制。我国碳排放权交易制度的构建也应对碳排放权交易参与各方的法律责任作出规定。

1. 对碳排放权交易主体的追责机制

碳排放权交易主体的法律责任需要依照不同的阶段来确定。如果碳排放权交易主体是在市场上进行碳排放权交易的过程中违反交易合同约定或者法律规定，由于交易主体双方进行碳排放权交易所形成的是民事法律关系，应当受民事法律的调整，其法律责任的追究也应在民事法律中寻找相应的依据。如果碳排放权交易主体是在初始分配阶段或者交易审核阶段抑或者是权利行使阶段违反有关法律的规定，如骗取排放许可、提供虚假碳排放信息、超额排放等，其本质上破坏的是国家对于环境容量（碳容量）资源的管理，需要承担行政法律责任；情节严重的，甚至需承担刑事责任。

---

① 张安娟：《碳排放权交易制度研究》，南京大学 2011 年硕士学位论文。

② 高其才：《法理学》（第 3 版），清华大学出版社 2015 年版，第 134 页。

2. 对碳排放权交易制度中环保行政管理部门的追责机制

上文在对于碳排放权交易制度的基本原则之一——政府监管原则的论述中已论及政府的监管对于碳排放权交易制度有效运行的必要性，其贯穿于碳排放权的交易前、交易时以及交易后每一个阶段。因此，监管碳排放权交易的环保行政管理部门在每个阶段均应承担相应的法律责任。在碳排放权的初始分配阶段，环保行政管理部门法律责任构成中的违法行为主要表现为对碳排放权取得申请人区别对待或者滥用职权（碳排放分配权），据此应当承担的法律责任需予以规定。在对碳排放权交易行为和交易完成后碳排放权行使的监管阶段，环保行政管理部门法律责任构成中的违法行为则主要表现为怠于履行监管职责、滥用监管职责。在此基础上规定环保行政管理部门承担法律责任的具体形式，确保法律责任的追究。

3. 对交易评估的第三方的追责机制

碳排放权交易中对交易进行评估的第三方能够凭借其拥有的特殊专业优势为碳排放权交易提供技术方面的服务，并能合理地影响环保行政管理部门最终是否作出核准交易的决定。为了防止第三方对交易进行不适当的评估，应对其规定违约、违反法律规定而引起的法律责任及实现方式。

第三节　气候可行性论证制度

一、气候可行性论证的概念

“气候可行性论证”的字样第一次出现在我国的法律文本之中是在2000年1月1日起施行的《中华人民共和国气象法》（以下

简称《气象法》）第 34 条。[①] 为了进一步推进气候可行性论证的制度化，减少可能的危害，中国气象局局务会在 2008 年 11 月 25 日审议通过了《气候可行性论证管理办法》（以下简称《办法》）作为与《气象法》配套的部门规章，它在《气象法》提出气候可行性论证概念的基础上，进一步明确了气候可行性论证的概念，根据其规定，气候可行性论证是指对与气候条件密切相关的规划和建设项目进行气候适宜性、风险性以及可能对局地气候产生影响的分析、评估活动。

二、气候可行性论证制度的作用

（一）应对可能由气候变化和人类影响共同引发的气候事件

随着社会经济的高速发展以及城市化的持续推进，人类活动逐步地影响着气候的变化，并随之带来了不少负面效应：强降水事件出现次数增多、雾霾天气发生频率变高、城乡水浸和泥石流灾害影响程度加重……除了这些已被社会公众广泛认识到的自然灾害，气候变化和城市化发展还给许多一般难以被民众关注的领域带来了影响，如对建筑物抗风能力要求的影响。有研究表明，城市建筑与其他气候变化一同导致了城市风速的下降，从而导致人们降低了对于建筑物抗风能力的施工标准，工程建设的总成本也因此降低。但新的观测资料显示，在目前的气候特点和城市化的条件下，阵风强度有增加趋势。与此同时，进一步的研究发现，风致灾损的机理不仅是平均风速产生的风压，阵风产生的结构振动、抖动等致灾致损效应更为明显。因此应当对具有高耸结构、特殊造型或柔性结构的工

① 参见《中华人民共和国气象法》第 34 条第 1 款规定："各级气象主管机构应当组织对城市规划、国家重点建设工程、重大区域性经济开发项目和大型太阳能、风能等气候资源开发利用项目进行气候可行性论证。"

程建筑提出更高的抗风能力要求。① 此外，在偏远地区实施的工程，如交通设施、通信设施、输变电线路、风电场等的建设，都需要研究工程地的风、冰、低温、雷击、暴雨、泥石流等复杂的气象参数，以事先防止或减少自然灾害的发生，起到防灾减灾的效果。

由此可见，加强气候可行性论证工作可以使我们更好地应对可能由气候变化和人类影响共同引发的气候事件，增强气候防灾减灾能力，在一定程度上预防自然灾害的发生。

（二）预估工程项目、区域规划的投资成本

在设计和建设大型工程、区域规划或开发项目时，需要预先评估相应的投资成本以作为工程项目的建设、区域规划的方案可行与否的重要参考因素。合理投资成本的预估，既需考虑建成的工程与开发后的项目抵御自然灾害的能力，确保其能应对一定程度范围内的自然灾害，又需评算可能因自然灾害发生后救灾恢复的投入成本。由于人类无法做到完全避免自然灾害，特别是极端自然灾害的发生，因此需要结合现实的经济技术水平和社会的需求，权衡上述二者，在保障工程项目一定安全的基础上进行规划建设。判断工程项目抵御自然灾害的能力往往又与工程气象设计参数有紧密关联。专门的气候可行性论证可以帮助获取科学、合理的工程气象设计参数来保障项目安全，并以此为参考预估工程投资成本。

（三）实现生态宜居城市的发展目标

低碳经济的发展脱离不了城市，而城市的规划、功能区的布局又与气候条件紧密相连。过去中国没有充分考量气候在城市规划中的重要意义，导致了很多问题。因此，发展低碳经济，除了需要提倡低碳生产方式，减少温室气体排放之外，还需在城市规划中引入气象因素。在规划城市发展时参照当地气候规律、气象因素能够有效减少城市能耗与污染。城市的发展与扩张反过来也会影响城市的

① 宋丽莉：《我国气候可行性论证的作用与实践》，载《阅江学刊》2013年第3期。

局部气候，如城市范围的扩大与城市内部建筑高度的提高会影响城市上方的空气流动，增加污染物质滞留的可能。这种影响也应该在规划中得到足够的重视，否则会不利于城市的持续性发展。

由此可见，进行科学的、有针对性的气候可行性论证，将气象因素纳入城市规划发展考虑范围，将有利于城市的可持续发展，实现生态宜居城市的发展目标。

三、我国气候可行性论证制度的现有框架

我国气候可行性论证制度的现有框架主要参照《办法》的相关规定，主要包括气候可行性论证的范围、论证主体，报告的内容、评审，论证结果与建设项目审批的衔接以及相应的追责机制。

（一）气候可行性论证的范围

根据《办法》的相关规定，气候可行性论证的范围包括五项内容，[①] 它们还可以进一步划分为城市规划论证范围与重大工程论证范围两个大类。气候可行性论证即是针对这些规划和建设项目是否适应当地气候，是否有利于当地气候资源的合理利用进行的考察判断。

第一类为城市规划气候可行性论证，由城市气象主管部门对城乡重点领域规划或区域发展建设规划进行评估。随着人口的增长，城市化进程的加快，一系列的城市问题不断产生和加剧，如城市的热岛效应、雾霾天气等。将气候可行性论证纳入城市规划考虑因素之中，加强定量分析等科学方法在城市规划建设中的应用，将气候环境最新研究成果与城市规划相结合，可以提高城市布局的合理

---

① 这五项内容具体包括：（1）城乡规划、重点领域或者区域发展建设规划；（2）重大基础设施、公共工程和大型工程建设项目；（3）重大区域性经济开发、区域农（牧）业结构调整建设项目；（4）大型太阳能、风能等气候资源开发利用建设项目；（5）其他依法应当进行气候可行性论证的规划和建设项目。

性，有利于城市未来的健康发展。具体城市规划气候可行性论证操作分为三个部分，即规划前、规划中与规划后。规划前，分析客观气候条件提出合理可行的规划建议；规划中，修改完善规划方案以适应实践事实；规划后，评估规划结果与气候特征以得出最优方案。①

第二类为重大工程项目气候可行性论证，由项目建设单位对第二至第五项的建设项目进行气候可行性论证。一方面，避免在施工中遭遇极端天气或其他气候灾害，影响工程的正常建设；另一方面，为防止大型工程项目周围的气候环境受到明显破坏，气候可行性论证对局部的气候可能受到的影响进行论证，最终达到工程顺利建设与环境状况良好的局面。

（二）气候可行性论证的论证主体

气候可行性论证的论证主体是具备开展气候可行性论证工作资格与能力的机构。《办法》中明确规定进行气候可行性论证的机构必须得到国务院气象主管机构的确认，原因在于气候可行性论证对于专业技术水平的要求非常高，没有较高的气候可行性研究能力与相当数量的专业技术人员是无法开展科学、有效的气候可行性论证工作的。此外，由于重大工程项目具有高成本、高标准、严要求、影响深远等特征，如果论证机构不具备相应的资质，气候可行性论证结果出现重大差错，将会造成巨大的损失。因此，只有通过中国气象局认证、审查、批准、登记的机构才能承担如此重要的论证工作。

（三）气候可行性论证报告的内容

有气候可行性论证主体资格的论证机构在依据相关标准作出评估与论证之后需提交一份论证报告。根据《办法》的有关规定，

① 张家算、徐万豪、徐孙斌：《城市发展与气候可行性论证》，载《城市建设理论研究》2012 年第 37 期。

气候可行性论证报告的内容必须确保具有真实性与科学性。[①]

《办法》规定，气候可行性论证报告的基础资料来源应仅限于那些由省、自治区、直辖市气象主管机构直接提供或者经过其审查的气象资料。此外，论证工作还有可能出现已有气象资料不能满足论证工作的情况，此时论证机构应及时开展气象探测活动，获取新的数据以补充原有资料的不足，为获取新的数据而使用的仪器也应当符合气象探测相关的标准，测量方法也应当遵循科学合法的程序，并及时上交相应的气象主管机构。

另外，气候可行性论证采用的技术方法应当符合现行的国家、地方制定的标准或者行业规范和规程。如果某一具体论证工作缺乏制定的现行标准、规范、规程，则应采用经过有关领域专家评审的成熟理论和技术方法。由于气候可行性论证与气象专业技术等科学技术紧密关联，随着相关技术水平的发展与提升，与气候可行性论证有关的标准、规范和规程并不是一成不变的。气候可行性论证应当紧跟科学发展的步伐，及时更新技术方法，还要及时把这些新方法、新技术转化为法律法规中的标准、规范和规程，使制度与实践相接轨。

（四）气候可行性论证报告的评审

为了确保气候可行性论证的有效性与科学性，不仅要求由专业机构分析气候适宜性与风险性并形成报告，还要求行政机关分支的气象主管部门或授权委托的机构对报告的内容进行审查，并提出书

---

① 根据《办法》的有关规定，报告的内容应当包括：描述规划或者建设项目概况；说明论证资料来源并证明资料的可靠性，现场勘测取得的数据还要记录探测仪器和探测方法；说明依据何种标准何种程序论证气候可行性；分析规划或者建设项目所在地的气候条件；评价气候适宜性，估计工程建设对于气候环境的风险性以及预测极端天气、气候事件发生概率；为减轻或消除气候风险所带来的负面影响提出具有可操作性的意见或建议；论证说明结论的现实适用性等。

面评审意见。不同级别的建设项目需相应不同级别的评审部门进行审议。[①]

（五）论证结果与建设项目审批的衔接

有关政府部门审批核准按照规定必须进行气候可行性论证的建设项目时，除了要符合一般的行政审批条件，还需考虑气候可行性论证结果，即该项目能否与气候环境相适应，建设工程是否会给局部气候带来严重不利的影响，具体表现为两点：第一，政府投资主管部门在审核属于审批制和核准制且应当进行气候可行性论证的建设项目前，需要向同级气象主管机构征求专业性意见，被通过后方可开启后续程序；第二，负责规划或者建设项目审批核准的部门在审查其可行性研究报告的同时，应当考察通过专家评审的气候可行性论证报告以及气候可行性论证的结果，否则不予批准，同时结合专家评审意见综合考虑建设项目的方案。

（六）追责机制

现有的气候可行性论证制度对气候可行性论证机构、项目建设单位以及气象主管机构和论证机构的工作人员的法律责任有明确规定。

1. 对论证机构的追责机制

一方面，气候可行性论证机构必须是具有进行气候可行性论证能力且通过资格认证的专业机构。对于不具有专业资质却从事了气候可行性论证工作而给他人造成了损失的主体，按照规定，可由县级以上气候主管部门责令改正，警告或直接处以 3 万元以下罚款。

---

① 具体来说，国家重大基础设施、公共工程和大型工程建设项目，跨省、自治区、直辖市行政区域的工程建设项目以及法律、法规、规章规定的其他应当由国务院气象主管机构评审的建设项目应当由国务院气象主管机构或者其委托机构组织专家进行评审。上述建设项目以外的其他建设项目则由项目所在地的省、自治区、直辖市气象主管机构或者其委托的机构负责评审工作。

论证机构因缺乏资质给无辜第三方利益造成损失的，应由机构依法承担赔偿责任。

另一方面，主体适格的论证机构应当按照《办法》及相关规范、标准来开展论证工作，不得使用非省、自治区、直辖市气象主管机构直接提供或审核通过的气象资料作为论证依据；伪造气象资料或者其他基础数据；为私利而置法律规章与公共气候利益于不顾，提供虚假论证报告，涂改甚至伪造论证报告专家评审结果等。否则，县级以上气象主管部门会给予其相应的行政处罚，情节严重的甚至将会被上报至中央气象主管机构。若给他方利益造成损害，论证机构要为其不合乎规范的行为承担责任，担负赔偿义务；若行为的社会危害性达到构成犯罪的程度，还要依法追究其刑事责任。

2. 对项目建设单位的追责机制

项目建设单位应当积极进行气候可行性论证。应当进行却未进行论证，或者委托不具备气候可行性论证资质的机构进行论证的，县级以上气象主管机构有权对其给以责令改正，警告和 3 万元以下罚款的处罚。若情节严重构成犯罪，还要依法追究刑事责任。

3. 对气象主管机构和论证机构的工作人员的追责机制

气象主管机构和论证机构的工作人员应增强对自身工作与社会气象环境的责任感，以应对气候变化为宗旨，不断提升论证业务能力和技术水平，服务于气候可行性论证工作。对于工作人员玩忽职守、滥用职权、徇私舞弊等但不构成犯罪的情况，所在单位应给予行政处分，而构成犯罪的，应依法追究刑事责任。

四、当前我国气候可行性论证制度存在的问题

虽然我国已经通过并颁布与《气象法》配套的部门规章《气候可行性论证管理办法》，初步确立了气候可行性论证制度，但目前看来该制度尚存在不少问题，有待完善。

（一）社会认知存在偏差

长期以来，社会公众对气候可行性论证重要性的认知存在偏

差，其中主要包含两方面：一是对气象主管部门重要性的认识存在偏差，公众缺乏对气象行业的了解，简单地认为气象业务就相当于天气预报，因而认为气象主管部门是边缘部门，没有认识到气象主管部门的社会管理职能；二是对气候可行性论证与社会经济发展关系认识的偏差，一些项目部门往往不重视重大工程建设与气候的相关程度。实际上，气候变化对工程建设有着不可忽视的影响，尤其是重大工程更是如此。不进行气候可行性论证貌似节约了工程预算，其实是目光短浅的行为。进行气候可行性论证的结果不仅是政府决策部门兼顾经济发展和环境保护的重要参考，还是项目投资者们资金流向的重要依据。①

（二）管理制度不健全

虽然《办法》已经对气象主管部门的职能与权限作出了规定，各省市政府在认真学习《办法》的基础上出台了地方规章，但缺失实际操作中的具体规范。由于气候可行性论证尚未正式纳入项目行政审批程序，气象主管部门无法强制项目建设单位开展论证工作，目前只能由其自愿进行论证。管理制度的过于宽泛，会导致气候可行性论证工作无法落到实处，因此具体管理制度的制定极其重要。

（三）技术标准体系不完善

随着社会公众对气候变暖问题认识的深入，社会经济、科学技术的发展，人们对气候可行性论证在横向和纵向上都有了更高的要求。既要契合当地实际情况，包括从经济、社会、环境等各个方面考量工程建设规划的要求，又要把环境与气候保护放在重要地位，在全面评估气候环境客观现实的基础之上，分析重大工程布局的合理性，形成经济发展持续稳定且气候环境优良的局面。因此，我们需要建立一套较为完善且可操作性强的技术标准体系，以弥补目前

---

① 伍毓柏、周显信：《我国气候可行性论证的现状问题与对策》，载《阅江学刊》2012年第5期。

气候可行性论证的不足。

（四）整体业务水平有待加强

气候可行性论证是一项技术性、专业性很强的工作，这就对气候可行性论证机构及其专业工作人员提出了较高的要求。可是实际上在我国目前气候可行性论证的队伍里，仍然有部分从业人员不具有足够的业务水平。对于一些特殊领域的气候可行性论证，论证机构往往缺少专门的研究，无法有针对性地提供气候可行性论证服务。政府没有充分关注专业人员的培养，是专业技术人员缺乏的原因之一。政府应当组织进行气候可行性论证工作培训，以解决专业知识欠缺、整体业务水平不高的问题。

五、完善我国气候可行性论证制度的建议

我们应从以下几方面着手改善当前气候可行性论证制度中的种种问题以更好地发展气候可行性论证：

（一）加大社会公众宣传力度

气候可行性论证能否被社会公众所认识了解，首先依赖于公众对气候变化问题的关注度。根据零点研究咨询集团开展的一项《气候变化公众意识调查》结果显示：有 33.5%的受调查者认为气候变化问题是最紧迫需要解决的问题，在所有环境问题中排第四位；而有近 70%的受调查者表示出自己对气候变化问题的关心，并且超过 80%的受调查者表示愿意以自己的实际行动为应对气候变暖而努力。[①] 所以，在社会公众已经对气候变化问题有一定认知的基础上，可以进一步通过传统媒体宣传扩大气候可行性论证在公众之中的影响力，特别是要让公众明白，气候可行性论证与其私人生活、个人利益有着紧密的联系。能否获得公众的广泛认可，组织

① 佚名：《应对气候变化中国公众怎么看?》，载中国发展简报网，http://www.chinadevelopmentbrief.org.cn/news-1433.html，2015 年 3 月 20 日访问。

全社会的积极参与，对顺利开展气候可行性论证工作具有重要意义。一方面，当论证机构需要在现场进行气象探测，公众可以进行有效的配合和协助；另一方面，对于那些应当进行却未进行气候可行性论证的重大工程建设项目，与项目建设有直接或间接关系的公众可以通过社会监督的方式督促其开展气候可行性论证工作。综上所述，提高公众对气候可行性论证的认知程度有利于更好地开发和利用气候资源，更顺利地进行气候可行性论证工作。

（二）扩大行业内的影响力

项目部门是气候可行性论证制度的直接参与者，对气候可行性论证的贯彻执行有着至关重要的作用。要使项目部门自愿、主动地按照法令和标准进行气候可行性论证，就必须让其认识到气候可行性论证工作的重要性与必要性。缺少预先的气候可行性论证会导致规划和建设项目应对气候变化能力薄弱，一旦遭受气象灾害，可能会面临严重的后果。而已建成的项目则可能会对当地气候产生不利的影响。例如，吉林某地的某重大工程项目就是一个典型的教训，因为没有在建设前进行气候可行性论证而由气象灾害造成的损失每年都在亿元以上。[①] 因此，为提高发展改革、建设、规划、交通、电力等部门与建设施工单位对气候可行性论证的认识，应当加大宣传力度，使其意识到缺少可行性论证可能造成的严重后果，提高气候可行性论证的受重视程度与行业内部的影响力。气候可行性论证工作牵涉到基础设施建设、气候资源开发利用、气象防灾减灾和城市规划设计等多个方面，相关部门必须从宏观层面出发，在把握全局的基础上，准确定位，充分发挥公共气象服务职能，强化社会气

① 王伟：《关于重大规划、重点工程项目进行气候可行性论证的建议》，载 http://218.27.207.35/weiyuantian/2011-07-12/702.html，2015 年 3 月 20 日访问。

候环境管理，深入调研，加强实践，促进气候可行性论证工作的开展。①

(三) 完善具体管理制度

除根据《办法》将气候可行性论证纳入政府重大工程项目管理程序之外，还应当通过进一步立法将其正式纳入行政审批制度。相应的规范也应逐步完善：气候可行性论证应当与重大工程项目可行性研究一同展开，相关项目部门与气象主管部门要相互配合共同下达可行性论证与研究工作；必须以重大工程项目的前期气候可行性论证的结果为依据，制定工程总体规划；重大工程项目设计任务书必须附有气候可行性论证报告且该报告通过了行政批准程序，否则审批部门不予办理审批手续。

此外，政府投资主管部门在审核重大项目可行性研究报告时应重视对项目气候可行性论证的审查，关注工程规划是否符合相关标准，是否与当地气候条件相适宜。各级政府应派遣有关部门工作人员出席规划联席会议，参与有关规划和项目的气候可行性论证讨论，如城乡规划，重大基础设施、公共工程、区域性经济开发建设项目以及气候资源开发利用项目。

(四) 健全气候论证技术标准体系

截至目前，我国还没有制定颁布全面的气候可行性论证技术标准，缺少一整套规范的方法选择与论证模式，对于论证工作中可能出现的问题难以完善解决，导致论证不够全面，评估结果不够深入，最终影响工程项目可行性的审批以及工程的质量与安全系数。所以，气象主管部门应当听取相关专业领域专家的建议，尽快制定与完善气候可行性论证技术标准体系，以便于论证工作的顺利进行。建立专用数据库，翔实记录气候与农业、工业、交通、建筑、旅游等各行业的联系状况，作为论证工作的科学参考。开展定量研

① 伍毓柏、周显信：《我国气候可行性论证的现状、问题与对策》，载《阅江学刊》2012 年第 5 期。

究工作，以数据的标准量化分析、考量、解释气候论证，建立相应的业务流程服务系统，将气候可行性论证业务引向深入。①

（五）提升整体业务水平

提升气候可行性论证机构的整体业务水平，一方面，需要开展相关气候科学研究，加强机构工作人员专业知识的积累，提高其理论认识水平，同时持续引进与开发先进的技术方法，将其应用到具体的论证工作之中；另一方面，具有专业素养的技术人才是开展气候可行性论证工作的中坚力量，因此应当建立专业人才培养体系，树立“领导协调—谈判沟通—技术研究—模型应用”的工作模式。在拥有高超的专业知识的基础上，工作人员应当增强责任感，致力于技术含量与业务能力的提升，努力将气候可行性论证服务于社会经济的发展。

第四节　气候信用评级机构的责任制度

一、信用评级在气候变化方面的作用

气候信用评级是指在涉及碳排放的投资领域，采用信用等级观点的形式调查、分析、确定和公布相关融资主体在减排方面的措施及其成效的行为，从而确定投资风险。信用评级在气候变化方面的作用主要有以下几点：

首先，在实行相对完善的碳金融和碳排放权交易制度的国家和地区，碳排放行为可能是影响企业长期信用的行为，从而进一步影响相关投资者的兴趣和企业的未来发展方向。虽然其不同于环境影响评价制度具有十分强烈的行政色彩，以及不履行环境影响评价制度所须承担的直接责任，但是它仍然起到了监督碳排放企业的作

① 韩颖：《浅论重大项目气候可行性论证》，载2009年《第26届中国气象学会年会公共气象服务与灾害管理分会场论文集》。

用，从经济投资的角度间接约束了碳排放行为。

其次，作为控制信用风险的一种手段，它能够在一定程度上解决投资者与融资者之间信息不对称的问题，从而为投资者作出决策提供较为客观、科学的依据，优化投资选择，保护投资者利益。

再次，为建立和完善气候信用评级制度，必须设立信息较为全面的信用数据库，开展气候信用评级业务的公司会积极收集、整理和完善相关数据，从而降低了社会信息的收集成本。较高的气候信用评级是企业的无形资产，有助于企业对外彰显良好的信誉和形象，吸引投资，降低企业融资成本，顺利实现融资。

最后，气候信用评级是推动企业不断完善的动力。信用评级越高越能获得投资者的青睐，为了获得更高的信用评级，企业不得不进行自我反省，找到自身的不足，努力整改，并且还能够和信用评级较高的企业进行对比，借鉴他们的经验，实现自我的完善。

二、信用评级市场的缺陷

之所以要构建气候信用评级机构的责任制度是因为信用评级市场由于自身失灵所存在的缺陷，下文就这些缺点做一梳理。

（一）竞争的有限性缺陷

就世界范围来看，信用评级市场几乎被穆迪、标准普尔和惠誉三大机构所“垄断”，仅中国国内4大评级机构——中诚信国际信用评级有限公司（以下简称“中诚信国际”，英文简称“CCXI”）、鹏元资信评估有限公司、联合资信评估有限公司（以下简称“联合资信”）和大公国际资信评估有限公司（以下简称“大公国际”）就有两家股东之中分别有穆迪和惠誉，它们就是中诚信国际和联合资信。以穆迪、标准普尔和惠誉为例，有数据统计该三大机构的市场份额在85%、75%和95%以上。虽然市场集中程度高并不天然地形成垄断，但是却具有强烈的垄断性暗示。

导致有限竞争的原因主要在于国家批准或者国家认证。在美国存在NRSRO，即全国认定的评级组织，1975年美国证券交易委员会（简称 SEC）认可标准普尔为 NRSRO。这一名称可以说是一个保护伞，因为只有拥有这一“保护伞”的评级机构才能发布正式的具有官方分量的评级，并且这个“保护伞”也直接影响到公众对其发布的评级结果的认可程度，即一些用户更偏向于认为拥有 NRSRO 这一名称的评级机构以及其所公布的评级结果是真实可靠的。同样地，在中国，上述 4 家主要的评级机构的成立无一不和政府相关。中诚信国际经中国人民银行、商务部批准设立，在原国家工商行政管理总局登记注册。鹏元资信评估有限公司则先后经中国人民银行、中国证监会、国家发改委认可。而联合资信是目前我国唯一一家国有控股的信用评级机构。面向全球的大公国际是世界第一家向全球提供国家信用风险信息的非西方国际评级机构，1994 年经中国人民银行和原国家经贸委批准成立，由财政部推荐参加亚洲债券市场建设。

国家批准或国家认证使得企业（机构）进入信用评级市场的门槛较高，从而形成政府授权性的垄断或者存在垄断的危险，伴随垄断或可能垄断而来的坏处便不言而喻。

（二）透明度低

我们这里所说的“透明度”包含了两层含义：第一是指信用评级机构自身的透明程度，即信用评级机构信息的披露程度；第二是指公众对于其“透明度”的理解程度，即公众对于信用评级机构执行能力的判断。然而，前者往往影响着后者。

通过要求评级机构公布其登记注册材料，评级标准、程序等可以增加第一种透明度，但结果往往并不那么尽如人意，因为规则毕竟是不完善的，不可能囊括方方面面。第一种透明度的增加最直接的效果是破坏了声誉资本模式。所谓“声誉资本”是指企业通过长期、持续的积累，以积极承担社会责任等方式树立信誉和形象，提高行业地位，获取良好的舆论反映所形成的无形资产。“声誉资本”是企业的软实力，美国著名声誉管理大师凯文·杰克逊将其称为“企业最宝贵的资产”。如果规则的制定者只是一味地要求评级机构披露评级的过程而不考虑评级结果的保值的话，各评级机构可能会以抛弃声誉资本模式的方式来表明评级结果比评级过程中的信用评估技术更有价值。

影响第二种透明度的关键因素在于信用评级机构的绩效，即主要评级机构应定期发布业绩报告，进行年度认证等，通过政府干预（主要是监管手段的干预）来提高透明度，这样可以辅助整个声誉资本机制的运行。如果投资者无法确定一个评级机构对其自身评级结果的执行能力，那么他们难以相信这些评级结果的质量。如果不是通过绩效透明的方式而是利用诸如扩大竞争，降低、调节市场主体对评级结果的依赖程度等方法来代替监管，那么声誉资本机制就不能够从根本上阻止低质量的评级。然而，绩效透明度的方法只是一种暂时的、过渡性的措施，最根本的还是要依靠改革来达到预期让公众理解的效果。

（三）对评级结果的依赖程度过高

信用评级机构被纳入金融监管领域用以监管金融市场和为私人投资提供导向的范畴，使得市场对于评级的需求猛增，并且这些需求并不直接指向评级的质量。也就是说，由于投资者需要履行政府所规定的监管义务或者满足其他硬性的要求，往往需要的只是一个评级的结果，并不在乎得出这个结果的评级过程质量的好坏。因此，即使信用评级机构面临着丧失声誉资本的风险也不足畏惧。如果只是单纯地取消了政府所规定的义务以及那些涉及评级结果的硬性要求，虽然可以在一定程度上提高评级的质量，但同时也会带来许多监管方面的问题。笔者认为，通过对评级机构的评级结果再评价来提高评级的质量或者尽量降低市场对评级结果的依赖程度（但不是完全不依赖）来提高评级质量的办法是可行的。

以美国为例，2008 年全球金融危机之后，美国官方报告呼吁降低、调节对信用评级结果的依赖程度，规定使用高质量的信用评级作为低波动性和高流动性的代理。SEC 建议减少对信用评级结果的依赖，但这种依赖也并不能够完全消除，否则投资者极有可能从原先对于评级结果的过分依赖转变为对于评级结果的发布者（信用评级机构，如商业银行、投资银行、经纪交易商、保险公司等）的过分依赖。由于这些机构都具有固定的证券收益，监管机构则必须要明确规范其投资的信用风险。

信用风险是评级机构描述信用评级的基础，根据由违约概率（简称PD）和违约损失率（简称LGD）组成的信用风险，评级机构分别采取了不同的方式，开发了不同的产品甚至设立了不同的代理机构。例如，穆迪对于结构性的金融产品评级反映了PD和LGD，而惠誉则恰好相反，对于非结构性的金融产品（传统产品）的评级反映了PD和LGD，而对于结构性的金融产品评级则只反映了PD。

为了明确信用风险，监管机构首先可能会试图确定这种信用风险本身，即由资产的多少、还债能力的大小等决定。其次，监管机构可以对实体机构的内部评级体系进行局部性的判断。监管机构的判断之所以是局部性，是因为如果要开发和实现全面监控将会耗费大量的资源，而确定信用风险的方法不只这一个，此种方式只是各种手段综合中的一种，显然这么做是不经济的。再次，监管机构可以依靠市场的信用风险评估或者“信用利差效应”来判断，但由于市场失灵的存在，价格机制可能会由于反映出了如违约概率和违约风险规避等损耗因素而并不完全准确，因而这种方法本身是存在一定问题的，监管机构往往希望能有一个“纯粹”的度量信用风险的规则。最后，监管机构可以依靠由独立的第三方（专门的评级机构）作出信用风险评估。虽然这种做法可能会导致对评级机构的依赖，但是由于市场对于评级结果的依赖无法消除，这也不是最坏的选择。虽然信用风险是投资者决策所考虑的重要因素，但它并不是唯一的因素，譬如投资者的风险偏好、证券产品的市场价格等也很重要。

（四）潜在的利益冲突

信用评级机构面临着一些潜在的利益冲突，最典型的是企业层面的“发起人付费”模式，即由委托评级机构进行评级的企业给付评级机构本次评级服务的费用。如果评级机构所作出的评级结果让委托者不满意，那么评级机构此次的利润情况也是显而易见的。为了获取更大的利益，评级机构很有可能会降低评级质量以满足委托者对评级结果的需求，评级机构的利益与信用市场秩序的利益冲突便由此产生了。

在某些评级机构看来，发起人付费模式促进了信息在市场上广泛、自由、迅速地传播，这能带动市场监管力度的增强。毕竟，在一个充满竞争、高度透明的市场中是不需要为评级机构凭借评级信息内容的价值获取利润的行为设置限制性规范（例如，监管机构对于评级机构评级内部程序的实质性审查）。然而，根据声誉资本模式，这些“取悦”发起人的评级机构却终将失去发起人的信任。

三、气候信用评级机构的责任制度

（一）气候信用评级机构责任的产生

从评级机构的历史发展轨迹来看，20世纪早期已有评级服务出现，随着金融市场的逐渐扩大以及金融全球化的愈演愈烈，信用评级的重要性也愈加凸显。但一直以来，在对评级机构的行业监管方面存在缺位的现象，主要依靠的是评级机构自律。若将信用评级制度纳入到考察一个企业在碳排放方面所做的努力，对于测评主体的信用评级机构若完全依靠行业自律，在中国目前社会诚信欠缺的现状面前，这样的评级能发挥监督和约束企业行为的作用，是值得怀疑的。因此必须明确评级机构的责任。

在笔者看来，气候信用评级机构更加类似于一个“守门者”的角色，它效力于广大投资者，它需要为投资者守住的是在碳排放投资领域风险的这一道“门”。然而，越来越多的信用评级机构越发注重新的复杂的债务产品，特别是信用衍生产品，这些产品使得信用评级机构更像是一个“开门者”而非“守门者”。因为目前信用评级机构的利润主要来自于这些产品，利益的诱惑促使它们持续地创造了太多的数额巨大的风险市场。

从2008年爆发的次贷危机一直影响至今的状况中我们可以看到，信用评级机制的失灵使评级机构的声誉一落千丈，甚至遭遇了公众大面积的谴责，这与评级机构长期以来缺少他律有着重要的联系。因此，对于气候信用评级机制，在制度建构的伊始，就需要将信用评级机构的责任制度建立起来。评级机构不能再如历史传统中那样几乎不承担任何法律责任，也不能再像金融危机中即便对新产品作出不准确的评级也不向投资者进行任何的赔偿，评级机构必须依据法律承担其相应的法律责任。但关键问题是，评级机构的法律责任应当属于何种性质的责任？目前，美国在少数评级机构的案例中，无论是以欺诈责任还是侵权责任来起诉几乎都以失败收场，法官似乎更支持为评级机构免责作出的辩护。

这种现象的产生是有迹可循的。原因之一就在于即使是最成功的信用评级机构也必须依靠一个相对折中的市场结构，在这种结构之下，它们完全依赖于“由国家认证或国家批准成立的评级机构”来获得声誉资本，此处并不存在监管的效益。以国家名义发出的认可就像一个躲避监管的牌照，一旦取得，就算评级机构的表现应当被给予差评时，它们也可以躲在这块牌照背后继续扮演着“守门者”的角色。另一个原因则在于从获得认可的那一刻起，信用评级机构实际上也就在很大程度上获得了责任的豁免。

（二）气候信用评级机构责任应对的必要性

信用评级机构的特殊性在于它更加有利可图，同时也潜藏着更大的利益冲突。信用评级的变化无疑是重要的，但由于其本身并不能够管理风险，只是风险外化的一种表示，因而评级所提供的信息价值是有限的。可随着市场的发展，市场主体及参与者各方对信用评级的依赖程度却越来越高，甚至有的机构认为，尽管他们只是作为意见者或是建议者，但受到的关注度之高使其发布的信息比金融业其他信息发布者的信息更具有价值。这实际上是一个悖论。信用评级机构的主要价值并不在于其所提供信息的价值，而在于它授予发行人“监管许可”的价值。证券、银行、保险、房地产以及其他监管部门都依赖于信用评级，这使得评级机构如果“销售”高等级的信用评级结果则能够获得超额的利润，特别是在寡头行业甚至是在垄断行业之中。一旦法律赞成对信用评级的依赖，便给社会主体以导向，从而掩盖了信用评级机构所存在的权力寻租等问题。因此，应当让信用评级机构充分暴露出民事责任和刑事责任不足的问题。

我国学者以目前国内相对成熟的合同违约责任及证券虚假陈述的侵权责任为基础，进行了关于被评级公司与评级机构间适用违约责任，而投资者与评级机构间适用虚假陈述的民事责任的相关假设。① 2007 年证监会颁布的《证券市场资信评级业务管理暂行办法》第 36 条仅规定了对于证券评级机构及其从业人员未勤勉尽责，出具的文件有虚假记载、误导性陈述或者重大遗漏的，应当依照《证券法》第 223 条的规定承担因虚假陈述引发的民事责任。但是，从目前来看，虚假陈述民事责任制度本身尚不健全，我国投资者依照《证券法》对发行人、承销商以及会计师等提起的以虚假陈述为依据的索赔诉讼非常艰难。况且，评级机构出具的信用评级报告，显然与发行人提供的招股说明书、会计师审计的财务报告以及律师出具的法律意见书等在性质上存有差异，如果说前者是对未来的预测，后者就是对过去的检验，如果说前者是观点的阐发，那么后者更应是对事实的陈述。因此，包括我国在内的很多国家到目前为止对评级机构能否适用虚假陈述的民事责任仍在激烈的争论之中。然而，无论争论与否，不容忽视的事实是，不管是传统金融领域或是碳金融领域，对信用评级机构的法律责任制度的需求是十分紧迫的。

---

① 参见董裕平、全先银、汤柳、姚云等译：《多德-弗兰克华尔街改革与消费者保护法案》，中国金融出版社 2010 年版，第 455-471 页。

（三）气候信用评级机构责任的应对及制度构建

全球信用危机的爆发使信用评级机构成为世界关注的焦点。各国政府制定一系列政策致力于解决此危机。例如，引入和扩大竞争，提高评级机构的透明度，调节、降低市场对于评级结果的依赖程度，减少相关利益冲突等。然而，这一切都与“声誉资本”模式大体一致。那些致力于解决信用危机的政策多是让企业通过运作良好的声誉机制以提高评级结果的质量，而那些政策是为使声誉机制回归正常运作状态，但是这无法从根本上解决问题，次贷危机仍然存在。为了解决前述所提到的悖论问题，化解信用危机，笔者认为，主要有以下几方面的应对方法：

1. 实质性地提高评级质量

所谓“评级质量”，笔者认为无法给出一个万能的界定，而是应就各评级机构的特殊性采纳该评级机构本身对它的定义。这是因为如果一家评级机构按照其自身的质量标准都无法作出质量上乘的评级的话，那么它按照其他的标准所作出的评级也几乎不可能是高质量的。为了提高评级质量，一方面，评级机构应当有所作为而不仅仅是声称自己是“意见”的提供者。因为他们的“意见”并不是无法验证的，事实上这些“意见”能够很好地预测未来可能的违约风险。另一方面，政府在采取倾斜政策偏向于信用评级机构时应当更多地考虑到它的特殊性，减少评级机构的自我监管许可，以增加其危机感，即通过创建评级机构信息的价值激励机制来减少评级对市场的影响。

2. 建立评级质量的事前限制机制

首先，需要制定气候信用评级质量的最低标准。在美国，信用评级的监管机构是SEC。在中国，完全可以把这个“重任”交付给中国证监会。为建立评级质量的事先限制机制，笔者认为，首先应当由证监会制定一个评级质量的最低标准。我们这里所说的“评级质量的最低标准”与前述第一点所提到的标准是不同的两个概念，二者并不互相矛盾。第一点所述无法界定的“评级质量标准”是针对评级机构进行评级的过程，主体是评级机构。而此处的“评级质量的最低标准”则是针对评级质量的监管方面，主体是监管机构（证监会）。

制定评级质量的最低标准最主要的功能在于为投资者的依赖寻求一个最优平衡点。若这个标准定得太高，则太多的评级会被判为劣质，投资者的依赖需求将无法满足；若这个标准定得太低，则披露评级质量的机构又会太少，并且会导致投资者对评级结果的过分依赖。最理想的状态莫过于找到这两种情况的平衡点，就如何明确所找到的“点”是否为“平衡点”的问题，笔者认为，可以通过进行一系列的假设来验证。

假设现有评级质量的标准为我们所寻找的“平衡点”，那么在这个标准之上的评级所带来的投资便是好的投资，即社会效益。反之则为坏的投资，即社会成本。通过比较市场中效益和成本所占比重的大小即可以确定这个标准是否为“平衡点”，即当效益大于成本时，这个标准可以是“平衡点”，反之则不是。然而，当一个标准所带来的是最大社会效益或最小社会成本时，我们便将其称为“最低标准”亦即“最优平衡点”。

相对于传统的债券信用评级，气候信用评级无疑是一类新产品，以传统的债券评级质量作为标准再加以微调，从而找出“最优平衡点”是一个捷径。但也有人质疑，传统的债券评级经过了长期的考验无疑是高质量的，这样高质量的标准对于新产品来说可能要求太高。笔者认为，证监会可以根据市场经验提供最低标准的范围，使之在较小的范围内有所浮动。如果评级质量低于某个标准而导致市场崩溃，那么这个标准就极有可能是最低标准浮动范围的下限。

其次，需要通过订立合同的方式来保证气候信用评级的质量。由于信用市场缺陷的存在，在任何情况下都无法仅依靠市场机制产生高质量的评级。信用市场中的参与者也是意思自治的主体，以合同为媒介在当事人之间形成民事法律关系，在合同中明确所要达到的预期效果、评级相关费用、完成时间、保密程度以及违约责任的承担等事项，为评级的质量设立一道事前保证。

最后，需要贯彻严格责任原则。如前所述，气候信用评级是信用市场上的一个新产品，因此可以适用与产品责任相关的归责原则。笔者主张对气候信用评级援引严格责任原则，即无过错责任原则。气候信用评级作为一种产品，其生产者和销售者都是评级机构，因而能够更便利地适用严格责任制度。再者，事先从《产品质量法》出发为气候信用评级确立严格责任原则，可以起到适当的警告与防御作用，而事后在一定的时间范围内对低质量的、有缺陷的气候信用评级产品的生产者、销售者进行索赔也有法可依。

3. 建立评级质量的事后监控机制

尽管信用评级机构声称他们只是提供“意见”，并且这种“意见”对于未来事件的体现可以基于时间的推移而验证，但是评级机构本身并不可能真正地监控评级质量。即使事后监控发现评级质量不佳，评级机构也很有可能为了保全声誉资本而谎称未监控到或监控到的质量良好，甚至于称可能是因为运气太糟糕。如果要让评级机构进行自我监控，首要条件是它必须具备强大的自制力，然而在现实情况下这往往无法实现。这就需要一个专门的监管机构，而证监会是不二选择。当然，不只是证监会，市场的其他参与者也能够从事评级质量的事后监控，证监会则因其官方的性质最专业也最具有代表性。

首先，证监会拥有专业的统计测量技术对评级质量予以监控，它能够区分是真正的质量下降或者只是因为一点小波折而导致的“不幸”，即明确质量在未来一段时间内有无回复的可能；其次，测试需在尽可能多的信息汇总之后进行；最后，对评级质量的测量必须在不同的、明显的时间跨度内进行。例如，第一次测量是在3个月之后，第二次测量是在第一次测量之后的9个月，第三次测量是在第二次测量之后的两年等。

4. 建立评级机构的法律责任制度

首先，要明确气候信用评级机构的民事责任。信用评级机构应当属于证券服务机构。除现行《证券法》第 173 条[①]较为直接地指向了信用评级机构的民事责任外，其他法律中有关信用评级机构的民事责任条款罕见。但是笔者认为，我们仍可以援引法律中对于商业信息提供者的规范以构建评级机构的责任制度。例如，《证券法》第 63 条有关发行人、上市公司依法披露的信息必须真实、准确、完整的规定，[②] 以及第 161 条第 3 款有关证券登记结算机构应当建立完善的风险管理系统以保证业务的正常进行的规定。[③]

除法律外，相关法规中亦存在信用评级的身影。例如，2006 年 3 月 29 日中国人民银行发布了监管部门首次针对信用评级行业颁发的管理规定《中国人民银行信用评级管理指导意见》，2005 年 4 月 27 日发布的《全国银行间债券市场金融债券发行管理办法》，2007 年 8 月 24 日发布的《证券市场资信评级业务管理暂行办法》等。

其次，要明确气候信用评级机构的刑事责任。《刑法》第 229

---

① 参见《中华人民共和国证券法》第 173 条规定："证券服务机构为证券的发行、上市、交易等证券业务活动制作、出具审计报告、资产评估报告、财务顾问报告、资信评级报告或者法律意见书等文件，应当勤勉尽责，对所依据的文件资料内容的真实性、准确性、完整性进行核查和验证。其制作、出具的文件有虚假记载、误导性陈述或者重大遗漏，给他人造成损失的，应当与发行人、上市公司承担连带赔偿责任，但是能够证明自己没有过错的除外。"

② 参见《中华人民共和国证券法》第 63 条规定："发行人、上市公司依法披露的信息，必须真实、准确、完整，不得有虚假记载、误导性陈述或者重大遗漏。"

③ 参见《中华人民共和国证券法》第 161 条规定："证券登记结算机构应当采取下列措施保证业务的正常进行……（三）建立完善的风险管理系统。"

条和第231条共同规定了犯“提供虚假证明文件罪、出具证明文件重大失实罪”的罪名及法定刑，但只是涉及承担资产评估、验资、验证、会计、审计、法律服务等职责的中介组织的人员，并未明确规定信用评级机构人员的责任。根据罪刑法定原则，是否援引此条款并做扩大解释还有待商榷。

最后，要明确气候信用评级机构的行政责任。《证券法》为信用评级机构的行政责任提供了法律依据。《证券法》第193条、第207条、第223条对发行人、上市公司或其他信息披露义务人以及证券服务机构、直接负责的主管人员、其他直接负责人的非法行为根据其严重程度的不同予以诸如责令改正，警告，没收业务收入，撤销从业资格，暂停或撤销业务许可，罚款等一系列的行政处罚。

从上述现行法律法规中关于信用评级机构法律责任的规定可以看出，现阶段我国有关信用评级机构的规范并不完善，特别是在立法层面。因此，完善立法是我们建立信用评级机构法律责任制度的首要任务。

5. 消除机构设置，减少信用评级机构对监管部门派发监管许可证的影响

提高监管部门的决策能力，让市场和监管机构尽可能地适应少评级甚至无评级状态。

6. 找到合理的替代品以替代信用评级机构

首先，监管部门可以放开评级机构的市场准入条件，引进竞争机制，开放新的评级机构。其次，监管部门可以以市场为基础，通过信用利差、信用违约互换或者公平地衡量信用风险来替代信用评级机构。以市场为基础的措施有着巨大的优势，即从一个等级到另一个等级的跨越几乎包含了所有的信息，甚至包括其他信用评级机构的评级信息。但值得注意的是，基于数据的移动平均，市场的评级可能会非常及时或者滞后。最后，借助于国家对信用评级机构的立法改革，重新界定“国家认证或国家批准设立的评级机构”的概念。

对于气候信用评级机构责任制度的构建，首先应明确“责任”的内涵所指。这里所谈及的气候信用评级机构的“责任”既包括了法律责任也包括了道德责任、社会责任等，但其中最主要的还应该是法律责任。由于气候信用评级机构一般为非政府机构，因而其法律责任主要是指民事责任和刑事责任两种。然而，由于我国信用评级起步晚，因而立法明显滞后。目前，我国在对企业信用评级机构方面的立法都尚在缺位，何况是要求更为具体的新兴的气候信用评级。因此，建立健全相关法律法规是构建气候信用评级机构责任制度的首要条件。另外，应建立统一的评级机构监管部门，依照不同类型的信用评级建立监管子部门，制定统一标准和评估方法，从而使评级结果更加公正、客观、准确。但是，基于行业传统的保护，这项制度的建构可能会面临较大的困难。在面临人类生存的问题面前，应该冷静思考这项制度的可行性。

第五章　中国应对气候变化法律框架的基本内容

第一节　确定基本内容的标准和原则

本章的研究对象是中国应对气候变化法律框架的基本内容。如前所述，应对气候变化法律框架，是指以环境资源保护法为主的调整中国国内的或与中国的国家利益相关的应对气候变化法律关系的法律规范、法律制度和法律部门相互联系、相互补充、相互制约而形成的整体的框架性系统。相应地，气候变化法律框架的内容则是指构成气候变化法律框架的具体的法律规范、法律制度及法律部门。此外，需要注意的是以下三点标准：

第一，气候属于自然环境的一部分，气候变化应对活动理应受环境与资源保护法调整。正如同法律框架不能等同于法律部门，突出环境与资源保护法的特殊地位并不意味着中国应对气候变化法律框架能够完全被囊括在环境与资源保护法之下，其他法律部门中的相关规范也应属于应对气候变化法律框架的内容。

第二，不同于立足整体上调整应对气候变化活动的法律框架，气候变化法律框架的内容是法律框架的构成要素，仅仅针对应对气候变化进程中某一独立的、具体的法律关系。

第三，“中国应对气候变化法律框架”也不能等同于“应对气候变化法律框架”，只有调整中国国内的或与中国的国家利益相关的气候变化法律关系的法律规范、法律制度、法律部门，才能作为中国应对气候变化法律框架的内容。

我们应当重视中国应对气候变化法律框架内容的确定，因为构建中国应对气候变化的法律框架是一项功在当下，利在千秋的事业，对我国低碳经济的发展乃至可持续发展战略的落实有着重大的意义。如果这套框架存在种种问题，则可能使对于气候变化的法律调控失去效果。笔者认为，在这一过程中，除需使欲确定的内容符合上述中国应对气候变化法律框架的概念外，还需坚持下面几项原则：

一、以可持续发展理念为指导

可持续发展的理念一直是我国对待气候问题的重要指导思想，[①] 2007 年在巴厘岛召开《气候公约》缔约国大会前，中国政府就已表示要将坚持可持续发展作为应对《京都议定书》或《气候公约》，解决气候变化问题的五个基本原则之首。[②] 可持续发展理念要求中国和世界其他各国充分认识可持续发展的重要性，认真履行节能减排的任务，开发新能源，循环利用各种自然资源，从根本上减少温室气体的排放，减少环境污染，[③] 可持续发展理念是发展低碳经济，应对气候变化法律框架的出发点和落脚点，我们在确定中国应对气候变化法律框架的内容时，须坚持以可持续发展理念为指导，贯彻落实科学发展观。

---

① 李传轩、肖磊、邓炜等：《气候变化与环境法理论与实践》，法律出版社 2011 年版，第 25 页。

② 佚名：《中国坚持五个原则提高气候变化应对能力》，载腾讯网：http://news.qq.com/a/20071129/002956.htm，2015 年 3 月 25 日访问。

③ 李传轩、肖磊、邓炜等：《气候变化与环境法理论与实践》，法律出版社 2011 年版，第 25 页。

二、确保调整范围的周延性

气候变化是不同气候系统要素综合变化、相互影响的结果，往往始于气候系统的变化，既有自然因素，也有人为因素，而气候系统不是局部性的，而是全局性的，[①] 人为因素引起的气候变化亦具有主体的多样性、手段的复杂性、影响的隐蔽性和深远性等方面的影响，而且环环相扣，错综复杂。这些原因共同导致气候变化具有多尺度、全方位、多层次的特点。

法律调整是规范性的调整，依靠法律进行的社会秩序维护主要是通过预先设立法律规范的方式进行。法律规范具有行为规范和裁判规范的双重属性，它一方面使得行为主体通过对法律规范的了解而对自己的行为形成预测可能性；另一方面为司法人员提供裁判规范从而使得纠纷得以合理解决。如前所述，气候变化具有多尺度、全方位、多层次的特点，为保证法律调整的合目的性，中国应对气候变化的法律框架也应当是一个多尺度、全方位、多层次的体系。这就要求我们在确定其内容时要确保调整范围和调整手段的周延性，但并不是要求我们将气候系统的所有内容都囊括到中国应对气候变化的法律框架之中，而是要求我们认真确定那些可能引发气候变化的气候系统要素及人类行为，使它们全部被涵盖在中国应对气候变化的法律框架内，使其具有整体性和均衡性。

三、重视法律框架的内部优化与外部协调

中国应对气候变化的法律框架是由一系列调整与应对与气候变化法律关系的法律规范、法律制度、法律部门基于相互联系和相互作用而构成的法律体系，应对气候变化的法律框架与其具体内容间是整体与部分的关系。但是，应对气候变化的法律框架并不是其内

---

① 刘俊主编：《关注全球气候变化》，军事科学出版社 2009 年版，第 8 页。

容的简单相加，它着眼于顶层设计，从宏观的、一般的层面上对应对气候变化提供法律支持。应对气候变化的法律框架的具体内容则立足于某一具体的气候法律关系，从微观的、个别的视角对其加以规范。可以说，应对气候变化法律框架的具体内容本身既要满足法律框架的基本原则和基本特点相一致，又要有自己的独特个性以保证对特定法律关系规范的有效性。在这一情况下，法律框架的内部优化尤为重要。在确定应对气候变化的法律框架的内容时，应统筹兼顾，在法律要素上实现法律规则与法律原则的协调，在法律形式上实现上位法与下位法、实体法与程序法、强行法与任意法、国内法与国际法的协调，在法律方法上实现立法论与解释论的协调，努力减少矛盾，发挥和提高法律框架的效率。

此外，环境法的体系是一个既开放又内部协调一致的结构，与其他部门法之间在确认和鼓励，刺激与保护，限制、禁止与违禁制裁等调整机制方面是相互衔接、相互支持、相互阐述或说明的，①应对气候变化法律框架也应做好与其他法律框架如民事法、刑事法的协调。只有将应对气候变化法律框架的内部优化与外部协调结合起来，减少赘余、矛盾之处，才能更好地实现法律框架应对气候变化的目的。

四、加强对外合作，吸收国外先进经验

工业革命以后，人类文明在经济、科学、工业、人口的迅猛发展下导致化石燃料使用的急剧上升，排放了大量的而且成尖锐增长模式的温室气体，最终引发了气候变化问题。气候变化是全球性的，仅仅靠一个国家的内部力量无法解决全球范围内的气候变化问题，甚至连自己本国的气候变化都无法有效解决。基于对气候变化带来的负面效应的共识，世界多数国家都开始寻求双边或者多边的解决方案，形成了《气候公约》《京都议定书》等著名条约。与此

① 常纪文：《环境法原论》，人民出版社 2003 年版，第 25 页。

同时，各国也纷纷加强国内的相关立法，部分国家经过长时间的探索已经形成了具有自身特色的应对气候变化法律框架。

各国关于应对气候变化的国际条约、国际协定在很大程度上体现了全人类对于应对气候变化的普适性认识与根本方法；国外立法例乃至国外的应对气候变化法律框架则是对该国应对气候变化实践的法律总结，因经历了实践的考验而具有一定科学性和实用性。我们在确定中国应对气候变化法律框架的内容时，也应当加强对外合作，吸收国外先进经验。一方面，要积极参与对外合作，签订和加入更多的国际条约、国际协定，将其纳入我国应对气候变化法律框架之中；另一方面，要吸收借鉴国外的立法例及立法经验，必要时进行法律移植，从而为确定我国应对气候变化法律框架的内容提供参考。

五、紧密结合我国实际情况

如前所述，在气候变化全球化的大背景下，加强国际合作，共同应对气候变化已成为时代潮流。此时，我们必须保持冷静。虽然坚持法律是民族精神的体现，而反对法律移植的历史法学派不能解释为什么德国和瑞士的法律制度能够被移植到土耳其和日本这样的国家，并能够在那些国家中起到令人满意的作用。① 但不可否认的是，各国的气候条件、发展阶段、政治环境、经济实力、国际地位不完全相同，因而各国应对气候变化的手段和应对气候变化的法律框架难免是有差异的。在当下，我国提倡加强对外合作，吸收国外先进经验并不意味着照搬他国法律制度或是盲目签署或参加国际条约和国际协定，而是要在“共同但有区别的责任”原则的指导下，因地制宜，根据我国的国情与实际需要有选择性地确定应对气候变化法律框架的内容。

---

① ［美］E. 博登海默：《法理学：法律哲学与法律方法》，邓正来译，中国政法大学出版社 2004 年修订版，第 220 页。

六、法律框架的初划分及其比较

基于上述五点，本书从整体上将中国应对气候变化法律框架划分为两个层面。一是中国应对气候变化的境外[1]法律框架（后称应对气候变化境外法律框架），二是中国应对气候变化的国内法律框架（后称应对气候变化国内法律框架）这两个框架一内一外，共同构成了中国应对气候变化法律框架这一整体。两个框架的区别主要在于以下几点：

第一，二者的法源不同。法源是法律渊源的简称，是法理学上的重要概念。其基本含义是法规范的来源或法的栖身之所。一般来说，应对气候变化境外法律框架的法源包括由中国参加或签署的有关气候变化、温室气体减排、减排技术的转让协议，双边条约、多边条约，属于国际环境法的范畴。应对气候变化国内法律框架则包括我国《宪法》、与应对气候变化法律问题相关的单行法如《大气污染防治法》《可再生能源法》《循环经济促进法》等，我国其他单行法中的相关规范、应对气候变化的行政法规、地方法规、规章亦属于应对气候变化法律国内框架的法源。

第二，二者的法域不同。法域指法律的效力范围，一般认为，法域是法律适用的地域，但法域的概念不仅仅是地域意义上的，它既可以时间为标准，亦可以调整对象为标准。而由于本书选择将地域作为划分应对气候变化境外法律框架及应对气候变化国内法律框架的首要标准，故二者在法域方面的区别主要在于前者的效力范围不仅包括我国国内，还包括国外，其中更多是在国外；后者在绝大多数情况下的效力范围在我国国内。

第三，二者的目的不同。应对气候变化境外法律框架旨在规定和明确我国在各国共同应对气候变化活动中的权利和义务。应对气

---

① 本书中的“境外”与实际地域上的“境外”含义不同，具体指代参见文中论述。

候变化国内法律框架的目的则是努力去落实我国参与和认可的各类应对气候变化国际条约中所规定的各项权利义务，[①] 以及如何结合我国实际，更好地将应对气候变化与我国的经济发展相结合。

第四，二者的作用不同。应对气候变化境外法律框架主要对我国应对气候变化的实践起整体性、原则性和指导性的作用，侧重顶层设计；应对气候变化国内法律框架则为中国应对气候变化的实践提供具体性和规则性的指导，是中国应对气候变化法律框架的主体部分，侧重实践展开。

总而言之，中国应对气候变化法律框架主要涉及两个层面的法律框架。一是应对气候变化境外法律框架，二是中国应对气候变化国内法律框架。下文将对应对气候变化境外法律框架与国内法律框架的具体内容分而述之。

第二节　应对气候变化法律框架的内容

一、应对气候变化法律框架的正当性论证

20世纪下半叶以来，气候变化带来的负面效应深化了各国对节能减排、保护环境的必要性认识。世界多数国家都开始通过加强对话与合作的形式寻求双边或者多边的解决方案。而解决方案的主要载体则是国际气候变化法，即各类国际法主体为避免气候变化可能对自然生态系统和人类产生的不利影响，而在保护全球气候系统的过程中所形成的各种法律原则、规则和制度的总和。具备法律属

① 从此处看，应对气候变化境外法律框架和中国应对气候变化国内法律框架的关系似乎与实体法和程序法相类似。但实际上应对气候变化境外法律框架有着很强的国际性和原则性，应对气候变化国内法律框架需要结合本国实际对其落实加以细化。二者是国际法与国内法的关系而非实体法与程序法的关系。

性的国际条约（international treaty）是国家应对气候变化法律的主要组成部分，包括著名的《联合国气候变化框架公约》《京都议定书》等。

依照1969年颁布的《维也纳条约法公约》第2条第1款第1项对于条约的定义，即条约是“国家间所缔结而以国际法为准之国际协定”。此外，《国际法院规约》第38条明确将条约规定为国际法渊源之一，各国际法主体可以通过条约的形式来宣布、修改或发展现行的国际法。条约有着悠久的历史，有据可查的最早条约是公元前3100年左右美索不达米亚平原两个城邦国家拉伽虚（Lagash）和乌玛（Umma）之间签订的疆界条约，[①] 但在古代社会，条约以君主的名义缔结，更多被看作是君主与君主间的协议而非国家间达成合意的一种形式。实际上，从19世纪开始随着国际交往的日益频繁，条约的数量开始逐渐增多，国际社会也逐渐意识到条约还可以用来规定对缔约方有约束力的国际法原则。[②] 自此，条约被作为确定、编纂和发展国际法的主要工具，成为了国际法的重要渊源。

条约的概念有广义和狭义之分。广义的条约指多个国际法主体所议定的调整其国际活动中的权利义务的具有法律效力的文件的总称，狭义的条约则仅指广义的条约中文件名为“××条约”的部分。而正如国际法委员会曾评论的，“确实，某些类型的文件比其他文件更频繁地被用于某种目的，某些名称也更经常地同某类事物相联

① See Arthur Nussbaum, A Concise of the Law of Nations, New York 1954, p. 1，转引自杨泽伟：《宏观国际法史》，武汉大学出版社2001年版，第2页。

② See Lord McNair, International Legislation, in The Law of Treaties, Clarendon Press, 1961, Appendix A, p. 729，转引自朱文奇、李强：《国际条约法》，中国人民大学出版社2008年版，第5页。

系。但是，就特定的事务而言，并不存在绝对的或系统的名称使用方法”。[①] 因而虽然广义条约中条约、专约、公约、协定、议定书、换文以及宪章、规约等名称有利于将不同的条约类型化，但并不是区分条约的金科玉律。正因如此，学界一般在广义上使用条约这一概念，本书亦从之。

我国缔结和认可的国际条约一般作为我国的法律渊源之一而存在，但学界对国际条约、国际协定是否在我国的法律体系之内存在一定的争议。因此，在对应对气候变化境外法律框架展开论述前，需要对国际条约、协定能否成为中国应对气候变化法律框架的内容进行讨论。如前所述，法律框架的内容是法律规范、法律制度和法律部门，因而这一问题的实质是国际条约、协定是否具有法律性。与国内法不同，国际法的制定并没有一个凌驾于世界各主权国家之上的机构，亦不存在效力涉及全世界的强制执行机构。因此在实践中它被称为“软法”，往往被践踏却又得不到救济。于是有学者认为国际法与其称之为法，不如说是国际游戏规则或道德规范罢了。[②]

但是，从这些观点出发而否认国际法的法律性是有待商榷的。正如图宾根大学魏智通（Wolfgang Graf Vizthum）教授所认为的，联合国虽然不能被视为并不存在的“世界立法者”，但是形成在习惯法上的法律信仰或者法政策上的可能发展方面却是重要的见证。首先，它可能是行为准则的表达，即介于无约束力与约束力间的规制（软法），尽管它们不具备实证法上（硬法，hard law）的约束力，也即不具备“法律”渊源的属性。即使是单方的法律行为，尽管不具备传统意义上的法律渊源条件，但从信赖保护角度看，也

① Report of the International Law Commission on the Work of Its Eightennth Session, YILC(1966), p. 188，转引自朱文奇、李强：《国际条约法》，中国人民大学出版社 2008 年版，第 13 页。

② 刘扬：《论国际法的法律性》，载《国际关系学报》2006 年第 2 期。

可能具有规范效力。[①] 在国内学者看来，尽管法律必须由立法者制定这一观点存在疑问，如习惯法是在社会生活中自发形成的，但其法律性并未被普遍性地否定。在国际社会中，也不可能存在一个居于各国之上的“世界政府”。其次，违反国际法可能导致国际侵权损害赔偿责任或是国际制裁，在经济全球化的今天，国际制裁尤其是国际经济制裁对一个国家的影响可能远远大于违反国际法带来的利益。因而国际法没有强制执行机构并不意味着没有约束力。最后，国际法被践踏，实际上只是少数的例外，只不过违反国际法的行为往往更具有轰动性而被人们所关注，与此同时在日常生活中大量遵守国际法的事例则像空气一样被人们忽视了。因此国际法并不因为严重违反行为的发生而失去它作为法律的性质。国际法上的国际合作、国际发展和人类共同关切事项等基本理念是中国应对气候变化法律框架的重要理论基础，国际条约理应能够作为应对气候变化境外法律框架的内容而存在。

为了缓解气候变化带来的各种威胁，与此相关的国际条约应运而生，如《气候公约》《防治沙漠化公约》《生物多样性公约》《持久性有机污染物斯德哥尔摩公约》等全球性公约；《巴马科公约》《奥胡斯公约》等区域性环境、气候公约，[②] 但并不是所有应对气候变化的条约都属于应对气候变化境外法律框架的内容，基于前述确定中国应对气候变化法律框架内容的标准，中国及其他国家或地区参加或签署的具有法律性质的双边或多边的国际条约方能被纳入应对气候变化境外法律框架之内。

根据签订条约的国际法主体是两个还是两个以上，可以将国际条约分为双边条约和多边条约。气候变化是一个全球性问题，应对

---

① ［德］W. G. 魏智通主编：《国际法》，吴越、毛晓飞译，法律出版社 2012 年版，第 7 页。

② 黄晶、李高、彭斯震：《当代全球环境问题的影响与我国科学技术应对策略思考》，载《中国软科学》2007 年第 7 期。

气候变化境外法律框架的内容主要由多边条约构成。本书将对其单独阐述，之后概述其他由我国签订和承诺的双边或多边条约，将这些国际条约纳入中国应对气候变化法律框架，有利于将我国参与的应对气候变化国际合作同国内的应对气候变化活动结合在一起，加强对外合作，吸收国外先进经验。

二、《联合国气候变化框架公约》

《联合国气候变化框架公约》[①]（以下简称《气候公约》）是联合国政府间谈判委员会在 1992 年 5 月 22 日达成的专门针对全球气候变化及其应对活动的国际条约，由于该条约确定了在全球范围内开展气候变化国际合作的基本框架，因而被称作“气候宪法”。在《气候公约》的基础上，各国在接下来的二十余年里广泛地开展应对气候变化国际合作，逐渐签订了以《京都议定书》和《巴厘岛路线图》为代表的其他应对气候变化国际公约，最终形成了国际应对气候变化法体系。中国于 1992 年 6 月 11 日签署了《气候公约》，并于 1993 年 1 月 5 日交存加入书。因而《气候公约》也成了应对气候变化境外法律框架的核心。

（一）签署背景

早在 19 世纪末便已有科学家意识到人类社会不断增大的碳排放量可能会造成全球气候变暖，如果人类继续放任这样的情况发展下去，最终后果将不堪设想。但是，这一警告直到 20 世纪后半叶环境问题的大量出现，才逐渐被人类所关注。在 20 世纪后半叶可持续发展思潮的影响下，人类开始谋求通过国际合作以解决环境问题的可能性，联合国在这一过程中很好地扮演了组织与协调的角色。我们通常认为，联合国以 1972 年为国际环境治理的开端，并成立了联合国环境规划署（UNEP）作为领导机构，在随后的第一

---

① 《联合国气候变化框架公约》有时在我国也译作《联合国气候变化纲要公约》。

届世界气候大会（1979 年）上通过了《世界气候大会宣言》。①

在 1981—1990 年，全球平均气温比一百年前上升了 0.48℃，此类科学发现的增多使得百年前对气候变化危机的预言得到验证。为提高各国对气候变化的适应与应对能力，联合国于 20 世纪末举行了多次国际会议，以探求构建一个国际间的应对气候变化机制之可能性，并于 1988 年由 UNEP 牵头，在世界气象组织的协助下成立了政府间气候变化专门委员会（IPCC）。气候变化专门委员会本身并不开展实践意义上的应对气候变化活动，只是一个观测性的机构，其职能在于检查、评估和总结特定时段内有关应对气候变化的研究成果，每 5 年形成一份综合性的气候变化评估报告，为决策者提供参考。政府间气候变化专门委员会于 1990 年公布了第一份气候变化评估报告，报告总结了人类过去一段时间内对于气候变化观察研究的科学发现，至今已公布到第 5 次了。这些报告给各国应对气候变化工作部署提供了参考，对国际气候谈判产生了深远影响。

随后，由世界气象组织主办的第二届世界气候大会于 1990 年召开，共有 137 个国家参加了此次会议。部分国家和组织在会上呼吁缔结一个应对气候变化的框架性条约以为后续应对气候变化的国际合作确定法律上的基础。虽然这样的呼吁并未在该次大会上实现，但第二届世界气候大会实际上确立了开展应对气候变化国际合作的几项基本原则，如“共同但有区别的责任原则”、“公平责任”等。这些基本原则在日后的气候变化国际谈判中被屡次提起，同时推动了《气候公约》的最终出台。框架性应对气候变化国际条约的谈判工作于 1990 年年底被联合国常务委员会正式启动，IPCC 在 1991 年 2 月至 1992 年 5 月总共主持了 5 次筹备会议，会议确定了参与框架性应对气候变化国际条约最终谈判的 150 个国家及其代

① 高风：《〈联合国气候变化框架公约〉二十年与中国低碳发展进程》，该文系作者根据在外交部条法司“周鲠生法律大讲堂”上的讲座内容整理而成。

表，并最终在1992年6月的联合国环境与发展大会（于巴西里约热内卢召开）上签署和通过了《气候公约》。1994年3月21日《气候公约》正式生效。1995年起《气候公约》各缔约方每年召开缔约方会议（COP）以评估应对气候变化的进展。目前共召开了20次会议，通过了《京都议定书》《德里宣言》《巴厘岛路线图》等标志性协议。

（二）《联合国气候变化框架公约》的内容

《气候公约》是一部具有法律效力的专门应对气候变化的国际条约，它由序言、正文和附件三部分组成，其中正文部分包含26个条文。其目的在于“将大气中温室气体的浓度稳定在防止气候系统受到危险的人为干扰的水平上”。①

《气候公约》在第3条确立了“共同但有区别的责任原则”“充分考虑发展中国家缔约方具体需要和特殊情况原则”“采取风险预防措施原则”（“风险预防原则”）、“促进可持续发展原则”“合作促进有利的和开放的国际经济体系原则”五大原则，其中“共同但有区别的责任原则”是框架公约的核心原则，是该公约的灵魂。在“共同但有区别的责任原则”的指导下，《气候公约》将所有的缔约方分为三类：第一类为已处在工业化晚期的国家，其名单被作为附件一而摆在《气候公约》的正文之后，共包括澳大利亚、日本、加拿大等36个发达国家，这些国家承担着主要的减排义务；第二类为欧盟（彼时称作“欧共体”）和各“经合组织”成员国，这些国家和组织被包含在《气候公约》的附件二之中；其余的国家（主要是广大亚非拉发展中国家）则归入第三类，中国即属于第三类国家。② 这三类国家在全球应对气候变化活动中扮演着不同角色，附件一缔约方是主要的碳排放国，也相应地承担主要的节能减排义务，一旦不能按时实现先前承诺的碳排放指标，可

① 参见《气候公约》第1条。

② 参见《气候公约》第2条。

以基于碳排放权交易制度而从超额完成减排义务的发达国家中购买碳排放指标，否则就要受到制裁。附件二缔约方国内环保势力强大，且拥有充足的资金与先进的技术，故附件二缔约方并不需要承担具体的减排义务，但须发挥自身优势，将一定的资金与技术投入给需要资金和技术的发展中国家。而剩余的缔约方（主要是广大亚非拉发展中国家）则不需像附件一国家那样承担减排义务，同时他们可以接受附件二缔约方在资金、技术等方面的援助，这样便可有效地开展应对气候变化活动，同时又不会阻碍国家的发展。虽然不需承担减排义务，并不意味着发展中国家可以不在国内开展应对气候变化活动而继续保持高能耗、高排放的发展模式。此外，这些国家的碳排放指标也不能出售给发达国家。

《气候公约》将关注的重点摆在如何在全球范围内开展应对气候变化活动的同时也能维护发展中国家的合理利益上。它指出，发达国家能否实行有关资金和技术转让的约定，决定了发展中国家能否履行承诺。而且发展中国家应当将经济社会发展放在第一位，优先应对气候变化活动。正因出于这样的考虑，《气候公约》将向发展中国家提供资金、技术援助列为发达国家的重要义务。

按照《气候公约》的规定，各缔约方的共同义务主要有：

第一，减排义务。毫无节制的温室气体排放是造成全球气候变暖的“罪魁祸首”。节能减排，在生产生活中降低温室气体排放是各国的共同义务。《气候公约》制定的减排义务具体的针对对象是《蒙特利尔议定书》[①] 未予管制的温室气体，《气候公约》要求缔约国所有相关部门（包括能源、运输、工业、农业、林业和废物管理部门）积极研究、应用和推广相应的科学技术方法，来控制温室气体（《蒙特利尔议定书》未予管制的温室气体）的人为排放，采取有力措施加强可持续管理，恢复生态温室气体的“汇”

① 全名为《蒙特利尔破坏臭氧层物质管制议定书》，是联合国于 1987 年 9 月 16 日邀请所属 26 个会员国在加拿大蒙特利尔所签署的环境保护公约。

和“库”。并且，各方还应当做到防患于未然，防止或者至少尽量减少引起气候变化的原因出现。

第二，公开义务。《气候公约》规定，所有缔约方需要定期向缔约方会议递交国家清单，公开和清楚地记载温室气体的各种“源”的人为排放和各种“汇”的清除的明细，并依照该公约第12条向缔约方会议提供有关履行的信息。

第三，研究义务。《气候公约》规定，所有缔约方应承担进行科学研究与宣传应对气候变化活动的义务：合作开展气候科学研究，积极开发先进气候科学技术，收集观测数据整理资料；共享应对气候变化相关的气候、技术、法律、经济方面的信息，做到充分交流、资源共享。

第四，宣传与教育义务。《气候公约》规定，各国应强调宣传教育工作，加强公众有关气候变化的意识，鼓励广大群众、各类非政府组织参与应对气候变化工作。

（三）《联合国气候变化框架公约》与低碳经济

《气候公约》和低碳经济是在指导与被指导的基础上相互影响的关系。具体表现为，该公约是发展低碳经济的宣言书，是低碳经济的根本法律保障。相应地，发展低碳经济是在经济领域落实《气候公约》要求的必然选择，有利于推动公约目的的实现。

《气候公约》是全球首部以降低碳排放，应对气候变化为目标的专门性国际条约，是人类在全球范围内开展应对气候变化活动的基本框架。相应地，发展低碳经济的目标是在经济发展过程中降低能耗、排放和污染，最终抑制全球气候变暖的趋势。二者在目标上具有高度的一致性，《气候公约》第4条第1款（c）项明确规定，要所有有关部门（包括能源、运输、工业、农业、林业和废物管理部门）研究、应用和传播（包括转让）各种能够控制、减少或防止温室气体的人为排放的技术、做法和过程，向全世界发起了发展低碳经济的倡导，低碳经济正是《气候公约》精神在经济发展领域的延续。

发展低碳经济并不是让各国牺牲经济发展来保障节能减排，而是让各国的经济发展与生态环境保护相协调，最终实现可持续发展。但在实际生产中，粗放的、高能耗和高排放的经济发展模式令很多国家尤其是发展中国家陷入发展的恶性循环。国家的贫困令其不得不采取粗放的、不顾环境的经济发展方式以保证用较小的成本换取收益，从而缓解贫困问题。但这样的经济发展模式又是导致环境恶化的根源，长此以往，生态恶化导致经济发展的停滞，更加剧了贫困。为避免这一情况继续发生，各国无不通过转变发展方式来平衡经济发展与环境保护。而这一过程基于其必要性与困难性，往往被追求效率的市场经济所不容，需要政府来推动。但发展中国家在这一过程中往往缺乏资金和节能技术，而只能选择屈从于加快经济发展的需要而选择高能耗的经济生产方式，而坐拥资金和技术的发达国家则多会在市场的作用下对低碳经济视而不见。

努力克服上述困境是《气候公约》的着力点。《气候公约》在减排义务的分配上将主要的减排工作分配给了发达国家，同时还要求发达国家帮助承担发展中国家消除气候变化不利影响的费用。而发展中国家所承担的减排任务则基于其具体需要和特殊情况决定而具有相当大的灵活性。这些规定消除了发展中国家发展低碳经济的后顾之忧，促进了低碳经济的全球化。

除此之外，《气候公约》规定附件一缔约方如果不能完成减排义务，可以向其他国家购买排放指标，而发展中国家缔约方则不得出卖碳排放指标。这些规定确定了碳排放权交易制度的基本框架，规范了碳排放权交易行为，在保持节能减排目的不变的同时平衡了各国的利益。

《气候公约》也有相当多的不足之处。一方面，它并未给附件一缔约方具体规定量化减排义务，这使得实际执行中缺少了很多依据。然而公约中各缔约方并没有就气候变化问题制定具体可行的措施。[①] 另一方面，基于立场和发展程度的不同，在公约的缔约方中逐渐形成了欧盟、“伞形集团”（由美、日、加、澳、俄等发达国家组成）、“七十七国发展集团加中国”三大集团。这三大集团的角逐决定了《气候公约》谈判的基本格局。在《气候公约》的谈判过程中，三大集团在减排义务的分配、资金援助机制的构建、国际财政的安排、技术转让的程序、土地利用和林业[②]等问题上存在一定的分歧，这些问题则成为往后几届缔约方会议的重要议题，亦是《京都议定书》所要解决的焦点问题。

三、《京都议定书》

（一）签订历程

《气候公约》第一届缔约方会议于 1995 年在柏林召开，这次会议被称作“柏林会议”。在柏林会议中，部分国家提出“以本国在 1990 年的温室气体排放量为基准数值，在 2000 年之前把国内的温室气体排放量控制到该数值之下”作为各发达国家减排目标，这一目标引起了各缔约方的广泛讨论，讨论的结果是各缔约方认为上述承诺并不足以实现《气候公约》降低温室气体排放的预期目标，而要达成这一目标不仅需要各缔约方的共同努力，还需要各缔约方作出更加细化并具有强制力和可操作性的承诺。在上述观念的指导下，公约缔约方第一届会议通过了《柏林授权书》（又称“柏林授权”）。《柏林授权书》认为，“《气候公约》中规定的减排义务实际上并不充分，《气候公约》各缔约方应立即行动起来，对 2000 年之后的全球应对气候变化活动的实施路径和义务分配展开进一步的讨论，在 1997 年之前出台一份明确规定发达国家减排义务同时又不加重发展中国家负担的‘议定书’作为《气候公约》

---

① 金瑞林主编：《环境法学》，北京大学出版社 2013 年版，第 324 页。

② 郭冬梅：《应对气候变化法律制度研究》，法律出版社 2010 年版，第 74 页。

的补充协议，以指导接下来的应对气候变化活动”。自此，各缔约方开始了旷日持久的谈判，最终于1997年12月在《气候公约》第3届缔约方大会上完成了“柏林授权”中所要求形成的旨在进一步限制温室气体排放的“议定书”。由于该会议在日本京都召开，故这份议定书被称作“《京都议定书》”。《京都议定书》是基于《气候公约》第17条[①]的授权而确立的，它细化了《气候公约》的内容，旨在确保《气候公约》规定的实效。《京都议定书》的签署时间启动于1998年3月15日，开放签署的期间为一年。在此期间内，包括中国在内的83个国家签署了《京都议定书》。

《京都议定书》的通过标志着量化的温室气体减排从此成为发达国家的法律义务，但只有在签署《京都议定书》的国家不少于55个且签署国的温室气体排放量达到1990年世界总温室气体排放量的55%时，《京都议定书》才会生效。

《京都议定书》的生效并不一帆风顺。在《京都议定书》刚刚出台的几年里，在全球范围内兴起了一轮围绕《京都议定书》展开的气候博弈，各国为争取自身的国家利益纷纷在国际谈判中发声，这导致各国久久不能在自身所须减少的碳排放量上达成共识，更有部分国家选择退出《京都议定书》，最终使《京都议定书》的生效时间大大延后。第6届《气候公约》缔约方大会于2000年11月在荷兰海牙召开，会上美国作为当时全球最大的温室气体排放国坚持要大幅减少自身需减少的碳排放量，最终使谈判陷入僵局，大会主办方迫于压力不得不宣布休会。而随着在2002年第8届《气候公约》缔约方大会上通过的《德里宣言》正式将可持续发展作为应对气候变化的指导理念，越来越多的国家选择加入《京都议定书》以谋求在与其他国家的合作中实现本国的可持续发展。2003年12月于意大利米兰召开的第9届《气候公约》缔约方大会

① 周珂、高桂林、楚道文主编：《环境法》（第4版），中国人民大学出版社2013年版，第335页。

上，参会的国家和地区内的温室气体排放量已经达到了世界总量的60%。《京都议定书》最终于2005年2月第10届《气候公约》缔约方大会闭幕后强制生效。[①] 在《京都议定书》生效后，虽然围绕它的争论在国际社会中从未终止，但其理念已在全球范围内被广泛地接受。到2009年2月，已有183个国家加入了《京都议定书》，它们的温室气体排放量超过全球总量的61%。

《京都议定书》被誉为“国际环境外交的里程碑”，其生效标志着应对气候变化活动真正走向全球化。它的最大功绩在于将减排目标量化，对《气候公约》的具体实施提供了合理有效的执行方案，朝着温室气体减排方向迈出了第一步。[②] 自《京都议定书》生效后，《京都议定书》的履行往往成为历届《气候公约》缔约方会议的核心议题。

（二）具体内容

《京都议定书》正文共有28条，内容涵盖了发达国家和经济转型国家的不同减排目标与计算方法以及有针对性的措施。说明了相关概念定义，如所有缔约方义务、议定书缔约方会议、议定书秘书处、附属科技咨询机构和附属履行机构等；简述了应对气候变化工作，如联合执行、国家信息通报评审、议定书定期评审、排放贸易等；还介绍了各类程序机制，如资金机制、清洁发展机制、多边

---

① 比如，控制森林经营是否可以作为减排的途径，是否把林产品中的碳计入减排量等。

② 《气候公约》第17条“议定书”规定：“1. 缔约方会议可在任何一届常会上通过本公约的议定书。2. 任何拟议的议定书案文应由秘书处在举行该届会议至少六个月之前送交各缔约方。3. 任何议定书的生效条件应由该书加以规定。4. 只有本公约的缔约方才可成为议定书的缔约方。5. 任何议定书下的决定只应由该议定书的缔约方作出。”

协商程序、处理违约的程序和机制等。除正文之外议定书还有两个附件。[①]《京都议定书》篇幅虽小，但蕴含着大量内容，部分内容具有里程碑式的意义。《京都议定书》在《气候公约》的基础上，确立了一个比《气候公约》更具可操作性的应对气候变化国际合作框架。总体来看，相较于《气候公约》，《京都议定书》的创新点在于下列几方面内容：

1. 减排方式的多样化

《京都议定书》旨在将温室气体的含量控制在科学合理的范围内，防止因其含量过高或过低引起全球气候的不正常变化，最终造成恶劣的后果。这一目标在《气候公约》的约定中也有体现，即要将温室气体控制在合理的浓度水平，在这一水平上，整体气候不至于被危险地干预。总体上看，《京都议定书》所规定的减排方法和《气候公约》大致相同，但不同于此公约原则化的减排目标，《京都议定书》所规定的减排目标是量化的、具体的。《京都议定书》所规定的减排方式大致有以下几个特色：

首先，《京都议定书》将碳排放权交易制度引入节能减排工作中。在碳排放权交易制度下，当一个国家在特定时段内未按照自身承诺完成减排义务时，可向超额完成减排义务的国家购买碳排放指标，从而弥补自己尚未完成的碳排放额。这一制度将减排量转化为经济利益，既迫使怠于履行减排义务的国家履行义务，又激励各缔约方努力去超额完成减排义务，为自己创造更多的碳排放指标。为保证碳排放权交易不被发达国家滥用，《京都议定书》特别规定，只有发达国家间才能进行碳排放权交易。

其次，《京都议定书》确立了新的温室气体排放量计算方法。《京都议定书》规定各国每年需上报的温室气体排放量值不再是该

---

① 2002年5月23日当冰岛通过条约后55个国家首先达到条件，2004年12月18日俄罗斯通过了该条约后达到了55%的条件，因而条约在90天后于2005年2月16日开始强制生效。

国实际的排放额，而是该国实际温室气体排放量减去该国森林吸收的温室气体量后所得的值，即“净温室气体排放量”。这样的计算方法不仅使得各国的温室气体排放量统计更加科学，还促进了各国国内的碳汇建设。

最后，《京都议定书》将部分原本结合紧密的缔约方，如经合组织和欧盟整体化。这些缔约方被整体化后，以整体的形式对外承担减排义务，而这一整体的各部分该如何承担减排义务、承担多少减排义务则由这些缔约方自行决定。

数据显示，目前大气中产生温室效应的物质的排放有 80% 源于发达国家，在“共同但有区别的责任”原则的指导下分配减排义务十分必要。《京都议定书》第 3 条规定了量化的减排承诺。它要求附件一所列每一缔约方在 2008—2012 年（《京都议定书》第一承诺期）的温室气体排放量在 1990 年的基础上平均减少 5%，[①] 并保证该时段内附件一所有缔约方国内人为温室气体排放量低于自身的减排承诺、《京都议定书》分配的减排量以及《京都议定书》附件二对减排的量化限制。对于具体削减量的分配根据各国的国情而有所差别，以主要发达国家为例，按照 1990 年的数额为基准，《京都议定书》规定美国、欧盟、日本、加拿大须在《京都议定书》第一承诺期内将各种温室气体的排放分别削减 7%、8%、6% 和 7%；而俄罗斯、乌克兰、新西兰三国只需使此期间内的温室气体排放量与 1990 年的值持平即可。为奖励这些国家在过去对延缓全球气候变暖所做的努力，《京都议定书》特别允许爱尔兰的温室气体排放量较 1990 年增加 10%。与爱尔兰国情类似的挪威和澳大利亚则可增加 8% 和 10% 的温室气体排放量。

根据《京都议定书》第 4 条的规定，只要一国在《京都议定书》第一承诺期内确保国内的碳排放量不超过自身的减排承诺、

---

① 郭冬梅：《气候变化法律应对实证分析——从国际公约到国内法的转化》，载《西南政法大学学报》2010 年第 3 期。

《京都议定书》分配的减排量以及《京都议定书》附件二对减排的量化限制，便视为已完成减排义务。

2. 可持续发展

可持续发展是开展应对气候变化活动所应秉承的基本理念。《京都议定书》将这一理念贯穿于规定之中。《京都议定书》第 2 条规定，附件一缔约方在履行减排义务的同时需努力采取符合本国国情的措施，如提高能源使用效率、发展森林碳汇、开发和使用可再生能源、减少对高能耗部门的政策优惠、鼓励高能耗部门开展改革、加强对交通运输部门碳排放的控制、加强对废物的管理和回收利用等以实现可持续发展。

3. 京都机制

为促进各缔约方之间的合作，保证减排目标的达成，《京都议定书》的第 6 条、第 12 条和第 17 条引入了帮助发达国家缔约方减轻其承担减排与控排义务负担的三大机制，这三大机制合称“京都机制”（亦称“京都履行机制”）。

第一项“京都机制”是联合履行机制，简称“JI 机制”，指《京都议定书》各缔约方所拥有的减排单位在经过核证后，可以通过项目合作的形式而进行转让或者交易。第二项“京都机制”即前述碳排放贸易机制，简称“ET 机制”。第三项“京都机制”是清洁发展机制，简称“CDM 机制”。CDM 机制之下发达国家可以和发展中国家开展各种“项目合作”，以此方式对发展中国家进行资金和技术上的援助，从而获得“经核证的减排量”。以 JI、CDM、ET 三大机制为核心的“京都机制”可以看作是一种“域外减排机制”，在“京都机制”下发达国家履行减排义务的方式不再局限于在国内节能减排，只要该国积极开展国际合作，就能够抵消一定数量的减排义务，① 这种做法无疑是更加经济和便利的。

---

① 罗璇：《从〈京都议定书〉生效带来的压力和挑战看中国气候变化立法》，载《法制与社会》2008 年第 3 期。

“京都机制”促进了应对气候变化领域的南北合作。JI 机制的主体是发达国家与东欧经济转型国家，是三大机制的基础，为 ET 机制和 CDM 机制的实现提供了可能；ET 机制的主体是各大发达国家，是碳排放权交易制度的重要渊源，附件一中各个国家的减排成本有高有低，减排成本高的国家可以通过碳排放市场交易获得排放量，代替国内的直接减排，以得到更高的经济利益。与此同时，减排成本较低的国家向有需要的国家出售排放量可以从中获得利润。① 通过“未达到减排指标的国家向超额完成减排指标的国家购买排放指标”的制度设计，一方面促进了整体减排指标的实现，另一方面激励了减排义务的履行；CDM 机制则是一种发达国家与发展中国家之间互惠互利的机制。目前发展中国家内部的发展需求促使其将眼光放向国外，CDM 机制有助于发挥发达国家在资金和技术上的优势，更好地满足了广大发展中国家的发展需求，实现了互利共赢。②

4. “吸收汇”

《京都议定书》第 3 条的第 3 款和第 4 款集中规定了“吸收汇”问题，将土地利用变化和林业活动纳入到“汇”的范畴中，用来充当排放指标，将每个承诺期碳贮存方面可核查的变化作为衡量标准之一，从而使其可以在这样的规定下扩宽减排的方式，进一步推动各缔约方的减排活动。然而，各国在“碳汇”制度进入《京都议定书》的必要性、“吸收汇”计算过程中的部分定义及具体的计算方法等问题上存在一定争论，大多数的发展中国家及环境非政府组织（Non Government Organization，简称 NGO）反对在《京都议定书》中规定“吸收汇”条款，但基于澳大利亚、加拿大

---

① 在《京都议定书》附件二为各国制定的减排指标的基础上经过测算可知，各国减排量的平均值实际为 5.2%，

② 杨红强、张晓辛：《〈京都议定书〉机制下碳贸易与环保制约的协调》，载《国际贸易问题》2005 年第 10 期。

等发达国家的国内森林面积较大的强烈要求，《京都议定书》最终规定了“吸收汇”条款，但《京都议定书》也作出了一定限制。一方面，适用于“吸收汇”的活动除土地利用变化外，仅限于造林、重新造林和砍伐森林三项活动，且1990年之前的土地利用变化和林业活动不能被认定为“吸收汇”。另一方面，应当以公开透明可查的方式记录反映与这些活动相关的温室气体源的排放和碳的清除情况，同时依照《京都议定书》第7条和第8条的规定，向缔约方会议交报告并由专家审评组予以审评。

5. 履约机制

《京都议定书》第18条规定，缔约方会议应当在第一届会议上讨论通过面对不遵守议定的情况时合理有效的制度解决机制，同时考虑未能遵守的客观原因、主观因素以及不符合协定要求的实际程度。比如，以书面清单形式列出不遵守协定的相应后果等。这些履约机制可以修正案的形式附于本议定书中。这一规定是一项原则性规定，仅仅指出要通过一项修正案来作为《京都议定书》的履约机制。但在实践中，由于各国在谈判中分歧较大，对履约的手续、机制问题分歧较大，迟迟没能达成共识，导致修正案无法出台，从而使《京都议定书》的履约机制失去了强制力，这些成了《京都议定书》的一大致命伤。

6. 信息通报与履约监督机制

《气候公约》第12条确立了各缔约方的信息通报义务，并对各缔约方应提供的信息做了规定，主要包括各大温室气体的各种源的人为排放和各种汇的清除国家清单。这也就成了《京都议定书》中信息通报与履约监督机制的渊源。《京都议定书》第7条对《气候公约》的规定进行了细化，该条规定应在《京都议定书》第一次缔约方大会上通过定期审评编制各国上交清单的“指南”，附件一所列每一缔约方应在上交缔约方会议的年度清单内，载列“指南”中规定的一系列补充信息，而“指南”中各指标的计算方法则应在《京都议定书》第一承诺期结束前出台。此外根据《京都议定书》第8条规定，各国上交的清单应由专门组成的专家审评组[①]根据前述的“指南”进行全面的、专业性的审评。

（三）《京都议定书》的实施困境

如前所述，《京都议定书》的内容相当详尽，是在“共同但有区别的责任”原则的指导下对《气候公约》的进一步深化，《京都议定书》中的内容尤其是量化的减排标准及“京都机制”的确立使得应对气候变化的国际合作格局焕然一新，具有里程碑式的意义。但从本质上来看，围绕着《京都议定书》的内容及其履行而进行的国际谈判，一方面是确定各国在国际应对气候变化合作中所扮演的角色的过程，另一方面则是分配气候利益的过程，需认真考虑一国的历史、现状和未来，并努力在此过程中平衡南北关系。[②]实际上，发达国家和发展中国家虽基于减缓全球气候变暖这一共同目标而联合，但在综合国力和国家利益上的分歧导致各国在分配应对气候变化时所应承担的责任难以达成一致。[③] 比如，同样是具有较强经济科技实力的发达国家，但国内环保势力较强的欧盟在国际谈判中往往坚持要求发达国家削减温室气体排放量，并倡导将前沿科技运用到应对气候变化实践之中。而温室气体排放量居高不下的美国则主张取消量化的减排指标，在一个开放自由的国际框架下开展应对气候变化活动，同时不能将发展中国家排除在减排义务承担

---

① 根据《京都议定书》第8条第2款规定：“专家审评组应根据《公约》缔约方会议为此目的提供的指导，由秘书处进行协调，并由从《公约》缔约方和在适当情况下政府间组织提名的专家中遴选出的成员组成。”

② 苏杨：《〈京都议定书〉的前世、今生和未来》，载《生态经济》2005年第4期。

③ 尽管各利益集团之间存在一定分歧，但总体来看，发达国家想通过率先减排以提高发展中国家参与减排活动的积极性，从而减轻自己的减排负担，许多发达国家如澳大利亚仅仅是象征性地在履行《京都议定书》规定的减排义务。发展中国家对于参与全球减排问题上的立场则是基本一致的，即“有限的参与”。

国之外。各欧佩克[①]成员国则认为，全球范围内的节能减排活动会降低传统能源的使用率，最终冲击石油市场，从而主张减排义务的有限化。

发展中国家对于减排义务承担问题的看法亦存在分歧，如工业化程度低、温室气体排放少、经济发展程度低的发展中国家如非洲诸国往往对在发达国家的经济技术支持下承担减排义务持开放态度，而中国、巴西等近年来经济发展迅速的发展中国家则立足于"共同但有区别的责任"原则，强调减排义务分配的公平性。可见，各国对于减排义务的态度虽各不相同，但其出发点都是为了维护本国的利益。

《京都议定书》的谈判进程长达8年，早在《京都议定书》生效前的2001年，当时的全球最大碳排放国、占发达国家总碳排放量30%的美国便因对减排义务分配方案不满而宣布退出《京都议定书》，此后，对于《京都议定书》的谈判久拖不决。而在《京都议定书》强制生效后，各国在减排义务分配、对发展中国家的援助、吸收汇存废、京都机制的定位、履约制度、监督制度等重大问题上的分歧并未随着《京都议定书》的通过而真正消除，这些分歧的直接影响使得一系列尚待在《京都议定书》缔约方会议上通过的文件如前述的《京都议定书》修正案、年度清单评审指南迟迟无法出台，最终《京都议定书》中的一系列内容形同虚设；同时，由于《京都议定书》并不具有强制力，因而这些利益分歧的存在导致部分国家面对减排义务或不理不睬，或推诿责任，或阳奉阴违。2011年12月，加拿大亦宣布退出《京都议定书》，[②] 从而成

---

① 即OPEC，石油输出国组织（Organization of Petroleum Exporting Countries）的简称，其成员国多为中东石油输出国，国内经济实力雄厚。

② 加拿大政府宣称其退出《京都议定书》是基于两个原因，一是本国减排目标难以达到议定书规定，即到2012年的排放应比1990年降低6%；二是议定书没有涵盖所有污染排放大国。

为第二个签署但又退出的国家。

另外，《京都议定书》在执行机制上存在减排标准设置偏低、未详细区分具体情况、温室气体削减目标不科学、承诺期偏短、对资金和技术的援助规定不明确、缺乏发展中国家的参与等问题，这些问题给《京都议定书》的履行造成了众多困难，甚至成为部分国家推诿责任、不承担或少承担减排义务的借口，也使“后京都时代”的全球气候谈判困难重重。

(四)“后京都时代”的气候变化谈判

由于《京都议定书》第一承诺期将在2012年届满，基于《京都议定书》出台前后的种种波折，有人呼吁应尽早考虑《京都议定书》第一承诺期结束后国际气候制度的走向，开启一系列的后续谈判。在2005年蒙特利尔缔约方会议上，“后京都时代”的发展问题成为《京都议定书》履行问题外的重要议题，该次会议最终基于《京都议定书》第3条第9款的规定而启动了发达国家关于《京都议定书》第二承诺期的后续谈判。该次大会确立了后京都时代的气候谈判模式，即一方面在《京都议定书》下成立特设工作组（Ad Working Group，AWG），组织开展针对发达国家第二承诺期减排义务的国际谈判；一方面努力为美国、澳大利亚等非《京都议定书》缔约方创造便利，使其可以在《气候公约》之下参与到新一轮的国际气候变化谈判中来。这样的谈判模式被称为“双轨制”，旨在缓和各国尤其是发达国家与发展中国家之间的矛盾。

对于“后京都时代”气候谈判的主要内容，大致有两种思路。前者指保持《京都议定书》的大框架，并从《京都议定书》的条款出发，制定一系列的补充协议，将《京都议定书》的履行方式进一步具体化；后者指开启新一轮谈判，形成一个能够取代《京都议定书》的框架性国际法律文件，并以其为基础，构建一个新的应对气候变化国际合作体系。

从目前的情况看，各国倾向于第二种思路，但同时也没有完全放弃第一种思路。在2007年巴厘岛缔约方会议上，“后京都时代”下的发展路径问题成了首要议题。会议通过了《巴厘岛路线图》作为会议的最终成果。《巴厘岛路线图》作为“后京都时代”国际气候谈判的纲领，主要达成了以下四项共识：首先，它以《巴厘行动计划》的形式对《气候公约》和《京都议定书》的履行做了进一步的细化；其次，它确立了各发达国家提交《京都议定书》减排承诺谈判特设工作组的未来谈判时间表；再次，它细化了对发达国家减排工作的审评制度；最后，它进一步确认和完善了“双轨制”，并决定于2009年哥本哈根缔约方会议上通过一项新的议定书作为应对气候变化纲领性文件，以取代《京都议定书》。

在2008年的4轮联合国气候变化谈判之后，2009年联合国又举行了5次气候变化谈判，通过了一系列协议，这些谈判旨在为哥本哈根世界气候大会铺路。2009年12月7日至18日，哥本哈根会议如期召开。这次会议对于《京都议定书》乃至全球应对气候变化的合作有着重要意义，被全球寄予厚望。其原因在于如果《哥本哈根协议》不能通过，在《京都议定书》到期后碳排放的国际应对会进入法律上的真空状态，这也就意味着应对全球气候变暖的行动会前功尽弃。正因如此，该次会议被称作“拯救人类的最后一次机会”。哥本哈根会议号称第二次世界大战后规模最大的一次国际会议，[①] 来自192个国家的谈判代表齐聚一堂，共商2012年至2020年的全球减排协议。作为大会的成果，两大缔约方会议分别通过了继续按照《巴厘岛路线图》进行国际谈判的决议，同时发表了《哥本哈根协议》。

但是，哥本哈根会议的最终结果并不理想。一方面，《哥本哈根协议》并未被正式通过，不具有法律地位，仅由各国自愿遵守。另一方面，它大大加重了发展中国家的减排义务，对发达国家的要

---

① 郭冬梅：《应对气候变化法律制度研究》，法律出版社2010年版，第66-69页。

求却远未达到人们的预期；同时，《哥本哈根协议》将发达国家和发展中国家的责任和义务归于同一份会议文件之中，这使得“双轨制”和“单轨制”的界限更加模糊；此外，哥本哈根会议对发展中国家的资金援助问题迟迟不能达成共识，发达国家认为中国、印度等发展中大国也应该加入到资金提供国之中，各国在资金来源、资金管理、资金分配、资金使用等方面也有一定的分歧。此外，《哥本哈根协议》对于各缔约方权利义务分配、长期减排目标制定等久拖不决的问题的解决方案也没能符合预期，实际上并不能完成取代《京都议定书》的任务。

虽然形势严峻，但各国关于气候变化的谈判并未终止。2010年，《气候公约》第16次缔约方会议暨《京都议定书》第6次缔约方会议（坎昆会议）通过了《坎昆协议》。在本次会议上发达国家同意在未来两年提供800亿美元的快速启动资金给各发展中国家，帮助其迅速启动节能减排工作，并在2020年之前提供1000亿美元的长期资金，并同意建立绿色基金，邀请世界银行作为基金托管人。这些规定落实了《哥本哈根协议》中的部分目标，为德班会议的谈判突破奠定了基础。2011年，在南非德班召开的《气候公约》第17次缔约方会议暨《京都议定书》第7次缔约方会议上，关于《京都议定书》的谈判终于取得了重大突破。在会议中，各国同意35个发达国家从2013年1月1日起施行《京都议定书》第二期的排放承诺，并通过了关于“京都机制”“吸收汇”问题的一系列技术规则，还通过了AWG-LCA文本及久拖不决的《京都议定书》修正案，正式启动了绿色基金。这些突破弥补了《京都议定书》履行机制的部分漏洞，使得《京都议定书》第二期得以延续，挽救了《京都议定书》。同时，会议决定设立“德班增强行动平台特设工作组”，负责组织启动新的谈判进程，在2015年达成一个全球具有法律效力的气候保护协议，在提交第21次缔约方会议并获批准后从2020年起全面实施，该协议将在《京都议定书》第二承诺期结束后作为《京都议定书》的替代协议而存在。但对推动谈判进程起到重要作用的中国代表团在会后却表示《坎昆协议》的落实仍需时日。[①] 令人遗憾的是，在2012年于卡塔尔首都多哈召开的《气候公约》第18次缔约方大会暨《京都议定书》第8次缔约方会议上，“伞形国家”中的重要组成成员日本、俄罗斯、新西兰等国宣布退出《京都议定书》第二承诺期，而且并未受到任何处罚。[②] 这为《京都议定书》的未来履行蒙上了一层阴影。

按照联合国的计划，新的应对气候变化议定书将于2015年年底的巴黎会议上出台，并将成为2020年后唯一具备法律约束力的全球气候协议，也将成为国际应对气候变化法律框架中新的核心。为守护之前的谈判成果，给新议定书的出台扫平障碍，德班会议后分别在卡塔尔、华沙、利马召开的第18届、第19届、第20届世界气候大会在“德班平台”的基础上继续推动谈判，进一步细化了各国的减排任务，完善了资金援助机制。2015年2月13日，《气候公约》194个缔约国在日内瓦就全球气候变化协议正式谈判文本达成一致，作为年底法国巴黎气候变化大会最后成果文件的基础文件。《气候公约》秘书处对本次日内瓦会议所取得的成果表示满意，称这是一个重要的里程碑。[③] 但正如忧思科学家联盟（Union of Concerned Scientists）的奥尔登·迈耶（Alden Meyer）表示的，各国在关键问题上还存在各种深刻的、长期以来就一直存在

---

① 参见《德班气候大会通过决议，中方称会议取得五大成果》，载和讯新闻，http://news.hexun.com/2011-12-11/136188114.html，2015年2月14日访问。

② 出现这种情况是因为《京都议定书》只规定对无法完成第一承诺期要求的缔约方须在第二承诺期要弥补相同的减排量，并加上额外的30%的惩罚量。但对退出和不作第二期承诺的附件一国家未规定任何处罚措施。

③ 具体表现为，共有194个缔约方、观察员国，937个联合国相关机构、专门机构、政府间国际组织、非政府组织及1069个媒体单位，超过4万人与会，其中包括119个国家的国家元首或政府首脑。

的分歧。[1] 无论结果如何，这场持续时间长达十年的“后京都拉力赛”，都将在2015年年底结束。气候谈判任重道远，在这个分裂的星球，人类需要一致行动，面对气候变化，我们别无选择。[2] 对全人类而言，“后京都时代”是难得的机遇，更是严峻的挑战。[3]

对于中国应对气候境外法律框架的构建来说，《京都议定书》是无论如何都无法绕开的坎。作为碳排放量基数大、能源发展潜力高的发展中国家，“京都机制”为我国创造了巨大的机遇，虽然《京都议定书》最终将被新的框架性应对气候变化国际条约取代，但多年来的应对气候变化国际实践表明，全球性应对气候变化活动的走向将不会出现大的偏离。在《京都议定书》第二承诺期开启新的框架性应对气候变化国际条约呼之欲出的今天，认真反思《京都议定书》的前世今生，探究国内法律制度与《京都议定书》精神及规定相对接的可能性无疑是我们要解决的重要问题。

四、《巴黎协议》

2015年对于国际应对气候变化活动来说必然是具有里程碑意义的一年。在2015年12月于巴黎召开的世界应对气候变化大会上，经过艰难的谈判，来自195个国家的代表最终通过了《巴黎协议》（以下简称《协议》）。《协议》是人类历史上第一份全球性的、具有法律效力的应对气候变化协定，被誉为是继《框架公

---

① 根据万霞：《“后京都时代”与“共同而有区别的责任”原则》（《外交评论》2006年第2期）一文中的注释，“后京都时代”是国际舆论界对《京都议定书》执行完毕之后的一个阶段的称谓。从时间来说，应该起始于《京都议定书》相关义务执行完毕的2012年。该称谓可见于各类对《京都议定书》和“后京都时代”的国内外报道。

② 参见环球网国际新闻，http://world.huanqiu.com/hot/2015-02/5687991.htm，2015年2月14日访问。

③ 参见环球网国际新闻，http://world.huanqiu.com/article/2015-02/5693579.html，2015年2月15日访问。

约》和《京都议定书》后人类的第三部里程碑式的应对气候变化国际条约。

《协议》共有 29 个条款，涵盖了全球应对气候变化的长期目标、资金支持、国家自主贡献、技术开发和转让、能力建设、气候变化适应机制等内容。根据世界资源研究所（WRI）的划分，这些内容被概括为以下五点：（1）以最终实现零净排放为应对气候变化活动的“长期目标”；[①]（2）以五年为周期，各缔约方对减排目标的实施情况进行一次全球性的盘点，并结合盘点情况重新设定各缔约方未来五年的减排额；[②]（3）建立“透明度框架”，增强各缔约方在减排义务、援助资金筹集、援助技术使用等方面的透明化；（4）发达国家应提供“气候资金”，帮助发展中国家更好地开展应对气候变化活动；（5）努力加强能力建设，提高发展中国家和受气候变化影响强烈的地区的气候变化适应能力。

首先，相较于以往的应对气候变化国际条约，《协议》的特色在于它在确立长期目标的同时，并未用“一刀切”的模式来设立减排目标和违约责任。《协议》吸取了发达国家纷纷退出《京都议定书》的教训，采取了全新的减排义务分配模式，并没有像《京都议定书》那样“自上而下”地强行规定各国的减排义务，而是采取“自下而上”的方式，鼓励各国结合自身国情，自行在国内开展应对气候变化活动，按照各自的国内立法来处理气候变化问题。并从 2023 年起，以五年为周期对全球减排活动的进展进行盘

---

① 根据《协议》第 2 条，“长期目标”具体包括：（a）把全球平均气温升幅控制在工业化前水平以上低于 2℃之内，并努力将气温升幅限制在工业化前水平以上 1.5℃之内，同时认识到这将大大减少气候变化的风险和影响；（b）提高适应气候变化不利影响的能力并以不威胁粮食生产的方式增强气候抗御力和温室气体低排放发展；（c）使资金流动符合温室气体低排放和气候适应型发展的路径。

② 目前已有 180 多个国家和地区提交了从 2020 年起始的五年期限内减排目标。

查，以帮助各国提高减排力度，促进国际合作，最终推动“长期目标”的实现。该做法提高了全球减排活动的灵活性，尊重了各国的主权，有利于使减排目标落到实处。

其次，在面对发达国家和发展中国家减排义务的分担问题上，《协议》更为鲜明地贯彻了“共同但有区别的责任”原则，它一方面要求发达国家带头实施可持续生活方式以及可持续的消费和生产模式，有力地为发展中国家提供资金和技术支持；另一方面也要求发展中国家展开行动，继续为加强它们的减排义务而努力。相较以往，《协议》对发达国家援助的透明度更强，它要求发达国家缔约方以更加透明的方式进行国家信息通报、两年期报告和两年期更新报告、国际评估和审评以及国际协商和分析等活动，对于发展中国家，则给予其较大的灵活空间，以促进性、非侵入性、非处罚性和尊重国家主权的方式实施透明度建设，同时避免对其造成负担。

《协议》更多来说是一个框架性的条约，它并未规定具体的制度，但此法能够较好地包容各国已经制定的政策和采取的行动。它相对于《气候公约》和《京都议定书》来说具有更强的松散性和灵活性，这也是各缔约方吸取教训的结果。《协议》的达成有利于进一步在各国间摒弃“零和博弈”的狭隘思维，最终建立互信共荣、广泛合作的应对气候变化国际合作框架，找到国家利益与人类利益间的平衡点。《协议》将于 2016 年 4 月受批准后正式生效，其落实成果究竟如何尚待观察，但不可否认的是，随着《协议》的出台，“后京都时代”的乱局将走向终结，这给我国带来了新的机遇和挑战。

五、我国加入和认可的有关气候变化的其他双边、多边条约

如前所述，气候变化是全球性的危机，解决这一问题需要各国的共同努力。但人类应对气候变化的活动也因气候的多样性及各国国情的差异而显现出不同特性。近年来，以气候变化为主题的多边或双边合作逐渐增多，这些条约更多是在《气候公约》和《京都

议定书》的框架下结合国家区域应对气候变化活动的特点而被制定，具有区域性和集团性的特征。区域性，是指这些条约的缔约主体大多属于特定区域，条约规制的应对气候变化活动大多属于特定区域；同时条约内容的确定大多以特定区域的气候情况及应对气候变化活动的需求为指向。集团性，是指这些条约缔约主体的结合性高于基本的应对气候变化国际条约。

我国作为负责任的大国，一直积极参与和促成应对气候变化的国际合作，在应对气候变化的国际舞台上扮演着重要角色。除《气候公约》和《京都议定书》外，我国加入和认可的有关气候变化的其他双边、多边条约也属于应对气候变化境外法律框架的内容，如20国能源和环境部长会议，中、美、澳、日、韩、印6国的《亚太清洁发展与气候新伙伴计划》，《中美气候变化联合声明》，《中国欧盟气候变化联合宣言》《中法应对气候变化联合声明》等。这些双边与多边条约推动和完善了应对气候变化境外法律框架的建立，对在小范围国际合作的基础上落实《气候公约》和《京都议定书》起到重要的补充和推动作用。

六、应对气候变化法律框架的中国展开

上文对应对气候变化境外法律框架的内容做了初步界定。然而，如何使应对气候变化境外法律框架在中国国内发生作用，不仅需要把握国际应对气候变化责任分担的变动对中国的影响，还需要研究国际法与国内法的关系。这意味着，研究应对气候变化境外法律框架的中国展开，实质上是在研究国际社会和国内社会的互动方式和国际法的国内化。

（一）国际应对气候变化责任分担机制的变动对中国的影响

随着《京都议定书》在“后京都时代”的捉襟见肘和《巴黎协议》的出台，原先建立在气候公约——议定书模式基础上的国际应对气候变化责任分担机制受到了一定的冲击，新的责任分担机制呼之欲出，这给我国在新时期的应对气候变化活动提出了新

要求。

根据全球碳计划（Global Carbon Project）的数据，中国目前是世界上最大的碳排放国[①]，2013年碳排放量占全球总量的27.7%，超过了美国和欧盟的总和，人均碳排放量亦高出了全球平均水平的45%。[②] 正因如此，近年来每逢国际性气候磋商谈判，中国总是被“刻意关照”的对象，要求我国承担更多减排义务的呼声在国际社会甚嚣尘上。虽然严格来说我国的高碳排放量实际上是和庞大的人口基数与一时无法逆转的城乡差距息息相关，但为了实现发展的可持续性，同时也向世界展现中国的大国担当，我国主动承担与自身国情、发展阶段和实际能力相符的国际义务无疑是必要的。未来我国不仅要继续加强同发达国家的战略对话和对发展中国家的经济技术援助，还要努力调和二者间的矛盾，维系《巴黎协议》的谈判成果，最终推动应对气候变化国际合作的常态化和制度化。

此外，《巴黎协议》强调各国以“自主贡献”的方式设立减排目标，并自行在国内开展应对气候变化活动。这意味着，在《巴黎协议》生效后，国际舞台将不再是应对气候变化活动的“主战场”（《京都议定书》在实施上的窘境实际上也表明这种想法本身可能是天真的），各国的工作重心将转移到国内的应对气候变化活动中，这一方面使得区域性的、双向的应对气候变化活动成为可能，另一面也对我国的应对气候变化国内立法提出了更高的要求。

总结前述内容，笔者认为新的责任分担机制对中国的影响集中体现为三点：第一，未来中国将承担更重的减排责任，并会继续加强对其他发展中国家的经济技术援助，以“发展中国家”的国情来降低国际舆论压力将不再可行。第二，在《巴黎协议》下，全

① 原先的全球最大碳排放国是美国，但于2006年被中国超越。

② 参见人民网—国际频道：《〈巴黎协定〉有哪些干货？中国坚持“制定切实的路线图”》，载人民网，http://world.people.com.cn/n1/2015/1214/c1002-27926965.html，2015年12月14日访问。

球性的应对气候变化合作将更多停留在大方向上，区域性和双边性的应对气候变化国际合作将更有市场。第三，国内将成为我国开展应对气候变化活动的主要场所，在国内大力发展低碳经济，让世界看到中国的减排成果将是更优的选择。这些改变给我国带来了全新的机遇和挑战，正如笔者多次指出的，通过“闭门造车”的方式无法一劳永逸地实现对气候变化的减缓与适应，应对气候变化境外法律框架能够给我国应对气候变化活动提供理念指引和制度支持，围绕我国签订和加入的应对气候变化国际条约来设计我国的应对气候变化国内法律框架无疑更有利于同国际接轨，以更低成本来促成区域性、双边性的应对气候变化国际合作。

（二）国际法的国内化困境

如前所述，判断某一具体的法律规范、法律制度、法律部门是否属于应对气候变化境外法律框架内容的标准有三点：第一，该法律规范、法律制度、法律部门须从属于国际环境法渊源；第二，该法律规范、法律制度、法律部门须调整应对国内或与国家利益相关的气候变化法律关系；第三，该法律规范、法律制度、法律部门的国际法性质须被中国所承认。基于上述三个标准，笔者认为应对气候变化境外法律框架的内容是较为明确的。然而，国际法在大多数情况下是不具有强制力的“软法”，应对气候变化境外法律框架内容的确定性并不意味着其各项内容能够有效地在我国实施。以最典型的国际法渊源——条约为例，条约的签订意味着签订国愿意受条约内容的约束，但在一国缔结或参加某一国际条约之后，该国际条约未必能够完全与该国现有的法律体系相兼容，而根据《维也纳条约法公约》第 27 条的规定，存在与国际条约规定相矛盾的国内法不能成为不履行国际条约的理由。在这一冲突下，往往出现众多问题，这些亟待解决的问题一直是法律理论和实践关注的重点，其中最为典型的一方面是一国缔结或参加的某一国际条约与该国现有的国内法冲突时，如何确定二者的效力位阶的问题；另一方面是在国际法与国内法可能不兼容的背景下如何在国内法层面履行该条约规定的权利义务的问题。各国需要解决的共性问题还包括以下两方面：如何应对履行国际义务的外部压力，以向国际社会的其他成员传达履行条约的积极信号？如何在条约适用制度的刚性和灵活性之间寻求一种平衡？随着中国以更为积极主动的姿态融入国际社会，作为负责任的大国，我们不得不面对上述问题。

国际法和国内法的关系问题一直被法学家们所关注，经过长达几个世纪的激烈讨论，逐渐形成了“一元论”和“二元论”两大学派。一元论者和二元论者均假定存在一个共同的领域，在该领域中，国际法与国内法规则同时有效，问题是哪一个居主导地位？一元论者认为，国际法和国内法属于同一法律体系之中，但基于对国际法和国内法的效力位阶问题的不同理解，一元论内部逐渐分化为强调国内法优先的一元论（国内法优先说）和强调国际法优先的一元论（国际法优先说）。

主张国内法优先说的一元论者以佐恩（A. Zorn）等深受黑格尔学派影响的德国法学家为代表，主要认为法律是国家意志的集中体现，而国际法不过是表现在外的国内法，只是一套易被强国任意忽视的指导方针，并不具有独立的法律性。而在主张国际法优先说的一元论者看来，国际法作为国家意志的复合超越每个国家单独的意志；国际法可以直接被适用于个人；而国际法作为至高无上的法，将使任何与之相冲突的国内法作废。其中分析实证主义法学的代表人物，奥地利著名法学家汉斯·凯尔森（Hans · Kelsen）运用他的纯粹法学理论，大大推动了国际法优先说的发展。他认为，法律是一个独立的规范体系，而所有法律规范都是由一个作为法秩序存在基础的“基本规范”通过不同的方式演变而成的，“基本规范”是所有法律规范的最终效力来源。而国际法作为普适性的法律，正是“基本规范”的直接体现。在法律体系中，国际法决定和限制了国内法律秩序效力的空间范围、时间范围和属人范围，国际法规范的效力决定着国内法规范。这样就形成一个从国际法基本规范开始，中间经过国内法基本规范，最后到达国内法个别规范的规范等级体系。① 因此，国际法规范和国内法规范并无本质上的不同，一方面国际法能够不经转化而直接在国内适用，另一方面与国际法相冲突的国内法会因为与更高级的规范（国际法）相冲突而自动无效。

和一元论者不同，以德国学者特里佩尔（H. Triepel）、意大利学者安奇罗蒂（D. Anzilotti）所代表的二元论者认为，国际法和国内法分属两个不同的独立的法律体系，前者主要规范国家与国家间、国家与国际组织间、国际组织与国际组织间的关系，后者主要规范个人与国家间、个人与个人间的关系，且二者在法源、法域、内容、调整目标、调整手段等方面亦有很大的不同。国内法和国际法间可能存在一定的联系，但它们的联系更多是在法域或者内容上的重合而非一元论者认为的一方从属于另一方，同时更不能主张只有一方存在而否定另一方。

20 世纪以来，越来越多的学者试图在处理国际法与国内法关系的问题上回避一元论和二元论的两分法，其原因在于这些学者认为不论是依照一元论还是二元论所得出的对于国际法与国内法关系的解释结论都与国际、国内法主体乃至国际法院在实际中的做法不相一致。持上述观点（一般被称作“协调论”）的学者（如 G. Fitzmaurice）往往会否定一元论和二元论的出发点，即存在国际法与国内法规则同时有效的领域，并认为国内法与国际法是相互独立的，二者实际上是一种平行的、协调的关系，只是在各自的调整范围内至高无上。国际法与国内法相冲突情况的出现，实质上不过是国家没有按照国际法的规定承担国际义务，此时只导致国家需在国际法层面上承担义务，并不会导致国内法的无效或废止。值得一提的是，虽然协调论者往往否定自己与一元论者和二元论者的联系，但实际上协调论者的国际法与国内法相互独立的主张与二元论

---

① 贾兵兵：《国际公法：理论与实践》，清华大学出版社 2009 年版，第 80 页。

者如出一辙，因而协调论也被部分学者称作“现代二元论”。

综合上述内容不难发现，一元论和二元论的代表人物大多出现在大陆法系国家。事实上，英美法系的国际法学者更多是在实践的层面关注国内法与国际法的关系问题。他们的基本观点可概括为：一元论与二元论的争论主要停留在理论层面上。或者说，仅仅是法学家刻意制造出的争议。国际法与国内法的关系问题，主要是一个在实践中如何落实国际法规则的问题。[①] 而对于大陆法学者和英美法学者在这一问题上的分歧，王铁崖教授则认为，国际法与国内法的关系在理论上的争议是不可避免的。尽管更加务实的英美学者对欧陆学者一元论、二元论的对立往往不屑一顾，但是这并不意味着国际法与国内法关系的理论争议在实践中毫无意义，相反，它是上至国际法院，下到各国的国内法院在引用国际法或国内法时都不得不面对的问题，此时任何回避与含糊其辞都无益于问题的解决。[②]

（三）应对气候变化国外法律框架的国内法转化

在实践中，各国解决国际法的适用问题主要采取“转化”（transformation）和“并入”（adoption）两种方式。“转化”指一国在国内不直接适用国际法规范，而是通过立法机关的立法活动将国际法国内化。国际法的国内法转化主要有两种方式，一是制定与某一国际法相关的国内法，二是直接在国内单行法条文中规定在该法律的调整范围内国际法的可适用性。英国被认为是采取“转化法”的典型国家，国际条约未经国会的相关立法往往不得适用。“并入”则指一国在宪法或其他法律中明确规定将国际法的地位、效力及适用方法，作为整体的国际法直接纳入到国内的法律体系

---

① Cassese A. International Law. 2nd edn, New York: OUP, 2005. 215，转引自贾兵兵：《国际公法：理论与实践》，清华大学出版社 2009 年版，第 80 页。

② 王哲：《西方政治法律学院史》，北京大学出版社 1988 年版，第 475 页，转引自李刚：《批判与继承——纯粹法学在中国》，载《山西大学学报（哲学社会科学版）》2007 年第 5 期。

中，使法官在司法裁判中得以直接引用国际法条文，从而避免了另行立法的烦琐。美国是典型的采取“并入法”的国家。从总体上看，“转化法”是一元论者所赞同的国际法适用方式，而“并入法”更被二元论者所推崇，但“转化”和“并入”并不是相互冲突的，世界各国在面对国际法的适用问题时往往立足本国国情而交替使用这两种方法，即根据各类国际条约在性质和内容等方面的差异，将签订和加入的国际条约分为可直接在国内适用的条约和必须通过转化后方可在国内直接适用的条约，这样的适用方法被称为“混合制”。

虽然我国《宪法》并未规定如何在我国适用国际法，但与在国际法与国内法冲突时适用何者，相关的规定却散见于各类法律中。[①] 考虑到这样的规定在我国法律尤其是由全国人大制定的基本法中的大量出现，实际上我们可以合理地推断在上述规定中共同体现的“总体上承认国际条约的优先性，而对于国际条约中声明保留的条款适用国内法”这一原则便是我国对于国际法适用问题的基本态度，这和前述的“混合制”是相一致的。

综合上述内容，笔者认为，对于应对气候变化境外法律框架在我国的适用问题，更应采取“转化”的方式而非“并入”的方式，理由如下：

第一，采取“转化”的方式与我国“混合制”的立场相一致。如前所述，我国在对待国际法的适用问题上采取的是“混合制”。我国并未普遍性地在法律中规定国际条约的可适用性，而是采取逐一列举的方式规定可直接适用国际条约的法律部门，在缺乏前述准用条款的情况下，须将国际条约转化后方可适用。气候变化问题首先是环境问题，其应对具体包括清洁生产、循环经济促进、大气污染防治、可再生能源开发等一系列措施。《环境保护法》在第46条规定：“中华人民共和国缔结或者参加的与环境保护有关的国际

① 朱文奇：《现代国际法》，商务印书馆2013年版，第25页。

条约，同中华人民共和国的法律有不同规定的，适用国际条约的规定，但中华人民共和国声明保留的条款除外。”依照该条规定，应对气候变化境外法律框架能够在我国直接适用。然而 2014 年 4 月 24 日第十二届全国人大常委会第八次会议审议通过并于 2015 年 1 月 1 日正式生效的环境保护法修正案却删去了《环境保护法》第 46 条的规定，且并未补充类似的条款。而在《节约能源法》《可再生能源法》《清洁生产促进法》等相关法律中亦未出现可在该法律的调整领域内准用国际条约的规定。依照前述“混合制”的国际法适用标准，欲使应对气候变化境外法律框架得以在国内适用，必须先将应对气候变化境外法律框架进行国内法转化。

第二，采取“转化”的方式有利于应对气候变化境外法律框架局限性的克服。从二十余年来的国际应对气候变化活动看，应对气候变化活动是一个长期的过程，更是一个“牵一发而动全身”的过程，然而直接在国内适用应对气候变化境外法律框架存在一定的困难，其原因一方面在于应对气候变化境外法律框架的内容往往具有原则化的特点，缺乏有效的执行机制；另一方面应对气候变化境外法律框架在适用对象上一般具有普遍性而容易忽视各国国情的差异最终导致难以与国内各项配套制度相协调。应对气候变化境外法律框架的国内法转化不仅是通常意义上从普遍到特殊、从原则到制度、从抽象到具体的过程，更是一个通过国内立法而细化规定、填补漏洞的过程。在这一过程中，应对气候变化境外法律框架的原则性规范被结合中国实际而被转化为具体的规则，其执行机制也能够通过转化而建立，最终使得“执行不力”和“水土不服”的难题得以有力地解决。

第三，采取“转化”的方式有利于完善我国的应对气候变化国内法律框架。目前，我国虽有《中国应对气候变化国家方案》等纲领性政策，但这些政策并未有效地被法律化。我国并未制定专门的《应对气候变化法》，与应对气候变化相关的法律规范散见于各单行法、法规、规章乃至地方法中，这些零散的规范构成了应对气候变化国内法律框架的基本内容。而《节约能源法》等相关法律并未明确规定应对气候变化的战略要求，同时它们亦时常存在规定模糊、适用困难等问题，在很大程度上制约着我国应对气候变化活动的实施。从理论意义上说，现代法治的实现一要有法，二要有良法，三要使法得到有效实行，前两者属于立法范畴，而后者亦与立法直接相关；从实践意义上说，气候变化立法的数量和质量直接影响着一国应对气候变化活动的有序性和有效性，是衡量一国应对气候变化能力的标尺。在全面推进依法治国的今天，将部分应对气候变化的国际法国内化是一种成本较小且较为有效的立法技术。有利于填补国内立法的空白，完善我国应对气候变化国内法律框架。

第四，采取“转化”的方式有利于维护我国的国家利益。虽然我国已在2007年召开的巴厘岛会议上提出了自愿减排的承诺，但我国实际上并不属于《气候公约》和《京都议定书》规定的减排义务承担国。而部分发达国家，如美国、日本却在试图回避自己减排义务的同时，不断地在国际社会给中国施加压力，要求中国承担更多的减排义务，同时却对巴西、印度等与中国国情相似的发展中国家的温室气体排放持宽容态度。在国际谈判中，我国始终立足于“共同而有区别的责任”原则，对发达国家的双重标准予以回击，努力捍卫我国的国家利益。曾有学者认为，为中国未来的经济社会发展提供可能，争取更充分的排放空间，是我国目前参与国际谈判缔结国际条约的重心所在。在《气候公约》和《京都议定书》摇摇欲坠，《京都议定书》的替代方案久久不能出台的今天，盲目地将应对气候变化境外法律框架的内容并入应对气候变化国内法律框架实际上是在放弃我国一贯坚持的“共同但有区别的责任”原则，从而极有可能为发达国家免除减排责任，甚至干涉我国内政大开方便之门。

第五，采取“转化”的方式更符合应对气候变化活动的特性。就应对气候变化国际条约的适用来说，由于条约义务的维持和履行往往不过在相关局部范围内与日常的行政事务并行实现，不论是对发达国家还是发展中国家来说都可能是一种负担（即使这样的负担是有意义的），因此国际社会的关注逐渐从应对气候变化国际条约的形成转向这些条约履行的确保。根据日本学者村濑信也的观点，确保国际环境条约履行的方法大致包括“直接的命令、规制的方法”（command and control）和“间接的经济手段”两种方式。前者指代那些传统的规制手段，如为保护环境直接禁止某一行为，后者指通过经济手段提高破坏环境行为的成本以达到抑制该行为的目的。[①] 由于气候变化的主要成因是人类粗放的、高排放、高能耗的发展方式，而发展方式的选择不仅受一国的经济水平、历史条件制约，更是一国的内政问题，难以被直接禁止。因此，适用于应对气候变化国际合作的主要是“间接的经济手段”，这种手段主要的调控对象是一国国内的生产活动，这要求一国在大方向上和国际标准保持一致，同时根据自身国情设计经济干预措施。这与“转化”的方式不谋而合。

总而言之，境外法律框架和国内法律框架是辩证统一的关系，二者相辅相成，在不同层面上改变着我国的应对气候变化活动，在确定境内法律框架的内容时，要特别注意两个框架间的联系，以确保两个框架的良性互动状态得以持续。

第三节 应对气候变化国内法律框架的内容

一、我国的应对气候变化实践

20 世纪 80 年代以来，随着人类对于人与自然关系认识的不断深化，各国逐渐意识到人类所面临的气候危机不仅是单纯的环境问题，更与经济发展、社会稳定、国际关系等各个方面息息相关，在

---

① 参见［日］村濑信也：《国际立法——国际法的法源论》，秦一禾译，中国人民公安大学出版社 2012 年版，第 292 页。

本质上是关乎全人类能否可持续发展的生存问题。应对气候变化活动非一国之愿，一日之功，其解决需要世界各国通力合作，共谋出路，这也使其获取了具有全球性、政治性和共同性的特征。然而，在框架—议定书体制下发展起来的应对气候变化国际合作机制更多是在为应对气候变化活动提供方向上的、框架式的指导，其作用往往只能在宏观层面上发挥，气候变化问题的最终解决更多地依赖于各国自觉承担义务，在国内积极开展应对气候变化实践，这一点在《巴黎协议》通过后表现得更加明显。

气候变化问题的应对一直被我国所重视。改革开放三十多年来我国除积极开展国际交流与合作，参与各类气候变化国际谈判外，一直在国内积极采取应对措施，认真履行《气候公约》的各项义务。自 1992 年签署、1993 年批准《气候公约》后，1994 年我国政府又组织制定了《中国 21 世纪议程——中国 21 世纪人口、环境与发展白皮书》。1998 年，我国签署了《京都议定书》，并于 2002 年正式批准《京都议定书》。2004—2007 年，我国相继制定了《可再生能源法》《能源中长期发展规划纲要（2004—2020 年）》草案，第一个《节能中长期专项规划》《关于加快发展循环经济的若干意见》《关于做好建设节约型社会近期重点工作的通知》《关于发布实施〈促进产业结构调整暂行规定〉的决定》《关于落实科学发展观加强环境保护的决定》《关于加强节能工作的决定》等法律、法规和政策性文件。

2007 年，我国成立了以温家宝总理任组长的国家应对气候变化工作领导小组，并于 2007 年 6 月颁布了我国首部应对气候变化政策——《中国应对气候变化国家方案》。2008 年 10 月，国务院新闻办公室发布了首部《中国应对气候变化的政策与行动》白皮书，2009 年 8 月，全国人大常委会通过了《关于积极应对气候变化的决议》，并公布了我国到 2020 年的减排目标，即以 2005 年的值作为基准，到 2020 年实现单位 GDP 碳排放下降 40%—45%；非化石能源单位能源消耗量达到 15%；并分别增加四千万公顷和 13

亿立方米的森林面积和森林蓄积。2012 年在中国共产党第 18 次全国代表大会报告中，胡锦涛总书记再次明确指出，要坚持共同但有区别的责任原则、公平原则、各自能力原则，同国际社会一道以这三个原则为基准积极应对全球气候变化。2013 年 11 月，国家发展改革委印发了《国家适应气候变化战略》。2014 年 9 月，国务院印发了《国家应对气候变化规划（2014—2020 年）》，以明确中国在 2014—2020 年期间开展应对气候变化工作的指导思想、主要目标、总体部署、重点任务和政策导向。2014 年 9 月，在联合国气候峰会上，国务院副总理张高丽作为国家主席习近平的特使，在大会上向全世界宣布了中国应对气候变化的政策与行动，[①] 展现了应对气候变化的“中国决心”。[②] 2015 年 12 月，国家主席习近平亲自率团出席巴黎气候变化大会，在会前和会中表达了“积极促成共识”的决心，并为此进行了一系列的实际行动，被认为是巴黎气候大会上发达国家和发展中国家最终求同存异的关键力量。[③]

自签订《气候公约》以来，我国应对气候变化的手段主要有调整经济结构，提高能源利用效率，发展新能源，加强生态环境保

---

① 王欢、李洋：《张高丽出席气候峰会提三个“显著”展中国决心》，载人民网时政频道，http://politics.people.com.cn/n/2014/0924/c70731-25721226.html，2014 年 9 月 24 日访问。

② 张高丽在会上指出，作为一个负责任的大国，今后中国将主动承担与自身国情、发展阶段和实际能力相符的国际义务，并宣布中国将尽快提出 2020 年后应对气候变化行动目标即碳排放强度要显著下降，非化石能源比重要显著提高，森林蓄积量要显著增加，努力争取二氧化碳排放总量尽早达到峰值。

③ 《〈巴黎协议〉取得成功中国功不可没》，载新浪新闻，http://news.sina.com.cn/o/2015-12-15/doc-ifxmpnqi6529770.shtml，2015 年 12 月 15 日访问。

护，控制人口增长，[①] 制定应对气候变化相关法律、法规和政策措施，完善应对气候变化相关机制，重视气候变化研究，加大应对气候变化教育与宣传力度等。这些措施目前已取得了明显的成效。近年来，在国家的努力下我国单位 GDP 的能耗和温室气体排放强度呈下降趋势，仅 2013 年一年，我国的单位 GDP 二氧化碳排放量就比上一年度下降了 4.3%，比 2005 年累计下降 28.56%，相当于减排二氧化碳 25 亿吨。但我国能源消耗和温室气体排放总量持续增加的趋势短期内仍难以扭转。

尽管改革开放以来我国的应对气候变化实践取得了丰厚成果，但在“后京都时代”的今天我们仍须清醒地认识到我国离有效面对气候变化还任重道远。未来三十年对我国经济发展来说将是一个重要的战略期，与此同时也是减排的关键期。在国际社会要求我国承担更多减排义务的呼声甚嚣尘上的今天，是否应主动承诺温室气体的减排义务、何时承诺、在何种程度上承担减排义务等问题困扰着正处于转型期的中国。在这一背景下如何协调好应对气候变化和国内经济发展的问题事关国家主权和人民的最高利益，必须慎之又慎。

我国对于应对气候变化的相关法制建设尚处于原始阶段。我国的环境资源保护法从整体上看可分为两类，一是综合性的环境保护基本法，二是针对大气、水、污染物等环境要素的环境资源保护单行法，这些环境资源保护法与其他法律中应对气候变化相关的规范，应对气候变化的行政法规、地方法规、规章共同组成了我国应对气候变化国内法律框架的基本内容。然而，我国目前主要是通过政策来实现对于应对气候变化活动的调控，尚未制定专门的《应对气候变化法》。政策调控终究只是权宜之计，只有通过立法的方式将政策的内容进一步法律化，才能够为气候条件保护目标的实现

① 控制人口增长对于应对气候变化的意义主要在于通过减少人口来减少二氧化碳排放。

提供可量化的权利、义务和责任，提供有安定性的保障。这也是我们研究中国应对气候变化法律框架的一个重要原因。

二、中国的应对气候变化政策体系

在我国，保护环境是一项长期的具有战略意义的基本国策。气候变化是一项重要的环保问题，我国政府向来重视应对气候变化政策的制定。笔者认为，基于我国应对气候变化基本法的缺失，国家制定的各类应对气候变化政策在实践中实际发挥着“准法律”的作用，成为构建中国应对气候变化法律框架的政策基础。因而在对气候变化国内法律框架进行阐述前，首先要对中国应对气候变化的各项政策做一个简单的梳理。

我国应对气候变化政策体系的内容主要分为三类，第一类是整体性环境保护政策中与应对气候变化相关的部分，如 2007 年《国家环境保护“十一五”规划》，2011 年《国家环境保护“十二五”规划》《关于落实科学发展观加强环境保护的决定》中有关温室气体减排的部分，这些政策立足于环境保护整体，应对气候变化只是其中很小一部分的内容。第二类是专门性的应对气候变化政策，如《中国应对气候变化国家方案》全国人大常委会《关于积极应对气候变化的决议》《国家应对气候变化规划（2014—2020 年）》等。第三类是各环境保护专门政策与应对气候变化相关的部分，如《能源中长期发展规划纲要（2004—2020 年）》（草案）《关于加快发展循环经济的若干意见》《关于加强节能工作的决定》等。此类政策在应对气候变化政策体系中数量最多，但严格来说，这一类政策所直接指向的并不是应对气候变化活动，而是具体的环境保护活动，如发展新能源、防治大气污染等，但这些活动同时也是应对气候变化的重要组成部分，有利于推动应对气候变化进程。因而，此类政策也应被纳入到我国的应对气候变化政策体系之中。在三类政策之中，第二类政策直接指向我国的应对变化活动，在应对气候变化的整体政策体系中起到最为关键的作用，也在很大程度上影响了我国应对气候变化法律框架的构建。因此，笔者将在下文简述几个主要的、专门性的应对气候变化政策。

（一）《中国应对气候变化国家方案》

《中国应对气候变化国家方案》（以下简称《国家方案》）由国务院于 2007 年 6 月 3 日发布。《气候公约》第 4 条（b）项规定《气候公约》的所有缔约方须“制订、执行、公布和经常地更新国家的以及在适当情况下区域的计划”，《国家方案》正是我国为履行《气候公约》第 4 条（b）项规定的义务所制定的政策，同时也是 2010 年之前我国应对气候变化活动的“总纲领”。《国家方案》明确了到 2010 年止中国应对气候变化的具体目标、基本原则、重点领域及政策措施。同时该方案也指出，中国会在科学发展观的指导下，把各项应对气候变化工作落到实处，把我国建设成资源节约型与环境友好型的两型社会，增强我国的气候变化应对能力，控制与减轻气候变化的影响，保护我国气候环境的同时也维护全球整体气候利益。除介绍方案制定背景、目标和基本内容的前言部分外，《国家方案》由下面五个部分组成。

《国家方案》的第一部分结合大量观测数据介绍了我国多年来对气候变化观测的结果，并对气候变化在我国的发展趋势作了说明，阐述了近年来我国为应对气候变化所作出的努力及其显著的成就。

《国家方案》以“气候变化对中国的影响与挑战”作为第二部分的主题，该部分立足于我国国情，分析了气候变化对我国的影响和挑战，认为气候变化会影响我国的农业及牧业、森林等生态系统，还会影响水资源、海岸带等领域。同时指出，中国的应对工作在未来还会面临一系列的挑战，包括对中国当前发展模式的挑战、对中国以煤为主的能源结构的挑战、对中国能源创新的挑战、对中国森林资源保护和发展的挑战、对中国农业领域适应气候变化的挑战、对中国水资源领域适应气候变化的挑战、对中国沿海地区应对气候变化能力的挑战等。

《国家方案》从第三部分起描述新时期、新形势下我国应对气候变化的工作。第三部分阐述了我国立足整体气候利益制定的指导思想与宏观工作目标，依据客观实际制定的具体政策则在第四部分加以介绍。首先将减缓温室气体排放分为能源生产和转换、节约能源与提高能源使用效率等六大重点领域，同时将适应气候变化的重点领域划分为农业、森林及其他生态系统，水资源，海岸带及沿海地区四大重点领域。此外，第四部分还具体规定了气候变化相关科技工作、气候变化公众意识、机构和体制建设的相关内容。

《国家方案》的第五部分阐明了中国对若干问题的基本立场与相关应对气候变化领域内的国际合作需求，确定了新形势下我国开展应对气候变化国际合作的基本立场、基本目标和基本活动计划，表明了我国对于应对气候变化活动的基本国际合作需求，即技术转让、合作需求和能力建设需求。

《国家方案》是我国首部专门性的应对气候变化政策，同时也是发展中国家首部应对气候变化的国家方案。它将应对气候变化工作与国家宏观发展战略结合起来，要求坚持走可持续发展之路，加快建立资源节约型社会、环境友好型社会和国家创新型社会。方案指出，应对气候变化，一个关键问题是要减少温室气体的排放，另一个关键问题是要增强适应气候变化的能力。在减少温室气体排放方面，主要通过少排放、多吸收、再利用等方法减少温室气体增量，提高其吸收量，从而控制排放总量。适应气候变化则是针对已经出现的气候变化，我们要积极采取有效措施，将其危害限制在一个较小的范围内。

总而言之，《国家方案》全面地安排和部署了我国 2010 年之前应对气候变化的活动以履行《气候公约》和《京都议定书》规定的义务，是一部在应对气候变化方面具有纲领性意义的国家政策。

(二)《中国应对气候变化的政策与行动》白皮书

为让国人和世界各国了解中国在应对气候变化方面采取的政策

与行动及取得的成效，在《国家方案》颁布后，国务院新闻办公室于2008年10月发布的《中国应对气候变化的政策与行动》白皮书共有十个部分，其结构与《国家方案》大致相同，但在部分内容上对《国家方案》进行了进一步的细化。白皮书介绍了我国应对气候变化活动的成果，并表明了中国继续在可持续发展理念的指导下提高对气候变化减缓及适应能力建设的决心，阐明了国家对应对气候变化政策框架构建的基本立场。

2008年白皮书的发布实际上确立了由国务院新闻办每年对外以白皮书的形式公布我国本年度在应对气候变化方面的具体行动与工作成果的惯例。

（三）《国家应对气候变化规划（2014—2020年）》

2012年《京都议定书》第一承诺期届满，掀起了“后京都时代”新一轮国际应对气候变化谈判。为解决该问题，各国于2012年多哈会议上正式通过了《京都议定书》修正案，2013年《京都议定书》第二承诺期正式实施。但《京都议定书》的前途乃至应对气候变化国际合作的进程依旧扑朔迷离。

自2012年多哈气候变化会议之后，在气候变化领域各国进入了新的胶着谈判状态。由于气候利益联系紧密、渐趋相同，欧美各国选择在气候问题上抱团对外，我国受到了更强烈的谈判对抗，在气候变化国际谈判中面临着前所未有的严峻挑战。[①] 我国目前已成为温室气体排放第一大国，虽然我国一直努力承担减排义务，但由于发展中国家的本质，且目前正处于社会转型时期，能源消耗和温室气体排放量短时间内无法大量削减。如何抓住时代机遇，在维护国家利益与承担减排义务间保持平衡成了我国不得不认真思考的问题。在此背景下，为增强我国应对气候变化政策对于国际形势的适应力，国家发改委于2014年9月发布了《国家应对气候变化规划

---

① 国家发展和改革委员会编：《中国应对气候变化的政策与行动2014年度报告》，第2页。

（2014—2020年）》（以下简称《规划》）。

《规划》共分十一章，以对气候变化的减缓和适应为重点，对温室气体限制、适应气候变化影响等制度作了进一步的完善。同时为增强区域应对气候变化能力，《规划》将重点摆在区域应对气候变化制度的完善上，提出要在不同层面上开展应对气候变化区域试点示范活动，完善应对气候变化活动的激励制度与科技支持。《规划》在新形势下对于应对气候变化活动具有指导性意义。

我国是易受气候变化不利影响的国家。《规划》指出，应对气候变化工作将面临新的形势、任务和要求，由于今后一个时期是我国全面建成小康社会的关键时期。[①]《规划》分别从国际和国内两个角度分析了我国应对气候变化的形势，《规划》还提出了到2020年我国应对气候变化工作的五大主要目标。[②]

《规划》对应对气候变化各项主要制度作出了规定。《规划》指出，“要建立低碳标准体系。研究制定电力、钢铁、有色、建材、石化、化工、交通、建筑等重点行业温室气体排放标准。研究制定低碳产品评价标准及低碳技术、温室气体管理等相关标准。鼓励地方、行业开展相关标准化探索”等。

此外，《规划》还对国家低碳试点省区和低碳城市建设工作作了进一步的细化。国家发改委曾在《关于开展低碳省区和低碳城市试点工作的通知》（2010）中确定和公布了一系列的低碳省区和低碳城市，展开了国家低碳试点省区和低碳城市建设工作。《规划》指出，要加大财政对试点省区和低碳城市建设工作的投入，

---

① 参见《国家应对气候变化规划（2014—2020年）》第1章第3节：“应对气候变化面临的形势”。

② 具体包括下面五点：（1）控制温室气体排放行动目标全面完成；（2）低碳试点示范取得显著进展；（3）适应气候变化能力大幅提升；（4）能力建设取得重要成果；（5）国际交流合作广泛开展，参见《国家应对气候变化规划（2014—2020年）》第二章第二节“主要目标”。

加大政策对其支持的力度，落实试点省区低碳发展实施方案，率先形成低碳发展模式，鼓励创新，争取在2020年实现“试点省区碳强度下降幅度超过全国平均水平的目标，积极利用‘两型’社会建设试验区、可持续发展实验区等开展低碳试点示范工作”，同时，规划还将低碳试点工作的范围扩大到城镇，提出一种新模式，即促进低碳产业发展和低碳城市建设相融合，开展低碳城镇试点，为新型城镇化建设和低碳发展提供有益的参考经验。①

《规划》对于“后京都时代”我国深化应对气候变化活动有着深远的意义。首先，《规划》是我国对于《气候公约》承诺的落实。2013年在波兰缔约方会议上各国达成的一项重要共识是各国须在2015年上半年将自主决定的减排目标报告给《气候公约》秘书处，《规划》的制定正是对该项义务的履行。

其次，《规划》是对我国气候变化政策体系的完善。自《国家方案》于2010年届满后，整体性、专门化的应对气候变化指导政策实际上处于缺失状态，《规划》立足于“后京都时代”尤其是2010年之后国内外应对气候变化活动的实践，为“十三五”期间的应对气候变化活动作出了顶层设计。

最后，《规划》是对国际关系中我国国家利益的维护。新的应对气候变化议定书于2015年年底在法国首都巴黎召开的《气候公约》第21次缔约方大会暨《京都议定书》第11次缔约方会议上达成，并成为2020年后唯一具备法律约束力的全球气候协议，在这样的背景下，《规划》的出台有助于促进低碳经济在我国的发展，更有助于我国把握国际潮流，在新一轮国际气候博弈中占得先机，从而更好地维护我国的国家利益。

（四）应对气候变化地方方案

受经济发展水平、技术、人员等条件的制约，我国各省对

① 参见《国家应对气候变化规划（2014—2020年）》第5章第1节“深化低碳省区和城市试点”。

《国家方案》的执行情况可能不够理想。介于此种情况，我国于2008年6月启动了中国《省级应对气候变化方案》项目，使得各地得以将国家政策、法律与当地的应对气候变化实践相结合，制定出地方性的应对气候变化实施方案。截至2009年，应对气候变化地方方案的编制工作在31个省、自治区、直辖市均已完成。地方方案的制定推动了国家应对气候变化政策更好地实施，同时它们本身也是中国应对气候变化政策体系的一部分。

三、应对气候变化国内法律框架的基本内容

2009年8月27日全国人大常委会公布了《关于积极应对气候变化决议》，该决议强调，要逐步跟进应对气候变化立法工作，对已有的法律法规加以修改，以适应新情况，对法律尚有空白的部分要及时制定新的法律法规、补充和完善原有的规范，以构建较为完善的法律体系，为我国顺利开展应对气候变化工作提供法律制度的保障。同时《规划（2014—2020年）》也指出要“制定应对气候变化法规。研究制定应对气候变化法律法规，建立应对气候变化总体政策框架和制度安排，明确各方权利义务关系，为相关领域工作提供法律基础。研究制定应对气候变化部门规章和地方法规”。[①] 这充分说明国家认识到了构建应对气候变化国内法律体系对于应对气候变化实践的重要作用。

我国应对气候变化法律制度产生的标志是《国家方案》（2007年）。而以往与气候变化相关的法律条文可以看作是气候变化方面的重要立法，但准确地说，它们是在《国家方案》出台后才被纳入到气候变化法律制度范畴之中的，这也导致应对气候变化国内法律框架的内容协调性并未达到一个理想的程度，需要我们对其进行归纳总结，从中甄选出和气候变化应对相关的法律法规，然后再加

① 参见《国家应对气候变化规划（2014—2020年）》第7章第1节“健全法规标准”。

以研究，以促进其内部的相互协调，最终达到发挥其整体效果的理想状态，从而使节能减排得以有效实现。

顾名思义，应对气候变化的国内法律框架的内容属国内法的范畴。亦即它需要满足由我国的立法主体按照特定的立法程序通过、调整我国的应对气候变化活动、在我国范围内发挥效力三大条件。具体来看，现行的应对气候变化国内法律框架的基本内容包括我国《宪法》，以《节约能源法》为代表的能源利用法律及以《大气污染防治法》为代表的环境保护法律共同组成的与应对气候变化法律问题相关的单行法，其他部门法中与应对气候变化相关的规范，应对气候变化的行政法规、地方法规、规章等。从应然层面看，构建中国应对气候变化法律框架的顺序应是首先制定气候保护基本法；其次制定气候保护专门法，之后制定行政法规、规章、标准等配套法规、规章及标准；最后在对现有的法律法规修改的过程中增加有关适应气候变化的条款。① 阐述应对气候变化国内法律框架的内容时本应按此顺序，但我国尚未制定《应对气候变化法》《能源法》和《低碳经济法》等应对气候变化专门法，因此下文在分述应对气候变化法律框架国内部分的内容时将按照上述顺序的基础进行微调。

（一）宪法

与应对气候变化国内法律框架相关的宪法规范主要是《宪法》中有关于环境保护的内容。我国现行《宪法》即 1982 年《宪法》中第 9 条第 2 款、第 10 条第 5 款、第 22 条第 2 款和第 26 条是有关于环境保护的规定。其中第 9 条第 2 款、第 10 条第 5 款、第 22 条第 2 款分别是关于自然资源的国家保护、土地利用和名胜古迹保

① 国家发展改革委员会经济体制与管理研究所：《国家发展改革委负责人就〈国家应对气候变化规划（2014—2020 年）〉答记者问》，载《中国经贸导刊》2014 年第 28 期。

护的条款，与应对气候变化无关。而《宪法》第 26 条[①]则可以看作是保护环境基本国策的体现，能够作为应对气候变化国内法律框架的内容。

值得一提的是，随着可持续发展思潮在西方的盛行，环境权入宪的呼声引起了广泛的关注。环境权是一种新型人权，其经典表述是在 1972 年《联合国人类环境宣言》[②] 26 项原则[③]中，环境权往往被认为是环境诉讼乃至环境法的权利基础。总而言之，环境保护入宪为在法秩序最高级别上促进环境目标提供了良机，比仅在其他制定法中确认环境保护更具有优势。[④] 在气候变化从环境问题上升到发展问题的今天，环境权入宪有利于发挥宪法对人权的保障作用，最终推动我国的应对气候变化进程。但遗憾的是，我国现行《宪法》并未将其列入公民的基本权利之中，这也使得《宪法》难以对我国的应对气候变化乃至环境保护活动发挥应有规范层面的指导作用。

（二）《环境保护法》

《环境保护法》颁布于 1989 年，是我国现行的环境保护基本法，它具有综合性和原则性的特点，在环境资源法体系中发挥着总领全局的作用。《环境保护法》面向整体的环境保护活动，它是为适应环境要素的相关性、环境问题的复杂性和环境保护对策的综合

---

① 《中华人民共和国宪法》第 26 条："国家保护和改善生活环境和生态环境，防治污染和其他公害。国家组织和鼓励植树造林，保护林木。"

② 又称《斯德哥尔摩人类环境宣言》。

③ 《斯德哥尔摩人类环境宣言》："人人都有在良好的环境里享受自由、平等和适当生活条件的基本权利，同时也有为当今和后代保护和改善环境的神圣职责。"

④ Ernst Brandl&Hartwin.Bungert.Constitutional Entrenchment of Environmental Protection:A Comparative Analysis of Experiences Abroad,16 Harv.envtl,L.Rev.1,5 (1992)，转引自陈海嵩：《宪法环保条款的规范分析——以"环境国家"的建构为视角》，武汉大学 2010 年博士学位论文。

性等的需要而出现的，是国家对于环境保护的方针、政策、原则、制度和措施的基本规定。[①]

2014 年年底，全国人大常委会通过修订的《环境保护法》，并于 2015 年 1 月 1 日正式实施。修订的《环境保护法》坚持走可持续发展的道路，努力推动生态文明建设，秉承保障公众健康的理念，进一步强化了政府的环保责任，同时完善了生态保护红线制度、环境健康监测制度、排污许可证管理制度等环境保护制度。

修订的《环境保护法》的出台历经了四次审议，这主要是因为《环境保护法》空前地加大了对环境违法行为的处罚力度和执法手段，这也是其的最大亮点。例如，只要出现《环境保护法》第 68 条规定的环境违法行为,[②] 直接负责的主管人员以及其他直接责任人员就会受到记过甚至记大过处分，情况更恶劣的还可能被降级；而环境违法行为一旦造成严重后果，违法行为的主要负责人应当引咎辞职，其他责任人员则予以撤职或开除。这一系列的规定使《环境保护法》真正成为具有“牙齿”的法律，体现出国家用“重典”治理环境问题的决心，促进了《环境保护法》和环境资源保护单行法的实施，同时也为我国的应对气候变化活动提供了有力

---

① 王锐、赵吉垒：《中国环境保护问题的法律对策》，载百度文库，http://wenku.baidu.com/link? url = zGD9AfwD71olLNBPqoF01rPFFY3Q - bT _ XaWvC - 96l4zcycUAo8iwoG647ETUl4fxgoBMqPgWu60DO _ iqRpcmFjt6e0v3meukHYOKrK0IYf _，2015 年 3 月 16 日访问。

② 具体包括：（一）不符合行政许可条件准予行政许可的；（二）对环境违法行为进行包庇的；（三）依法应当作出责令停业、关闭的决定而未作出的；（四）对超标排放污染物、采用逃避监管的方式排放污染物、造成环境事故以及不落实生态保护措施造成生态破坏等行为，发现或者接到举报未及时查处的；（五）违反本法规定，查封、扣押企业事业单位和其他生产经营者的设施、设备的；（六）篡改、伪造或者指使篡改、伪造监测数据的；（七）应当依法公开环境信息而未公开的；（八）将征收的排污费截留、挤占或者挪作他用的；（九）法律法规规定的其他违法行为。

的法律保障。对于《环境保护法》环境责任和执法程序的问题将在第五章和第六章详细讨论，在此不加赘述。

（三）能源利用法律

1. 我国能源法律制度概述

能源是人类赖以生存和发展的物质基础，对于人类社会的稳定和繁荣至关重要。由于以煤为代表的传统能源在利用时往往会产生二氧化碳等温室气体，最终引发全球变暖问题，因此能源的利用与气候变化息息相关。

21 世纪以来，随着能源资源的日益紧张，能源问题逐渐吸引人们的目光。实际上，能源问题的出现在更多时候并不是因为总量不足，而是由于现有的能源资源无法得到合理且有效的配置。这就为能源问题的法律调整提供了前提和依据。法律被称为社会关系的调整器，法律对社会关系的调整具有规范性调整的典型特征，即用制定行为规范的办法对某种类似事项不断处理。这样的做法不仅有利于提高效率，还有利于建立统一的秩序，使得个体可以通过对规范的了解而形成对自身行为的合理预期。我国经济的发展依靠从外界进口能源的比重越来越大，在此背景下以法律手段规制能源问题有利于实现能源安全与国家利益的统一，就显得异常重要。我国一向与国际间的能源组织保持广泛联系，截至目前，我国已加入世界能源理事会、世界石油大会以及独立石油输出国集团，同时以观察员国的身份参与《能源宪章条约》的修订谈判工作，与东南亚国家联盟等区域性组织在能源问题上也一直保持紧密的沟通。尽管如此，我国目前的能源问题国际合作还远远不够，这些国际交流大都停留在表层，止于简单的对话接触，真正触及实质层面的国际合作非常之少，这对于我国解决能源的外界安全问题是十分不利的。从总体上看，中国与周边国家开展区域性能源合作的情况要好于全球性能源合作的情况，与各个国家之间直接的能源互动的参与程度要好于与各国际组织之间。此外，中国的能源国际合作范围还不仅仅局限于上述已经列举的国家与国际组织，一个典型的例子便是中亚国家。2002 年 4 月，时任中华人民共和国主席的江泽民同志在对伊朗进行国事访问期间，与其签署了在油气问题上中国与伊朗的能源合作框架文件；2004 年 5 月，中国又与哈萨克斯坦在能源合作中达成共识，签署了全面开展合作的框架协议。针对非洲各国，我国的能源外交则主要以贸易和经济援助为主。这一系列的能源外交推动了我国能源法律体系的构建。而从近期的应对气候变化的国际谈判进程看，减排义务分配的最终完成尚待时日，但无论最终的结果如何，开发新能源、推广可再生能源是低碳经济背景下我国的必然选择，能源法律体系必将在此过程中发挥重要作用。

我国现行的能源法律体系是一个庞杂的体系。按照能源类别的调整对象，我们可将其划分为电力法子系统、煤炭法子系统、石油天然气法子系统、原子能法子系统、可再生能源法子系统。其中可再生能源法子系统是主要与应对气候变化相关的系统。目前，我国能源法律制度依然存在缺陷，主要表现为以下两点：一方面，我国尚未形成完善的能源法律体系，针对能源安全与石油储备的问题法律规范还存在空白。我国至今还未颁布一部专门的《能源法》，同时也没有专门的政府部门。作为一个能源生产量与消费量都十分巨大的国家，这些能源法律领域的不足是不能适应实际情况的。另一方面，即使是已经制定公开的能源法律，其实际的操作应用情况也不理想。比如，2005 年 2 月 28 日，全国人大常委会通过的《可再生能源法》在现实操作层面严重依赖于相应的配套标准，难以顺利实施。下文将对能源法律体系中与应对气候变化相关的部分（主要是能源利用法律）做简单的阐述。

2.《节约能源法》[①]

《节约能源法》于 1997 年 11 月 1 日通过，对我国能源利用效

---

① 《节约能源法》已于 2018 年 10 月 26 日第十三届全国人民代表大会常务委员会第六次会议修正。本书仅比较 2007 年修正的《节约能源法》较 1997 年旧法的创新之处。

率的提高起到了重要的规范作用。但在21世纪以来我国经济发展、能源结构转型的背景下，基于《节约能源法》在立法理念、制度设计和实施情况上的重大缺陷，实际上并不利于保障能源安全、促进可持续发展。因而全国人大常委会对《节约能源法》进行了修订，并于2007年10月28日通过，2008年4月1日起正式施行。

2007年的《节约能源法》较1997年旧法的创新之处主要有以下几点：

第一，法律调整的范围更加广阔。1997年《节约能源法》的调控范围主要是在重点用能单位。而在其修订的过程中，则增加了交通运输节能、公共机构节能、建筑节能等内容，扩大了调整范围。

第二，节能管理制度和标准更加健全。2007年的《节约能源法》明确了节能管理和监督主体。新增或细化了节能产品认证制度、能源统计制度、能源计量管理制度等基本节能制度。

第三，节能的经济支持政策更加完善。2007年的《节约能源法》专门以一章的篇幅规定了对于节能工作的激励措施，具体包括安排专门财政支持、推广节能技术及其产品、加强宣传培训、建设重点工程等。

第四，法律责任更加强化。2007年的《节约能源法》将批准不符合强制性能源标准的项目，用能单位未按照规定配备和使用能源计量器具，使用电网企业未按照本法规定安排符合规定的热电联产和利用余热余压发电的机组，与电网并网运行等行为规定为违法行为，并规定了19种法律责任，远多于1997年《节约能源法》规定的10项法律责任，使得处罚的范围和力度进一步强化。

节约能源资源是国家发展经济的一项长远战略方针，同时也对我国的应对气候变化活动意义重大。可以说，《规划》的精神是与《节约能源法》相一致的，在此背景下，国家应当进一步完善《节约能源法》的配套制度，使其在实践中充分发挥作用。

3.《可再生能源法》

受20世纪后半叶可持续发展思潮的影响，世界各国在通过技术改进等方式进行节能活动的同时，纷纷致力于风能、水能、太阳能等可再生能源的开发，并努力将其应用于生产生活中。发展可再生能源以替代原有的高能耗能源是节能减排的一项重要手段，有利于优化能源结构、满足能源需求、保障能源安全，并有助于减少生产生活中温室气体排放，对于气候变化的应对有着重要意义。

《可再生能源法》于2005年2月28日通过，自2006年1月1日起施行。《可再生能源法》第2条将可再生能源定义为“风能、太阳能、水能、生物质能、地热能、海洋能等非化石能源”，并从多个方面确定了我国发展可再生能源的基本制度。《可再生能源法》的出台是立法者吸收《节约能源法》实施过程中出现的经验与教训，并结合国内外相关立法的结果，它对可再生能源发展的目标、法律保障方式及执行机制作了较为完备的规定，使政府、企业和个人在发展可再生能源中的权利义务得以确定，有利于在法律上为可再生能源在我国的发展保驾护航。然而《可再生能源法》总体上看只是一部框架性的法律，其众多规定有原则化之嫌。虽然《可再生能源法》施行后，国家发布《可再生能源产业发展指导目录》《可再生能源发电有关管理规定》等一系列的配套规定，并于2009年修改了《可再生能源法》，但这一缺陷并未得到根本性的解决，严重影响着可再生能源在我国的发展。

（四）环境保护单行法

1. 环境保护单行法概述

除《环境保护法》外，我国还颁布了众多环境保护单行法，如《大气污染防治法》《水污染防治法》等环境污染防治法律；《水法》《森林法》等环境资源保护法律，但只有一部分的法律能够被看作是应对气候变化国内法律框架的内容。气候变化的根源在于地球大气的组成被人类活动改变，在环境保护法律中，只有与大气保护有着直接或间接联系的法律，才能成为应对气候变化国内法律框架的内容。例如，我国《固体废物污染环境防治法》属于环境污染防治法的范畴，该法第43条规定了城市政府有改进燃料结构，发展清洁能源的义务，这一规定有助于优化能源结构，推进污染气体和温室气体在大气中的减少，最终推动了应对气候变化的进程，故应被纳入到应对气候变化国内法律框架之中。下文将对《大气污染防治法》《清洁生产促进法》《循环经济促进法》三部与应对气候变化活动密切相关的环境保护法律做一简单介绍。

2.《大气污染防治法》

1988年6月1日起实施的《大气污染防治法》是典型的环境保护法律。现行的《大气污染防治法》是全国人大常委会修订于2018年10月26日的版本，有8章共计129条，这些条文针对防治大气污染做了较为详细的规定，制定规范了基本的监督制度及法律责任，并将燃煤废气、机动车船尾气以及恶臭、灰尘污染作为大气污染防治的重点对象。此外，《大气污染防治法》规定，通过提倡以清洁能源来对大气污染进行法律调控的方式，对于温室气体的排放和气候变暖的限制起到了积极的作用。

需要注意的是，为与《环境保护法》相配套，国务院曾于2015年对《大气污染防治法》做了全面的修订，这意味着《大气污染防治法》颁布以来迎来了首次的全面修改，2015年修订后新增的条目超过原法的一半。2015年修订的《大气污染防治法》以2015年修订的《环境保护法》的相关内容为依据，主要针对的是社会热点问题以及大气污染现实情况。在强化政府、企业和公众责任的前提下，2015年修订的《大气污染防治法》还修改了对违反该法的行为的处罚措施，加大了制裁力度。此外，还在原有的制度基础上，新增加了重点领域污染防治措施以及区域联防联控制度等新的规定。

2015年修订的《大气污染防治法》最大的亮点是新增了“重点区域大气污染联合防治”一章，确立了重点领域污染防治、区域联防联控等新制度。这些制度的主要内容是由国务院环境保护主管部门负责，将区域内大气流动方向、区域空气质量状况和主体功能区别划分等作为标准确定部分区域作为大气污染重点防治区。不受防治区内现有的行政区划局限，立足整体，由重点防治区范围内所有的省、自治区、直辖市的人民政府共同负责，以区域内的污染状况与经济社会发展水平为依据，一同制定适应区域实际情况的大气污染防治计划，明确共同的防污治污目标，统筹安排各方事宜。这样的做法立足于大气污染区域性的特点，打破了各区域在大气污染防治上“各自为战”的特点，最终有利于增强区域应对大气污染的能力。

此外，2015 年修订的《大气污染防治法》保留了原《大气污染防治法》中与应对气候变化相关的部分，并略微做了修改。如将前述原第 25 条删去了原法条“改进城市能源结构”中“城市”一词，体现了国家全面推进节能工作的决心。

3. 《清洁生产促进法》和《循环经济促进法》①

促进清洁生产和发展循环经济也是提高资源利用率，最终抑制气候变化的手段之一。清洁生产和循环经济往往被同时提起，② 但二者既有联系又有区别。具体来看，二者在提出的时代背景、理论基础及目标上有着很大的相似性。但是，清洁生产更多是面向小区域内个体的节能减排活动，而循环经济则立足于作为整体的经济发展范式。此外也有学者认为循环经济与清洁生产的区别在于所处层次不同、规范范围不同、实施的义务主体不同。清洁生产的有效推行有利于循环经济的实现，现实生活中的做法往往是先推行清洁生

① 《循环经济促进法》于 2008 年 8 月 29 日颁布，2009 年 1 月 1 日起施行，2018 年 10 月 26 日第十三届全国人大常委会第六次会议修正。

② 《大气污染防治法》曾于 1995 年被修改，加上 2000 年的修改和后述 2015 年的修改、2018 年的修改，《大气污染防治法》共计被修改 4 次。其中，“清洁生产和循环经济”在 2015 年和 2018 年修改的《大气污染防治法》中被同时提及。

产，最终向循环经济过渡。我国从《清洁生产促进法》到《循环经济促进法》的立法过程正是二者关系的集中反映。

《清洁生产促进法》和《循环经济促进法》均规定了一系列的制度。《清洁生产促进法》按照清洁生产的推行、清洁生产实施的顺序规定了国家清洁生产推行规划制度、淘汰制度、清洁生产审核制度等。《循环经济促进法》则是从循环经济定义中的减量化、再利用、资源化三个角度出发构建相关制度，具体有循环经济规划制度、抑制资源浪费和污染物排放的总量调控制度、以生产者为主的责任延伸制度等。

鼓励清洁生产，发展循环经济对于改变长久以来我国高投入、高排放的经济增长模式至关重要，同时也有利于促进气候变化的应对。《清洁生产促进法》和《循环经济促进法》中不乏相关的规定，如《清洁生产促进法》第16条第1款，[①]《循环经济促进法》第34条[②]则明确表明了，国家对农业生产者和相关企业使用先进技术的支持态度。如何将《清洁生产促进法》和《循环经济促进法》与我国应对气候变化政策体系及应对气候变化国内法律框架的其他内容有效衔接是我们必须认真考虑的一个问题。

(五) 行政法规

我国行政法规中的有关规定也是应对气候变化国内法律框架的内容之一。具体来看有《国务院关于节能减排工作情况的报告》《国务院办公厅关于印发2014—2015年节能减排低碳发展行动方案的通知》《国务院关于〈国家应对气候变化规划（2014—2020年）〉的批复》等。但是，这些行政法规大多是对各项节能减排

---

① 《清洁生产促进法》第16条第1款规定，各级人民政府应当优先采购节能、节水、废物再生利用等有利于环境与资源保护的产品。

② 《循环经济促进法》第34条规定，国家鼓励和支持农业生产者和相关企业采用先进或者适用技术，对农作物秸秆、畜禽粪便、农产品加工业副产品、废农用薄膜等进行综合利用，开发利用沼气等生物质能源。

或应对气候变化政策的批复或细化，尚未有专门性的、全局性的应对气候变化行政法规出台。

（六）部门规章

为推进能源资源节约和环境保护工作，国家各部委制定了大批部门规章，这些部门规章往往作为环境与资源保护法律的配套规定而存在。在这些部门规章中，原国家计委等部门颁布的《关于发展热电联产的规定》、原国家经贸委等部门颁布的《节约用电管理办法》、原国家建设部颁布的《民用建筑节能管理规定》以及国家发展和改革委员会等部门颁布的《能源效率标识管理办法》等能源利用法律或环境保护法律相关的部门规章均含有部分有利于温室气体排放控制的措施。这些部门规章是应对气候变化国内法律框架的重要组成部分。

（七）地方性法规

各行政地方以国家法律和行政法规为依据，结合自身实际情况制定的地方性法规也属于应对气候变化国内法律框架的内容。《应对气候变化国家方案》指出，要“制定国家和地方可再生能源发展专项规划”，这些专项规划属地方性法规的范畴，应当被纳入应对气候变化国内法律框架。此外各省市为响应《国家应对气候变化规划（2014—2020 年）》的出台，颁布了一系列规定，如 2014 年发布的《安徽省气候资源开发利用和保护条例》《江苏省气候资源保护和开发利用条例》《湖北省碳排放权管理和交易暂行办法》，2015 年发布的《天津市大气污染防治条例》等。可以说，我国的应对气候变化活动已逐渐地从中央转到了地方，但如何使这些地方性法规得到充分落实还有待各地进一步探索。

第四节　应对气候变化立法的国际经验与中国问题

法律作为社会规范，一方面立足于社会发展的需求，指引着人们的行为；另一方面又是人们社会生活的规范性总结。在这个意义上，立法是一项既面向未来，又总结过去的活动。然而中国应对气候变化法律框架并不是其内容的简单组合，而是以发挥整体最大效用为目标，将法律框架的内容优化组合后形成的体系。一般意义上，法律框架的形成需要将生活事实抽象为法律概念，将法律概念组合成法律规范，再将法律规范体系化最终形成法律框架。这要求一国的立法者一方面要精通法律知识与立法技术，另一面要对该国的社会生活有深刻的了解。在国际应对气候变化活动不断深化的今天，实现应对气候变化活动的法治化已是大势所趋，在中国应对气候变化法律框架的基本内容已大致明确的状况下，我们有必要努力总结经验，吸取教训，为我国在“十三五”时期应对气候变化活动提供更为有力的法律保障。

一、应对气候变化立法的国际经验

由于气候变化愈演愈烈，各国在寻求该问题在国际层面解决方案的同时，亦纷纷在国内开展了相应的应对气候变化活动，努力在经济发展与环境保护间达到平衡，法律在其中扮演着重要的角色。国外的应对气候变化立法例乃至国外的应对气候变化法律框架则是对该国应对气候变化实践的法律总结，因经历了实践的考验而具有较强的样本意义。在我国《应对气候变化法》尚未出台的背景下加强对国外立法例乃至国外的应对气候变化法律框架的了解有利于我们以辩证的态度看待各国的应对气候变化实践，对我国正紧密展开的应对气候变化立法活动提供借鉴。下文将以美国、英国、日本和欧盟为例，对主要发达国家的应对气候变化立法做一个简单的介绍。

（一）美国的应对气候变化立法

美国是全球最大的经济体，却是唯一没有加入《京都议定书》的发达国家。美国对于气候变化的态度和实践直接影响着国际应对气候变化活动的进程。2007 年以来，美国在“双轨制”下参与着国际气候谈判，同时也积极在应对气候变化地方立法的基础上，通过加强国家立法的方式来推进国内的应对气候变化活动。尽管目前美国并未制定专门的《应对气候变化法》，应对气候变化法律框架的内容亦未完全确定，但美国学者已对此进行了深入的研究，并提出了美国应对气候变化法律框架的初步构想。例如，美国威德恩大学（Widener University）教授约翰·C. 德恩巴赫和美国能源部法律顾问希玛·卡卡黛将美国的应对气候变化法律框架大致分为三个部分，第一部分是气候变化国际法，主要包括《气候公约》《京都议定书》以及"后京都时代"一系列应对气候变化的国际条约。第二部分是美国国内与气候变化相关的政策与法律，主要包括《能源法》及其相关政策、以《清洁生产法》《清洁空气法》《清洁能源安全法》和《国家环境政策法案》为代表的环境法规范以及《布什政府温室气体集中法案》《低碳经济法案》《美国气候安全法案》《减缓全球变化法案》等应对气候变化国家法案。第三部分则包括《侵权法》、诉讼法中与应对气候变化相关的部分和由各州制定的地方性气候变化法及相关条例。这些立法的主要内容涉及美国的能源安全保障、清洁能源技术发展、温室气体减排和国内就业促进,① 大致能够覆盖美国国民经济的各个方面。此外，美国联

① 高翔、牛晨：《美国气候变化立法进展及其启示》，载《美国研究》2010 年第 3 期。

邦最高法院在2007年对著名的“马萨诸塞州等诉美国环保署案”[①]的判决中认为温室气体属于《清洁空气法》规定的空气污染物，EPA（美国环保署）有权对温室气体排放进行监管。该判例实际上确立了EPA基于《清洁空气法》监督温室气体排放的制度，在之后的“美国电力公司诉康涅狄格州案”和“负责任的监管联盟诉美国环保署”案中，该制度得以进一步巩固，EPA亦陆续颁布了一系列的配套规定对该制度做了进一步的完善。这也导致在缺乏专门的《应对气候变化法》的情况下，《清洁空气法》成了美国最为成功的应对气候变化立法之一，在美国的应对气候变化实践中发挥着重要作用。

美国的应对气候变化立法活动在一定程度上是美国屈服于国际社会减排压力的产物，同时也是美国国内各大利益集团在应对气候变化问题上博弈的结果。但值得肯定的是，这一结果将推进美国的节能减排活动，同时也有利于在国际社会上维护美国的能源安全和国家利益。

（二）英国的应对气候变化立法

英国是《气候公约》和《京都议定书》的重要缔约方，常年来坚持履行自己的减排义务，为应对气候变化国际合作做出了突出贡献。此外，英国也是较早运用专门性的法律来规制气候变化的发

---

① 该案的基本案情是：在1991年，包括美国技术评价国际中心等20家组织向EPA提出申请，要求EPA按照《清洁空气法》第202条（A）款第（1）项对新机动车排放的四种温室气体进行监管，EPA则于2003年12月拒绝了这一申请，理由是自身无权按照《清洁空气法》对温室气体排放进行监管，并且即便它有权监管，基于自由裁量权也不会进行监管。EPA因此被马萨诸塞等12个州和一些地方政府以及非政府组织诉至美国联邦华盛顿特区巡回上诉法院，在该法院作出了支持EPA的判决后，原告方当事人又向美国联邦最高法院提起上诉。具体内容参见李艳芳、张忠利：《美国联邦对温室气体排放的法律监管及其挑战》，载《郑州大学学报（哲学社会科学版）》2014年第3期。

达国家之一。早在 1998 年，英国便颁布了《温室气体排放交易计划》，1999 年将 IPCC 要求国内化，通过了《污染预防与控制法》。2008 年，英国出台了《气候变化法案》，其由六个部分组成，共 101 条。《气候变化法案》规定了英国的减排目标，即以 1990 年的数值为基准，在 2020 年减少 34%的二氧化碳排放量；在 2050 年至少减少 80%的温室气体排放量。为达成这一目标，在国内设立气候变化委员会作为应对气候变化活动的统筹机构，并运用所确立的碳排放预算制度大力建设碳排放市场。[①]《气候变化法案》是全球第一部专门性的气候变化法，对于英国乃至世界各国的应对气候变化立法有着划时代的意义。

（三）日本的应对气候变化立法

日本作为传统发达国家，一直保持着较高的温室气体排放量。截至 2009 年，日本的温室气体排放量位居世界第五。而根据日本环境省在 2014 年 4 月 15 日公布的数据，2012 年日本国内温室气体排放量为 13.43 亿吨，与 1990 年相比增加了 6.5%。[②] 日本国内海岸线较长，并且自然灾害频发，因而是易受气候变化影响的国家之一。正因如此，日本较为重视国内的气候变化应对活动，在应对气候变化立法上也取得了一定成果。

日本的应对气候法律框架构建始于 20 世纪 90 年代。1993 年日本《环境基本法》明确将应对全球气候变暖法律制度纳入环境法体系，并制定了一系列的应对气候变化政策。1998 年 10 月 9 日，日本通过了世界上第一部与气候变化应对相关的法律，即

---

① John c. Dernbach and Seema Kakade, "Climate Change Law: An Introduction", Energy Law Journal, 2008(29) 1. p. 1. 转引自郭冬梅：《应对气候变化法律制度研究》，法律出版社 2010 年版，第 116 页。

② 《日本 2012 年温室气体排放量增加　但仍完成京都议定书目标》，载人民网 - 日本频道，http://japan.people.com.cn/n/2014/0415/c35467-24898488.html，2014 年 4 月 15 日访问。

《全球气候变暖对策推进法》。该法共50条，由总则、京都议定书目标达成计划、全球气候变暖对策推进本部、抑制温室效果其他排出的政策、保全森林等的吸收作用、分配数量账户等杂则、罚则共8章组成，确立了日本应对气候变化的基本法律制度。随后，日本以《全球气候变暖对策推进法》为基础，制定和修改了《节约能源法》《氟利昂回收破坏法》《电力事业者利用新能源等的特别措施法》《能源政策基本法》等一系列与应对气候变化相关的法律，并积极完善配套制度，推动税制改革，开征“环境税”。[①]

日本的应对气候变化立法采取的是先将应对气候变化法律制度纳入环境法的框架内，制定应对气候变化专门法律——《全球气候变暖对策推进法》，然后以其为基本法，逐一制定和完善应对气候变化法律框架其他内容的做法，这也使得日本的应对气候变化法律框架较为连贯，国家、社会团体和个人的权利义务、职权职责得以明晰。日本在2012年完成了《京都议定书》规定的《京都议定书》第一期减排义务，可以说，日本的应对气候变化法律框架在其中起了重要作用。

（四）欧盟的应对气候变化立法

随着20世纪五六十年代以来环境保护思潮在欧洲的兴起，欧洲实现了从环保运动到绿色政治的转变，欧盟及其各成员国的应对气候变化立法正是环境保护思潮的产物。2002年，欧盟各成员国集体批准《京都议定书》，这标志着欧盟不仅在政治、经济方面趋向一体化，在环保方面也逐步走向一致。欧盟各成员国经济实力雄厚，国内环保组织势力强大，各国承担的减排义务虽有不同，但他们大多积极承担减排义务，是国际应对气候变化合作的积极推动者。

为实现各成员国应对气候变化活动的协调性，欧盟各国于

---

① 罗丽：《日本应对气候变化立法研究》，载《法学论坛》2010年第9期。

1997年签署了《负担共享协议》，该协议将欧盟看作一个紧密结合的整体，并根据《气候公约》的规定确定了一个固定的排放额，欧盟内部又根据各成员国温室气体排放率、发展需求、经济基础、科技实力等指标，对排放额进行内部分配，从而使各成员国各司其职，相互帮助，最终共同完成欧盟的整体减排目标。这样的做法被称作"负担共享原则"，它一方面强化了欧盟各成员国间应对气候变化活动的内部合作，另一方面为欧盟完成减排义务、取得在国际气候变化谈判中的主导地位奠定了制度基础。

为和《京都议定书》相配合，加强节能减排，欧盟在进入21世纪后一方面不断深化碳税改革，另一方面努力加强应对气候变化立法。欧盟委员会于2000年启动了欧盟气候变化计划（EPCC），负责协调欧盟各成员国的应对气候变化活动。随后欧盟出台了一系列的应对气候变化政策，如2003年6月颁布的《2003/30/EC指令》，要求各成员国努力以生物燃料替代传统的化石燃料。再如，2004年欧盟委员会通过的《欧盟排放贸易指令》，根据《欧盟排放贸易指令》的要求，在欧盟每一成员国内，排放贸易将由一个指定的权威机构进行管理，该机构通常是环境部或与其具有相对应地位的机构，如英国环境、食品及农村事务部，荷兰排放管理局等。① 而在2005年《京都议定书》生效后，欧盟应对气候变化政策的核心转为将气候变化应对活动和能源资源节约及环境污染防治活动相统一，推进环境保护的一体化。具体来看，欧盟将对此目标进行更全面和深刻的量化，并努力实现各成员国国内减排活动与区域联合减排活动的紧密结合。

2007年，欧盟承诺要在2008—2012年，即《京都议定书》第一履行期内以1990年的排放量为基础，欧盟成员国全体减少8%的温室气体排放。在2009年，欧盟则承诺在2020年相对1990年减

---

① 宋锡祥、高大力：《论英国〈气候变化法〉及其对我国的启示》，载《上海大学学报（哲学社会科学版）》2011年第2期。

少20%的温室气体排放量并将可再生清洁能源占总能源消耗的比例提高到20%。为保证减排目标的实现，经过各成员国领导人的紧张协商，欧盟委员会于2008年1月出台了“欧盟能源与气候一揽子计划”（以下简称“一揽子计划”）。“一揽子计划”主要由《欧盟排放权交易机制修正案》《欧盟成员国配套措施任务分配的决定》《碳捕获和储存的法律框架》《可再生能源指令》《汽车二氧化碳排放法规和燃料质量指令》等6项内容组成。“一揽子计划”具有法律上的约束力，成为“后京都时代”欧盟开展应对气候变化区域合作的法律基础，推动了欧盟的低碳经济发展与能源安全。

“负担共享原则”在一定程度上导致欧盟成员国大多没有专门性的应对气候变化基本法，欧盟各成员国间的基础性条约及补充性条约在很大程度上发挥着法律的作用，但欧盟各成员国往往也有自己的应对气候变化政策及法律，如2000年法国的《控制温室效应国家计划》《电力自由化法》；德国的《可再生能源法》等。

二、我国现行应对气候变化立法之得失

我国作为发展中国家，却因种种原因成为当今世界最大能源生产国和能源消费国，气候变化对于我国的工农业发展及社会稳定有着深远的影响。近年来，伴随着经济增长所排放的温室气体也在逐渐增加，我国目前温室气体排放量已居世界前列，因此我国对于应对全球气候变化问题责无旁贷。

自签署《气候公约》以来，我国认真履行应对气候变化国际条约，并在应对气候变化国际条约的指导下制定、修改了一系列的环境资源保护法律，同时以这一批法律为中心，辐射出一系列或配套或相关的行政法规、部门规章和地方法规，最终形成了我国的应对气候变化法律框架的基本内容，它们和我国的应对气候变化政策框架一同为我国在“后京都时代”的应对气候变化活动保驾护航。而单纯从法律角度看，前述中国应对气候变化法律框架的基本内容

存在以下几点缺陷，这些缺陷严重制约着我国应对气候变化法律框架的广度和深度。

第一，应对气候变化基本法缺失。和发达国家一般的做法不同，我国并未采取先制定专门的《应对气候变化法》，然后以其为基本法层层推进，逐一确定和补充其他内容的做法，而是采取政策先行，然后再按照应对气候变化政策的内容直接将环境资源保护法体系中与应对气候变化活动有着直接或间接联系的法律及其配套规定作为框架的组成部分。这样的做法除了使中国应对气候变化法律框架过分依赖于中国应对气候变化政策体系外，还使应对气候变化法律框架失去了应有的体系性，也成为我国应对气候变化法律框架出现一系列问题的根本原因。

第二，应对气候变化专门法不完善。发展低碳经济，既可以完成国家节能降耗指标的要求，实现控制气候变化的目的，又可以实现经济结构的调整与优化，将低碳经济发展与气候变化应对相结合已成为我国开展应对气候变化活动时遵循的重要原则。“十一五”以来，我国始终重视低碳经济建设，在能源安全和循环经济等方面的立法和实践取得了众多突破。但是，我国还缺乏一部专门的《能源法》将该领域内的法律法规统合。此外随着我国经济发展模式向低碳经济不断转型，制定《低碳经济法》为我国走新型工业化道路提供法律保障也是很有必要的。

第三，已制定的法律缺乏强制性和可行性。如前所述，应对气候变化法律框架中的大多数内容在 2007 年《国家方案》出台前便已颁布，是经过甄选而被纳入到框架中来的。它们一般都是引导性规范而非强制性规范，这是由它们被制定时的客观历史条件所决定的，主要侧重于气候资源的开发、利用和保护，对公众的约束力较弱也难以执行，在很大程度上只是起到了宣传教育的作用。此外，由于碳税、碳汇、碳金融等制度在我国的缺失或不完善，应对气候变化法律框架中能够真正发挥作用的往往只有《节约能源法》《循环经济促进法》等节能减排法律，而那些与节能减排活动并无直接关联的内容，如《森林法》往往无法发挥其作用。随着气候危机的频繁爆发，在实际生活中气候变化调控部门的缺位以及气候监控风险功能的失灵等问题也频繁出现。对于上述缺陷，有关部门往往只能通过出台相应配套规定的方式来解决，“拆东墙补西墙”的情况也时有出现，最终导致这些法律无法有针对性地调控气候变化。

第四，应对气候变化境外法律框架的国内化程度不足。如前所述，应对气候变化境外法律框架的国内化是完善应对气候变化国内法律框架、维护我国国家利益的必然选择。我国在应对气候变化国际谈判中一直担任着引领者的角色，同时，我国也是一个潜在的巨大市场，《京都议定书》下的碳排放权交易制度、应对气候变化技术转让与合作制度、清洁发展机制制度、碳税制度和碳汇制度如果运行得当，能够为我国带来极大的经济利益和发展机遇。遗憾的是，这些制度在我国并没有被有效地转化为国内法。在发展低碳经济的大背景下，我们应当把握环境保护相关国际条约的精神，努力转变环境保护立法观念。不仅要完善现有环境法体系，更要在此基础之上生发出新的体系内容，同时将应对气候变化活动有效地纳入到环境法体系中去。

三、《应对气候变化法》的立法展望

笔者已在之前的内容中从不同角度强调了制定《应对气候变化法》的重要意义。而从整体上看，制定总领中国应对气候变化法律框架的《应对气候变化法》对我国应对气候变化的最大意义在于，它使得我国应对气候变化活动的制度中心从政策转到法律，这是应对气候变化活动法治化的必然要求。可以说，这部法律将要发挥的作用是不言而喻的，也正因如此，笔者选择在本章的最后对《应对气候变化法》的立法前景及立法过程中的重点作出展望。

2014 年 9 月，国家发改委颁布了《规划（2014—2020 年）》，对未来 6 年的应对气候变化活动作了总部署。同年 11 月，中美两国元首就中美两国的应对气候变化合作达成了共识，发布了《中美气候变化联合声明》，这一系列的活动无不昭示着在《京都议定书》第一承诺期结束，新的气候变化议定书呼之欲出的今天，我国的应对气候变化活动即将走入一个全新的阶段。在此背景下一部专门性的《应对气候变化法》能够梳理庞杂的应对气候变化法律，明确国家机关、社会团体乃至个人在应对气候变化活动中的权利和义务、职权和职责，为我国的应对气候变化活动提供法律上的支持。可喜的是，国家已将《应对气候变化法》提上了议事日程。2014 年 7 月 21 日，国家发改委就《应对气候变化法》草案的制定工作专门召开研讨会，并邀请了环保部、水利部、中国气象局、国家能源局等部委的相关人士以及部分学者参会。目前，《应对气候变化法》草案的制定工作正在紧锣密鼓地进行中。那么，我国的应对气候变化立法应当涉及哪些方面呢？笔者认为，中国的《应对气候变化法》应当是一部原则化、具有框架性的法律，理由如下：

首先，《应对气候变化法》无法做到内容上的“面面俱到”。气候变化应对活动涉及政治、经济、环境、社会等方面，而每一方面都伴随着若干制度。《应对气候变化法》必然要体现上述内容，但限于篇幅，不应也无法过于细致地将这些内容完整地规定在《应对气候变化法》中。亦即《应对气候变化法》在内容上只涉及将我国在国内外开展应对气候变化活动的基本立场、基本原则、基本制度等贯穿于应对气候变化活动的始终，而将这些内容的具体展开留到中国应对气候变化法律框架的其他内容之中。

其次，对《应对气候变化法》原则化和框架化是节约立法成本、增强立法质量的必然选择。如前所述，《应对气候变化法》统领着整个中国应对气候变化法律框架。而应对气候变化法律框架同时涉及国内与国外两个法域，并且法律渊源数量众多，体系庞杂。在这个意义上，如何将应对气候变化法律框架的其他内容与《应对气候变化法》相协调是一个不得不认真考虑的问题。按理说，

《应对气候变化法》应当发挥中国应对气候变化法律框架“总则”的功能，但我国的实际是先有“分则”后有“总则”，为了使《应对气候变化法》充分发挥中国应对气候变化法律框架“总则”的功能，在立法时必须高度概括。

再次，对《应对气候变化法》原则化和框架化有利于增强中国应对气候变化法律框架的稳定性和适应力。法律一旦产生效力，便不应频繁地修改，否则会影响人们对于自身行为的预见性。然而，应对气候变化国际合作的形势瞬息万变，各国国内的应对气候变化活动也会因在不同阶段的国内外形势而有所改变，这也导致各国往往选择更为灵活的政策而非法律来当作调整应对气候变化活动的基本方法。笔者在前面的章节里已论证了气候变化应对活动法治化的必然性，这也就是说，我们必须在坚持用法律调整应对气候变化活动的同时，兼顾法律的稳定性和适应力。

最后，一部原则化和框架化的《应对气候变化法》更有利于为我国应对气候变化法律的法典化提供基础。如果单纯依靠一部气候专门法是无法将分散的权力及各自为政的气候职能部门统一起来的，必须要走法典化的道路，确立一个统一的指导思想，并由此派生出统一的原则及制度，才能将现有资源整合起来，更好地应对气候变化。虽然法典编纂不等于简单的法律汇编，当今我国并不具备制定《气候变化法典》的条件，但并不能排除未来有应对气候变化法典化的可能。从这个意义上看，对《应对气候变化法》原则化和框架化是一种立法上的“留白”，有利于我国应对气候变化法律的法典化。

中国《应对气候变化法》的制定涉及诸多问题，需要政府和社会各界的共同努力。一路走来，中国应对气候变化法律是从无到有，从有到精的过程，其实就是中国环境法治发展的缩影，其中的困难亦可想而知，但我们所取得的成就也表明，困难完全是可以克服的！正因如此，我们才应该反思，在这个意义上，每一个法律人都应当认真审视苏力曾问的：“什么是你的贡献？”

第六章　中国应对气候变化执法机制

第一节　执法主体

一、我国应对气候变化“执法主体”的界定

执行法律的主体即为执法主体。执法概念有广义与狭义之分。狭义的执法仅指行政执法，而广义执法概念的外延还包括司法执法。由于本书下一章将着重讲述中国应对气候变化的司法体制，因此本章的执法概念特指狭义上的执法，即行政执法。

行政执法的主体为法定的国家行政机关，也包括得到法律、法规授权的组织。这类主体在实施国家公共行政管理职能的过程中以相应法律规范为依据，遵守法定程序，并以公共利益与社会利益为指向的行政行为即是行政执法行为。环境行政执法的主体则以依法享有环境管理权与普通行政主体相区别。该主体通过对特定相对人——环境行政相对人采取相应法律手段，约束相对人的权利义务，并以此行使职权与其他环境监督管理职能。环境行政执法是行政执法的一个分类，但实际上，由于环境法保护对象的特殊性与多样性，导致其与其他行政执法存在一定的差异，尤其是在执法主体方面。环境法所保护的是大气、水、海洋、湖泊、山川、矿藏、冰山等人类赖以生存的各种自然的和非自然的要素。根据《环境保护法》第 10 条规定，因环境法保护的客体的特殊性，法律除规定

环境保护行政主管部门外，还额外规定了一些特殊执法主体。①

如何执法才能够更好地应对气候变化是环境行政执法的一个重要问题。气候变化造成的危害比比皆是：全球变暖致使冰川融化、海平面上升与极端气候，还有进一步的恶劣影响，如水资源匮乏、粮食减少、大气污染，乃至物种灭绝。气候变化的危害不仅与日常生活息息相关而且涉及全人类的共同利益，因此行政权力的介入显得尤为重要。

1990 年，我国成立“国家气候变化协调小组”，它隶属于国务院环境保护委员会，同时在原国家气象局组织建立协调小组办公室，主持研究应对气候变化的工作。直到 1998 年该小组被“国家气候变化对策协调小组”取代。新小组由原国家发展计划委员会（现改组为国家发展改革委员会）联系各方成立，以应对气候变化的严峻形势，统一部署应对气候变化工作。随着现实情况的发展以及更深入地组织开展工作的需要，国务院于 2007 年将“国家气候变化对策协调小组”扩充为“国家应对气候变化及节能减排工作领导小组”，并将其作为国家应对气候变化和节能减排工作的议事协调机构，这也充分体现了我国对气候变化与节能减排工作的高度重视。

我国关于应对气候变化的机构设置可总结为以下几种：

（一）应对气候变化司

气候变化是世界各方关注的焦点，是国际社会的热议问题。我国幅员辽阔，地理条件复杂，极易受气候变化的负面影响。同时，我国正处于社会主义初级阶段，客观上存在对经济发展的迫切要求，如何在经济发展与严峻的气候变化形势之间求得平衡，是目前的艰巨任务。为了更好地开展工作，2008 年，国家发改委新设了应对气候变化司为其下属机构。应对气候变化司主要职责有以下

① 这些特殊主体具体包括县级以上人民政府有关部门和军队环境保护部门。

几点：

（1）分析其他国家应对气候变化的措施和国际趋势，结合我国经济社会发展形势与客观实际，提出我国应对气候变化的政策建议。

（2）在理论工作上起草制定应对气候变化的重大战略、规划和政策，专门针对应对气候变化的法律法规提出立法建议；在实际行动中组织实施具体措施，减缓和适应气候变化，面向大众宣传教育，提高人民群众对气候变化的认识，灌输强化应对气候变化的重要意义。

（3）组织拟定、修改应对气候变化国家方案，在国家方案的总原则下指导下级部门、行业、地方制定各自应对方案，并督促实施。

（4）领导履行《气候公约》中我国承诺的减排计划，编写国家履约信息通报，计算生产活动的各个环节中温室气体的排放量，编制温室气体排放清单。

（5）负责我国参与的气候变化国际谈判与国际会议，跟进会议进展，制定谈判方案。

（6）负责组织气候变化领域的科学研究，观测气候变化，收集相关信息进行数据分析，提高应对气候变化的能力水平。

（7）负责对外合作工作，开展应对气候变化的双边、多边合作交流，制定涉外应对气候变化工作的管理规范，审核把关敏感数据和信息，保护国际交往中的国家安全与利益。

（8）《京都议定书》确立了清洁发展机制，将温室气体排放作为商品引入市场交易，允许外国投资者在我国建设减排项目，由应对气候变化司负责审核清洁发展机制项目，监管中国清洁发展机制基金。

（9）承担国家应对气候变化及节能减排工作领导小组分配的具体工作任务，依据职能分工，与其他机构各司其职，履行应对气候变化的职能，同时指导和管理地方的相关工作。

(10) 其他交由应对气候变化司处理的工作。

(二) 国家应对气候变化及节能减排工作领导小组

国家应对气候变化及节能减排工作领导小组为国务院的下设机构，其组长由国务院总理担任。为从各个方面加强应对气候变化，灵活安排具体工作，小组成员则从各个国务院部门和国务院直属事业单位中选任。领导小组的工作任务是促进应对气候变化和节能减排工作。①

(三) 国家应对气候变化领导小组办公室和国家节能减排工作领导小组办公室

国家应对气候变化领导小组办公室是在原国家气候变化对策协调小组办公室的基础上完善设立的专门性应对气候变化机构，国家节能减排工作领导小组办公室则是国家发改委的下属机构，它根据职能的不同又被进一步划分为节能和排污两个工作方向，由国家发改委负责统筹协调和节能方面的主要工作，相关污染减排工作则交由环境保护总局（现已调整为生态环境部）负责。这两个办公室的设立，表明我国在应对气候变化方面已经上升到国家政策与战略意义的高度，气候变化等环境保护相关问题已被纳入最高决策考量范围。在宏观的社会管理与公共政策的选择上，环境在决策中占越来越重要的比例。如何达成环境与中国经济、政治、社会、文化各个方面协调发展，是目前以及未来都要审慎与深入考量的一项制度议题。②

---

① 具体来说，领导小组在应对气候变化方面的职责包括：立足于国家发展的全局，经充分研究后制定国家应对气候变化的重大战略方针政策，统一解决工作中出现的重大问题，协调部署应对气候变化工作，加强国际合作，审议国际谈判方案；在节能减排方面的职责包括：组织贯彻落实国务院有关节能减排工作的方针政策，统一部署节能减排工作，厉行节能减排，研究审议重大政策建议，协调解决工作中的重大问题等。

② 燕方：《论我国应对气候变化立法之适应性选择》，复旦大学 2011 年硕士学位论文。

（四）地方应对气候变化管理机构

《中国应对气候变化国家方案》要求各地区、各部门结合本地区、本部门的地理环境、气候条件、经济发展水平等客观条件，建构科学的管理体系、确立有效的协调机制、设立专门性解决气候问题的办事机构，集中地方上的研究气候变化问题的专家，结合本地区实际情况制定政策，细致严谨进行气候监测并记录真实明确的统计数据，应对地区气候变化。

（五）其他相关部门

气候变化的应对绝不能离开对能源使用的控制，二氧化碳、飘尘等污染物的排放以及化石燃料的使用都会造成气候危机的爆发，应对气候变化需要其他涉及能源管理的部门配合，如自然资源部、国家发改委、国家能源局以及商务部等管理部门。

二、我国应对气候变化执法主体设置的缺陷

从上文我国应对气候变化相关机构的设置当中我们可以看出，我国力求以一种积极的态度应对气候变化，在应对气候变化的执法主体设置上具有多元性的特征。这些执法主体形成了一个看似完整的体系，但是我国在应对气候变化方面仍不容乐观。下面，我们就来探究一下我国在执法主体设置上的缺失之处。

（一）立法的缺失导致执法依据缺失

环境执法主体的执法行为实际上是有权的国家机关将环境法律贯彻使用于具体环境法主体的过程中。这样明显可以看出，在执法主体与其执法行为之间有一个衔接，即环境法律。执法主体终究是要执行环境法律，如果没有一套完备的环境法律体系，那么执法主体也就无从执法，另外，执法主体执法行为的依据得不到保障，其作为国家机关的代表也就丧失了权威，这样的话，整个国家的法律体系都将处于瘫痪的状态。因此，要想执法主体顺利执法，关键就在于对立法的完善。具体而言，我国的气候变化立法体系还不够健全和完善，缺少一部综合性的《应对气候变化法》来对气候变化

应对机构的法律地位进行保障，最终导致其权威性不够，在实际操作中往往力不从心。

（二）缺乏统一性、具有足够权威的部署机构

目前来看，尽管我国现已设立足够的应对气候变化机构，但严格来说，这些机构在统一性和权威性上存在不足。国家应对气候变化及节能减排工作领导小组组成单位众多、规格高，并由国务院授权负责应对气候变化节能减排工作，但并未进入国务院组成部门序列，其法律地位只是议事协调机构，该机构并不能真正将其组成单位统一起来应对气候变化或者节能减排工作，实际运行过程中往往是各部门仍然各行其是。

（三）应对气候变化执法主体与其他环境执法主体间职能重复交叉

目前，统领全国环保工作的是国务院主管部门，地方的环保工作则由县级以上人民政府下属的主管部门负责，并接受同级人民政府和国务院的指导。同时，一些和生态环境保护相关行业的行政主管部门①亦负有环境资源保护监管的责任。总体来看，我国目前的环境行政主体数量众多，环境管理体系复杂，尽管生态环境部有针对国家环境保护工作制定相应的管理机制，但实际上环保工作还是由各部门针对自己所管辖的对象、领域进行管理。②

应对气候变化作为环保工作之一，其管理体制也存在同样的问题。国家应对气候变化及节能减排工作领导小组仅仅担任领导的角色，起统筹协调作用，具体细节上的应对工作涉及范围大，相互联

---

① 具体包括国家级的海洋行政主管部门、军队环境保护部门、港务监督、渔政渔港监督依照相关规定负有环境保护职能。各级铁道、公安、民航、交通管理部门，应承担对污染防治实施监督管理。县级以上政府的土地、林业、矿产、水利、农业行政主管部门依照有关法律的规定对资源的保护实施监督管理。

② 参见《中华人民共和国环境保护法》第10条。

系密切，需要各级执法部门之间的分工合作，一致行动。然而，由于我国的环境立法工作大部分交由相应的行政主管部门进行，这些部门受制于自身的工作范围和工作利益，往往在立法工作中难以考虑周全，进而降低了环境立法的科学性。① 例如，《电力法》就规定了监督管理全国电力事业的执法主体及其职责范围；《煤炭法》规定了监督管理全国煤炭行业的执法主体及其职责范围；《节能法》规定了全国的节能监督管理工作的执法主体及其职责范围。正是这样的立法模式导致环境执法的实践过程中各个部门之间的分工不清楚，职权相互交叉，或是各行其是，或是无人问津，不利于工作的开展。

（四）应对气候变化的监督机制缺失

“权力导致腐败，绝对的权力导致绝对的腐败”是真理性的经验。人性本就有贪婪的一面，权力的毒药会助长贪婪的火焰。若没有强制力的控制，权力者可能肆无忌惮地使用自己的权力。如果不能在行政权力之外划出一条合理的界限，行政权力就有无限膨胀的可能。权力的滥用损害的是与之相对立的公民权利，将不利于对公民权利的行使，与我国保护广大人民的利益的立场相违背。从理论上讲，我国的监督系统还是相对全面的，因为我们既有人民代表大会对于政府工作的监督，又有检察机关、新闻媒体以及人民群众对于行政机关行使行政权力的监督，同时在行政系统内部也有相互之间的监督。正因如此，监督主体众多且分散，又没有一个有效的协调机制来规范各主体的监督行为，导致监督力量不能得到完全发挥。例如，人民代表大会的监督权仅限于宪法对其的原则性规定，检察机关只能对部分行政行为进行监督，新闻媒体的监督行为更是缺乏法律的有效保障。我国关于应对气候变化主体的监督机制也不外如此。在此种情况确实存在的前提下，各个监督主体之间相互推

① 参见张立东：《我国环境执法主体面临困境及对策研究》，山东师范大学 2013 年硕士学位论文。

卸责任、懈怠工作，会给我国在应对气候变化以及节能减排工作带来极其不良的影响。

三、完善应对气候变化管理机构的对策

（一）制定一部综合性的《应对气候变化法》

我们需要通过制定综合性的《应对气候变化法》来建立一个对外和谐统一、对内协调互补的法律体系，并明确各个应对气候变化职能部门与机构的法律地位，方便其工作的开展。同时，《应对气候变化法》还应规定我国的中远期减排目标，授权国家应对气候变化及节能减排工作领导小组制定具体的温室气体减排中短期计划。

（二）建立以气候变化管理机构为中心的执法体制

根据上文的阐述，我们知道应对气候变化问题需要多个执法部门的分工合作，但是现实情况是各个执法部门各搞一套，只按自己的主张办事，部门之间缺乏互相配合，不考虑全局。没有清晰明确的职能分工，领导小组也难以统筹工作，导致我国目前的环境执法体制组织松散，效率低下，工作难见成效。正因如此，执法体制应以气候变化管理机构为中心，该中心机构最好不要以行政区划为单位进行设置，而是将全国划分为若干个大环境管理区域。例如，以华北片区、华南片区、西北片区以及西南片区等气候、土壤、水文条件相似的区域为划分依据，设置相应的气候变化管理机构，并由中央统一拨款，赋予其实际管理权，同时准确分配其他相关部门的职能，这样才能促进各部门之间的良好互动。

（三）构建气候变化监督管理体制

在抓住环境保护协定制度的基础之上，建立健全监督机制。可以考虑转变工作思路，打破以往政府对企业单向管理的机制，加强对污染企业的正面引导，引入公众的参与，形成执法机关、公众、企业三方在良好沟通下的监督管理体系。具体可从以下三方面努力：

第一，加强机关执法能力建设，提高环境执法水平。这一方面主要是从执法机关的角度来构建监督管理体制，首先，应该是在中央设立环境执法监督机构，主管环境执法监督，具有最高行政权力。其应直接对国家最高权力机关——全国人民代表大会负责并报告工作，如若处于全国人大闭会期间，则对其常设机构常务委员会负责。其次，以国家环境执法监督机构为中心，在地方上设立地方环境执法监督机构，从而实现由中央到地方的环境执法工作的垂直监督。最后，由于地方性环境执法监督机构位于基层，具有极强的地域性，而国家环境执法监督机构主要负责顶层设计而非具体的执行工作，所以一定要明确划分中央与地方环境执法监督机构的权限，明确其各自的职责，避免职能的相互交叉，使地方环境执法监督机构能够根据其地域实际情况进行监督工作。

第二，建立公共监督管理制度，使广大人民的知情权、参与权和监督权落到实处。执法主体应向公众公开或开放气候环境信息，使群众获得更多的参与渠道，减少双方信息不对称的可能。公众对真实情况有所了解，才能更好地行使监督权。执法主体可以经费资助或是奖励的方式鼓励成立各种 NGO（非政府组织），充分发挥其在公共管理领域的独特作用。比如，NGO 可对污染企业采取劝导、举报、诉讼的措施，来规范企业行为。为了倡导个体参与环境保护，环境执法可以划拨专项经费用以奖励积极参与并对气候与环境保护作出突出贡献的个体。因为在环境执法的实践过程中，环境执法监督人员由于通常只能依赖于被监督的环境执法主体所提供的信息和报告来进行监督工作，这就导致他们很难在事前参与到相关执法案件中，但是一旦有了 NGO 和社会公众的参与，环境执法监督主体便可以从他们的举报当中事先获取相关信息，从而实现对环境执法行为的事先监督。

第三，提高企业环境管理能力，可以在企业内部设立专门人员负责环保监督。监督从生产开始至结束的全过程，包括原料的消耗情况以及对已造成的污染进行治理，推行清洁的生产模式。定期要求其向执法机关汇报工作。这可以被认为是环境执法监督主体为充分发挥其环境执法监督职能而采取的事中监督手段。

第二节　执法方式

环境法的执法方式，是指环境法的执法主体为达到环境法律法规的目的和宗旨，依照其相应的规定和要求，在执法过程中所采取的各种方法、措施和手段。

第一节已就我国应对气候变化的执法主体进行了详细阐述，执法方式是执法主体为行使法律授予的公共管理职能而选择的具体行为与措施。仅仅完善执法主体，而忽视执法方式，只是抓住了问题的一个方面，并不能完全规范环境执法，规避执法中可能出现的负面因素，是无法达到立法目的的。全球气候危机的爆发涉及全人类的共同利益，问题的严重性使公权力的介入成为了必要。应对气候变化更多是需要行政权力的介入，其具有环境法普遍具有的行政法性质，只有通过法律明确规定执法方式，行政机关严格按照程序执法，才能有效控制气候变化问题。我国目前在实践中采用的环境执法方式主要包括环境行政许可、环境行政规划、环境行政确认、环境行政处罚、环境行政指导、环境行政奖励、环境行政复议以及环境行政监督等。在本节中，笔者将从行政法律机制的层面简要介绍一下我国的应对气候变化执法主体是通过何种法律制度或者措施来应对气候变化问题的。

一、应对气候变化行政许可

所谓行政许可，是指行政主体根据行政相对人依法所提出的申请，经依法审查，并决定是否准予其从事特定活动的行为。应对气候变化行政许可制度，顾名思义，就是应对气候变化领域的行政许可制度。有学者指出：环境行政许可是行政相对人向享有许可权的行政主体提出申请，行政主体根据申请，赋予满足法律规定条件的相对人，从事一般为法律所禁止的事项的资格的行政执法行为。也有人认为，环境行政许可是环境保护行政机关对公民、法人或其他组织提出的从事对环境造成损害或可能造成损害的活动的申请经过法定程序审查后决定是否准许其活动的行为。笔者认为，环境行政许可制度是指环境执法主体在其执法过程中根据环境法律法规的规定，允许环境行政相对人为某些特定行为的制度。因此，应对气候变化行政许可制度即应对气候变化执法主体在其执法过程中根据相关法律法规的规定，允许应对气候变化行政相对人为某些特定行为的制度。

我国虽然还未出台专门的《应对气候变化法》来规定相关程序，但环境行政许可在应对气候变化领域早已得到广泛应用。环境行政许可的规定方式通常有两种：一种是列举性规定，另一种是概括性规定。所谓列举性规定，是指有关立法文件对应当实行许可管理的事项作出具体的、列举性规定的情形。所谓概括性规定，是指有关立法文件对应当实行许可管理的事项作出概括性规定的情形。我国当前应对气候变化的行政许可措施，多是一一列举在相应法律法规的目录之中。如法律法规明确了环境保护部门职能范围内可以进行的行政许可，并附有相应法律依据，同时简述了项目类型、审批内容、受理范围、审批条件、审批程序、审批流程图、申请书格式、承诺时限、收费标准和审批结果查询或公开方式等重要内容。但是，如果我国未来出台了《应对气候变化法》，可以在目前的《行政许可法》基础上增加应对气候变化行政许可的事项以及专门应对气候变化的行政许可范围，如碳排放交易许可事项，对外应注意与《框架公约》和《京都议定书》相衔接，对内则可以尝试设立国内排放许可交易机制，充分调动东部、中部、西部地区各自的区位优势，将更多有利因素注入应对气候变化工作，保障节能减排目标的实现，形成我国经济又好又快发展，环境保护工作到位的良好局面。

二、应对气候变化行政规划

行政主体为了行使管理职能，对行政事务作出部署与安排。这类针对一定地区、一定行业，指向特定的行政目标，并对规定事项附有实现期限要求的具体手段与措施，便是行政规划。环境行政规划，是指环境行政主体为了保护生态环境，保障环境安全，合理利用自然资源而制定的一系列要在未来一定时期内实现的规划内容。因此，应对气候变化行政规划即应对气候变化行政主体为了保护气候环境，保障气候环境安全，合理利用气候资源而制定的一系列要在未来一定时期内实现的规划内容。

在应对气候变化领域，现有的地方政府制定的行政规章，如青海省、山西省人民政府制定的《应对气候变化办法》都将行政规划措施大量地应用于行政管理工作之中。这些行政规划旨在采取适应、减缓和保障措施应对气候变化。这些规定一方面体现了地方政府积极行动、踏实负责，保证环境保护工作的落实；另一方面表明了政府改善气候变化严峻形势的坚定信念，我们有理由相信这些行政规划措施的实行将给环保工作带来促进作用。

气候变化问题是大范围长期性的问题，其解决方式也必然要符合它的特性。对于具有长期性的气候问题，几场行政高层发起的环保“风暴”是远远无法解决问题的，那更像是亡羊补牢。只有具备长效性的应对气候变化行政规划才能从源头上对环境问题加以控制，在补救已发生损失的同时防患于未然。

三、应对气候变化行政确认

行政确认是决定行政相对人法律地位的行政行为。必须由行政机关或得到法律授权的组织依照法律与特定行政程序，在慎重鉴别法律事实后，作出确定或证明。所谓环境行政确认，是指环境行政主体对既存的具有法律意义的、与环境行政相关的特定行为、事件、关系、文书、状态、地位等的客观性、真实性、合法性或者其他特性依法给予确定、认定或证明的行政行为。因此，应对气候变化行政确认即应对气候变化行政主体对既存的具有法律意义的、与应对气候变化行政相关的特定行为、事件、关系、文书、状态、地位等的客观性、真实性、合法性或者其他特性依法给予确定、认定或证明的行政行为。

气候变化是由自然因素和人为因素共同作用的结果，但是在人类无法完全控制自然因素的今天，我们只能尽可能减少人为因素对气候变化的负面影响。比如，利用立法手段、行政管理措施、社会道德约束，规范能源的使用，控制温室气体的排放，加速落后产能的更替，禁止落后的不达标的技术设备的引进，限制生产、销售、使用缺乏环境友好性的产品。应对气候变化行政确认便是其中一项有效的手段。应对气候变化行政确认能通过监测企业的能源使用、排污行为是否符合相关标准，抽测企业的生产技术、设备等是否属于落后产能来减缓气候变化。

现阶段，我国为减缓气候变化已明确规定要加强控制一定时段内、一定区域内温室气体排放的总量与能源开采和利用的总量，加快产能更新换代、淘汰落后产能。《环境保护法》第46条规定，为减少大气污染物质的排放，国家限制生产、进口或使用能源利用效率低下、排污量大的落后生产设备，不符合环保要求的技术和设备将会被禁止引进。《大气污染防治法》第27条规定，确定严重污染大气环境的工艺、设备和产品淘汰期限，并纳入国家综合性产业政策目录。国家分批制定与公布对环境有严重负面影响需淘汰的工艺与设备名录，而根据《循环经济促进法》的有关规定，被列入淘汰名录的产品、设备、技术，必须禁止其生产、销售和使用。

四、应对气候变化行政处罚

环境行政处罚是具体行政行为之一，由行政机关或其他行政主体针对相对人违反环境行政法规但上升不到犯罪程度的行为作出处罚。因此，应对气候变化行政处罚即由应对气候变化行政机关针对相对人违反应对气候变化行政法规但上升不到犯罪程度的行为作出处罚。

依据2010年3月1日实施的《环境行政处罚办法》的规定，有以下几种行政处罚方式：警告；罚款；行政拘留；暂扣、吊销具有许可性质的证件；责令停产整顿；责令停产、停业、关闭；没收违法所得、没收非法财物；以及法律、行政法规设定的其他行政处罚种类。此外，我国目前还存在一项区域限批制度，这是国家环保总局于2007年提出的一项环境行政处罚方式。具体是指对于多次违反《环境影响评价法》及《环境保护法》屡教不改的企业或者地区，环境保护部门可以停止审批其申报的一切项目，在限期内整顿完成后方可继续审批，循环经济项目除外。由于我国并没有一部专门的《应对气候变化法》，所以关于超标排放二氧化碳或其他会加剧气候变化的污染物的行为，其处罚措施仍然适用于《环境行政处罚办法》的相关规定，同时我国也可以考虑将区域限批制度引入应对气候变化领域。

在2014年修订的《环境保护法》中，为了改变处罚程度与违法利益不协调的情况，加大了对环境造成损害的惩处，更进一步规定了行政拘留在环境执法工作中的使用。依据法律规定对以下行为施行处罚：企业事业单位和其他生产经营者没有依法对建设项目进行环境影响评价或者没有取得排污许可证就擅自排放污染物，被执法机关责令停止建设或者停止排污，却拒绝履行相关指令；生产经营者“通过暗管、渗井、渗坑、灌注的方式排放污染物”；为通过执法机关检查，安装污染治理设备却不正常运行，为营造清洁生产的假象篡改甚至伪造监测数据；生产或使用国家有明确规定禁止进入市场流通的农药，遭到执法机构查办后拒绝停止生产或使用的。有上述情形之一但情节较为轻微，不能满足犯罪构成要件的，由县级以上人民政府的环保主管部门以及其他有权部门移交公安机关，对直接负责的主管人员和其他直接责任人员施以行政拘留的处罚。法律规定一般拘留时间为十日以上十五日以下，情节确实轻微，处五日以上十日以下拘留。[①] 气候变化问题是环境问题的一个部分，应对气候变化工作难以避免会遇到环境治理工作中存在的普遍难题，即违法成本过低，对此问题笔者认为加大对违法者的惩处力度不失为一个有效选择。

另外，“按日计罚”制度也应该作为行政处罚的有力手段运用于应对气候变化领域。“按日计罚”是以日为罚款计算的时间单位，对环境违法行为进行处罚，罚款总额将按照天数累计，[②] 这种处罚制度在很大程度上改变了目前“守法成本高，违法成本低”的现状，有利于遭受环境行政处罚的企业对环境损害行为作出主动整改，如在已经实行“按日计罚”制度的重庆市，进行主动整改的企业比例从实行“按日计罚”前的5%左右上升到新制度实行后的超过80%，可以说成效显著。当然，这种做法也可能带来一些负面效应如“放水养鱼”[③] 等，这些都需要加强论证，并通过后期的制度建设与程序完善予以解决。

五、应对气候变化行政指导

在大多数国家尤其是发展中国家，环境保护法往往带有一种“软法”的性质，因为除了像美国、日本这种发达国家可赋予环境法较大的权威外，发展中国家通常需要将经济发展放在首位，从而使得环境保护只得退居其次，环保法不能得到有效贯彻实施，当然这种现象也出现在我国，所以在环境执法过程中除了要运用强制措施外，还需要采用相应的非强制性规范，如行政指导。

行政指导，是为了应对复杂的社会情况和多样的现实可能，基于行使社会管理职能的需要，以国家的法律精神原则与具体规范为

---

① 参见《中华人民共和国环境保护法》第63条。

② 潘丽娜：《环境行政执法中执行力的问题研究》，中国政法大学2011年硕士学位论文。

③ 执法机构为了多罚款而不及时制止违法行为。

准绳，允许行政机关在其享有的管辖权限的范围内，采用非强制性如给予行政相对人指导、劝告、建议的方法以求得行政目的的实现。环境行政指导，是指国家环境行政主体为了实现一定的环境行政目的而采用非强制性的、引导性的方式方法促使行政相对人为或者不为一定行为，从而实现行政目的的行政措施。因此，应对气候变化行政指导即应对气候变化行政主体为了实现减缓气候变化的目的而采用非强制性的、引导性的方式方法促使应对气候变化相对人为或者不为一定行为的行政措施。

环境行政指导以行为方式为标准可划分为促进性环境行政指导以及规制性环境行政指导两类。在应对气候变化领域我国所采取的行政指导方式主要为促进性环境行政指导，即环境行政主体为保护和帮助行政相对方的利益，采取鼓励性措施等方式引导、激励环境行政相对人积极作为的环境行政指导行为。《大气污染防治法》表明，国家支持鼓励生产者优化产业结构，推广新能源的使用，以防治大气污染，具体条文表述于第 9 条、第 26 条、第 30 条、第 45 条。为防止固体废弃物危害人体健康和生态安全，国家引导激励研究固体废弃物的综合治理与应用问题，并以法律形式规定于《固体废物污染环境防治法》第 4 条、第 5 条、第 6 条、第 7 条。《清洁生产促进法》第 4 条、第 6 条以及第 16 条则体现出国家采取鼓励态度支持清洁生产模式的推广，在生产的全过程中贯彻环境保护策略，开发和利用清洁能源、清洁技术，代替落后的污染性的生产资料，同时加强节能宣传教育。

虽然有以上众多相关法律、法规对于环境行政指导行为的规定，但是这些规定仍然过于简略，缺乏具体的实施细则，所以在未来出台综合性的《应对气候变化法》时，可以将以上规定细化，增加其操作性。

六、应对气候变化行政奖励

行政奖励严格意义上来讲并不是一个法律概念，而是一个学理概念，其通常定义为：行政主体为了表彰先进、激励后进，鼓励人们创造价值，在行政相对人实施了一定的符合政府施政意向的行为时，依照法律规定对行政相对人赋予物质、精神或其他奖励的非强制性具体行政行为。[①] 相应地，应对气候变化行政奖励，是指应对气候变化行政主体在相关法律所调整事项的范围之内，依照法定条件和程序，对在应对气候变化方面取得重要成绩、作出重要贡献或者模范遵守法律规范与政策的单位和个人给予特定荣誉与奖赏的行政行为。与行政审批、行政处罚等强制性方式相对应，行政奖励属于一种非强制性的方式，约束力相对低，但这种方式能够使行政相对方从心理上更好地接受行政机关的安排与指导，鼓励企业更好地配合环境行政管理机关的应对气候变化工作，减少企业的抵触情绪，使其主动地遵守气候政策与规范，加大应对气候变化活动的投入力度，防止气候变化加剧，实现企业节能减排、减缓气候变化的目标，达到企业与环境行政管理部门的共赢。

在应对气候变化领域，《可再生能源法》是最能体现环境行政奖励行为的一部法律，该法的第四章与第六章分别规定了可再生能源的“推广与应用”以及“经济激励与监督措施”，对于可再生能源的推广与应用，国家鼓励开发利用清洁、高效的生物质燃料，充分利用太阳能等。同时《可再生能源法》还规定对列入国家发展指导目录的可再生能源产业以及符合信贷条件的可再生能源开发利用项目，金融机构可以向其提供有财政贴息的优惠贷款；国家财政设立专项资金以支持可再生能源发展，对列入可再生能源产业发展指导目录的项目采取经济激励手段，实行一定程度的税收优惠。同时，在 2014 年修订，2015 年 1 月 1 日起实施的《环境保护法》中，对环境行政奖励作了更为充分与细致的规定。人民政府应当在财政、税收、价格、政府采购等领域对于那些出于有利环境的考虑，在已达成法定排污要求的前提下进一步减少污染物排放以及按

① 张学慧：《行政奖励制度研究》，山西大学 2005 年硕士学位论文。

照规定转产、搬迁、关闭的企业事业单位以及其他生产经营者予以鼓励和支持。[①] 这些全新的环境行政奖励规范体现出国家对这种软性手段的重视，希望它们能与强制性手段相辅相成，达到事半功倍的效果。这是之后的《应对气候变化法》所应该借鉴的。

七、应对气候变化行政复议

行政复议，指公民、法人或其他组织认为行政机关的行政行为侵犯其合法权益、依法向有复议权的行政机关申请复议、复审。[②] 行政复议，既体现出一定的行政属性又体现出准司法属性，是两种性质的结合。环境行政复议则是环境行政相对人与环境行政机关之间发生争议，相对人为维护自身的合法权益，向有权机关提出诉求，由其出任第三方作出行政复议，止息纷争。由具有行政复议管辖权的环境行政主体对有争议的具体行政行为进行审查，并作出决定的环境行政执法行为。环境行政复议是以存在环境行政争议为前提的，它是解决环境行政争议最重要也是最广泛的一种环境行政执法方式。因此，应对气候变化行政复议即由具有行政复议管辖权的应对气候变化行政主体对有争议的有关应对气候变化的具体行政行为进行审查，并作出决定的环境行政执法行为。

与应对气候变化问题相关的行政争议可以进入到环境行政复议程序。这样不仅能够促使气候变化管理机构依法作出行政执行行为，还能给认为自身气候环境权益被气候变化管理机构侵犯的温室气体排放者提供行政救济路径。例如，碳排放权交易主体在进行碳排放权市场交易时未经正当原因而无法获得碳排放权交易许可，交易主体可以向上一级气候变化管理机构申请行政复议来维护自身权益。

---

① 参见《中华人民共和国环境保护法》第 22 条、第 23 条。

② 应松年：《把行政复议制度建设成为我国解决行政争议的主渠道》，载《法学论坛》2011 年第 5 期。

八、应对气候变化行政监督

所谓环境行政监督，是指环境行政管理部门监测各种可能影响生态环境的因素，并依照监测结果来确定环境的质量及其变化的趋势，进而确定相应的环境行政方针或决定是否发放相关行政许可的制度。因此，应对气候变化行政监督即应对气候变化行政管理部门通过对影响气候变化因素的检测，来确定气候变化的趋势，并据此来确定相应的应对气候变化行政方针或决定是否发放相关行政许可的制度。

作为应对气候变化行政执法的凭据和基础，应对气候变化行政监督的结果会被行政管理部门当作重要因素来参考，并以此决定采取何种其他的应对气候变化执法手段。相较于面向过去的行为，应对气候变化行政处罚是对违法行为作出事后反应，应对气候变化行政监督面向未来，更侧重于对可能出现的违法行为进行预防，是一种治本的环境执法手段。

2014 年修订的《环境保护法》对环境行政监督表现出了高度的重视。环保法将修改前的唯一一条原则性的规范扩展，以完整的一个章节，详细规范了政府环境监督及其责任的规范，体现了国家对环境行政监督的重视程度。

应对气候变化影响评价是应对气候变化行政监督中的重要一环。在具体操作上，它更多借鉴环境影响评价的模式，强调先对项目、对区域气候造成的可能影响进行评估，并在评估结果的基础上制定减轻影响的工作方案，并对方案执行情况与成效进行跟踪监测。它是应对气候变化管理的有效手段，也是平衡经济发展与环境保护的有效工具。然而在实践中，环评一直处于尴尬的地位，更何况是针对应对气候变化所进行的环境影响评价制度的地位了。环评的制裁措施的乏力使得“先开工，后环评”的情况屡见不鲜，环评成了可有可无的东西，经济发展与环境保护也出现了很大的失衡。修订的《环境保护法》在解决这个问题上做了很大的努力。

其明确要求若建设项目会给环境带来可能的影响，应当在建设开始之前依法进行环境影响评价，否则不得开工建设。虽然惩罚措施仍然缺位，但如此强硬的措辞是前所未见的，环境影响评价制度得到越来越充分的重视，亦有期望在未来落实于应对气候变化领域内。

第三节 法律责任

任何法律关系都以法律权利和法律义务为内容。那么义务就随之而来。而法律责任是第二性的义务，义务人不履行应有的义务则要承担相应的法律责任。亦即法律责任是对一般性法律义务的督促，最终是为了法律权利的实现。①

就环境法而言，国家无论在立法上还是执法上所做的努力，都是为了确认和保障公民的环境权，而对于环境法律责任，有学者认为其是指“违法者对其环境违法行为所应承担的具有强制性的法律后果”。② 也有学者认为，环境法律责任是指环境法律关系的主体违反环境义务或不履行环境合同的约定，为此要承担“补偿、惩罚或其他性质的具有强制性的不利法律后果”。③ 还有学者认为，环境法律责任是指行为人（单位或个人）因违反环境保护法，破坏环境或者污染环境理所当然要承受的体现国家对其行为的否定的道德政治评价的一种不利后果。④ 笔者认为，对于环境法律责任，要从义务违反和造成环境损害两个方面理解，因而笔者将环境法律责任定义为主体因违反环境保护义务，造成环境污染或生态破坏而

---

① 刘星：《法理学导论》，法律出版社 2005 年版，第 188 页。

② 吕忠梅：《环境法》，法律出版社 1997 年版，第 170 页。

③ 黄霞、常纪文主编：《环境法学》，机械工业出版社 2003 年版，第 245 页。

④ 肖海军编著：《环境保护法实例说》，湖南人民出版社 1999 年版，第 323 页。

应承担的不利的法律后果。

法律并不必然意味着强制，但是必要的强制力才能保证法律的顺利实施，法律责任体系应当引起足够的重视。就环境法而言，在选择法律责任时不应当只是局限于行政责任或民事责任，在具体设置法律责任时，还应考虑在刑事责任方面进行设置，才能更好地与其“软法”特性相协调，进而保障我国节能减排任务目标的顺利达成，坚持走可持续发展的科学道路。①

在气候变化这个大背景下，我们讲法律责任将从国际法律责任和国内法律责任两个方面来分析。

一、国际气候变化法律责任

气候变化问题是一项关乎全人类生存的问题，考虑到每个国家的能力有限，不可能独自解决该问题，且气候变化具有跨区域性，这就决定了各个国家必须加强合作，共同应对气候变化问题。

国际法律责任，顾名思义，就是指国际法主体的法律责任。国际气候变化法律责任主要来源于有关应对气候变化的协议或条约。我们知道，没有一个超越国家之上的组织，国家与国家之间的合作也主要是通过协议或条约来实现的。在签订了协议或条约后，国家就相应地承担了一定的国际义务。国际气候变化法律责任主要是指国家责任，即国家应当对在应对气候变化过程中的国际不法行为承担责任。这里有两个要素：该行为违背该国所承担的国际义务；该行为可以归因于国家，即可视为国家的行为，如政府、军队的行为。国家的责任方式也主要表现为终止不法行为、赔款、恢复原状、补偿、道歉、保证不再重犯等。

---

① 参见郭冬梅：《应对气候变化法律制度研究》，法律出版社 2010 年版，第 234 页。

二、国内气候变化法律责任

一般而言，国内的环境法律责任主要分为环境民事责任、环境刑事责任和环境行政责任三种。考虑到应对气候变化活动的多样性，在应对气候变化法律框架内这样的区分理应继续保留。

（一）气候变化民事责任

由《民法通则》第106条之规定可知，[①] 民事责任产生的前提是对法律规定或合同约定义务的不履行。为了使我国有追究气候变化相关主体民事责任的法律依据，笔者建议国家加强相关立法工作，首先推进《应对气候变化法》的制定，并以此为基础推动气候变化相关立法体系形成。明确环境法律责任，以法律规范主体行为。在完善的法律体系之下，才能形成所谓的制度约束。

民事责任依据不同的标准，一般可以按照以下几种情形进行划分：

1. 财产责任和非财产责任

以确定财产为内容的责任是财产责任，如赔偿损失、支付违约金、返还原物等。非财产责任是指不法行为人承担的不具有财产内容的责任，如消除影响、恢复名誉、赔礼道歉等。两种责任都是民法同质救济性的体现。

2. 违约责任和侵权责任

因为违反合同约定的义务或合同法规定的义务而承担的责任是违约责任。行为人侵害他人财产或人身权益而应当承担的责任是侵权责任。二者的划分依据为事先是否存在合同关系与违反义务类型的不同。此外需要特别指出的是，违约责任、侵权责任尚不能涵盖所有的民事责任，实际中还存在基于不当得利和无因管理产生的责任，合同法律关系中的缔约过失责任和后合同义务引起的责任，这

---

① 《中华人民共和国民法通则》第106条第1款规定："公民、法人违反合同或者不履行其他义务的，应当承担民事责任。"

些责任则被纳入其他责任这一类别。主张不同责任对应的责任构成要件、责任方式和归责原则各有不同。

3. 单独责任和共同责任

单独责任是指只有一个民事主体独立承担的责任，共同责任则包括两个以上的民事主体共同承担责任。共同责任又可进一步划分为按份责任、连带责任和补充责任。按份责任是责任人按照各自比例对权利人承担责任。连带责任的共同责任人内部划分的责任份额没有对外的效力，即每个责任人对于权利人来说都要承担全部责任。补充责任是指在责任人份额财产不足以清偿全部责任时，由他人补充承担不足部分。①

根据以上划分，笔者暂且把气候变化民事责任归类为财产责任、侵权责任、按份责任、履行责任、赔偿责任。②

气候变化民事责任在归责原则、构成要件、责任承担方式以及诉讼时效等方面，由于其原因行为、危害后果、致害过程的特殊性，与传统侵权行为的民事责任相比，存在很大区别。③

1. 归责原则

归责原则是指行为人因其侵权行为致他人损害的事实发生以后，确认和追究损害导致的民事责任的承担的原则。在我国的民法侵权责任原则研究中，归责原则主要包括过错责任原则与无过错责任原则。我国环境法明确规定对于环境侵权行为的认定适用无过错责任原则，气候变化侵权行为当然也适用于环境侵权行为的归责原则，行为人即使在主观上不存在故意和过失，只要能够证明行为人

---

① 魏振瀛主编：《民法》（第4版），高等教育出版社2010年版，第43-44页。

② 郭冬梅：《应对气候变化法律制度研究》，法律出版社2010年版，第235页。

③ 李英丽：《应对气候变化立法研究》，河南大学2011年硕士学位论文。

实施了超标燃烧化石燃料、排放二氧化碳等污染物从而加剧气候变化的行为以及存在其他相关构成要件，行为人即应承担气候变化民事责任。

2. 构成要件

根据传统民法理论，侵权行为民事责任的认定通常需要具备四个要件，即侵害行为、客观损害结果、行为人确有过错、侵害行为与损害结果的发生存在因果联系。但是根据上文阐述的气候变化侵权行为法律责任的归结方式可知，此侵权行为适用无过错责任原则，所以气候变化侵权民事责任的认定只需要三个要件，即行为人实施了加剧气候变化的侵害行为；事实上存在造成气候变化加剧的损害；侵害行为基于客观因果关系导致损害事实的发生。

3. 责任承担方式

我国《民法通则》规定有承担民事责任的十种具体方式，[①] 其中适用于环境侵权案件的有停止侵害、排除妨碍、消除危险、恢复原状、赔偿损失五种。

气候变化侵权案件属于环境侵权案件的一类，但并不是所有的环境侵权责任承担方式都适用于气候变化侵权案件，如恢复原状，因为行为人一旦作出加剧气候变化的行为，气候是难以恢复原状的，只能通过其他方式予以补偿。

4. 诉讼时效

根据《环境保护法》第66条的规定，因环境污染损害赔偿提起诉讼的时效期间为3年，从当事人知道或者应当知道受到污染损害时起计算。而普通民事案件的诉讼时效通常为1年，所以针对环境侵权案件的诉讼时效相对于一般民事案件显然要长，这是因为在环境侵权案件中，大多数受害人甚至难以知道自己受到什么样的环境侵害，所以为了能够更好地保护受害人的利益，我国对环境侵权

---

① 具体为停止侵害；排除妨碍；消除危险；返还财产；恢复原状；修理、重作、更换；赔偿损失；支付违约金；消除影响、恢复名誉；赔礼道歉。

案件规定了相对较长的诉讼时效。

但是气候变化相对于一般的环境侵权损害，其危害更难以被受害人发现，所以我国在未来出台《应对气候变化法》时，还应相对延长气候变化侵权案件的诉讼时效。

（二）气候变化刑事责任

气候变化刑事责任是环境刑事责任的一种。环境刑事责任是因环境犯罪的实施而产生的。环境犯罪有狭义和广义之分。狭义上的环境犯罪仅指侵害传统刑法法益，如人的健康或生命、财产法益中与环境相关的部分犯罪行为；① 广义上环境犯罪除了包括狭义的环境犯罪之外，还包括不涉及人的利益，仅仅指向自然环境自身的犯罪。②

环境犯罪构成，是指环境犯罪得以成立所必须具备的主观要件和客观要件的有机统一。我国目前通说承认犯罪构成的四要件模式，依次为犯罪客体要件、犯罪客观方面、犯罪主体要件以及犯罪主观方面。③

环境犯罪客体，是指刑法所保护而为犯罪行为所侵害的社会关系。犯罪客体是区分罪名和量刑的重要依据，每一种环境犯罪都存在明确的侵害客体。对于环境犯罪的内涵和外延的认识不同就会得出对环境犯罪的客体范围的不同结论。学界存在的不同观点大致包括 7 种：公共安全说，经济秩序说，双重客体或多重客体说（包括人与自然之间的生态关系和人与人之间的社会关系以及社会管理秩序等），复杂客体说（包括财产权、人身权和环境权），环境社

---

① 杜澎：《破坏环境资源犯罪研究》，中国方正出版社 2000 年版，第 8 页。

② 蔡守秋主编：《新编环境资源法学》，北京师范大学出版社 2009 年版，第 353 页。

③ 参见高桂林、刘向宁、李姗姗编著：《环境法：原理与案例》，知识产权出版社 2012 年版，第 144-146 页。

会关系说，环境保护制度说，环境权说等。[1] 在这里，我们认为环境犯罪客体可划分为三个层次：第一，一般客体，即环境犯罪行为所侵害的社会关系的整体。第二，同类客体，即所有环境犯罪行为共同侵害的生态环境社会关系。第三，直接客体，即具体的环境犯罪行为直接侵害的社会关系。[2]

环境犯罪的客观方面是指行为人实施环境资源犯罪的客观外在表现形态，包括环境资源危害行为、环境资源危害结果以及行为与结果之间的因果关系等。环境资源危害行为是指行为人在意志和意识支配下实施的各种危害环境资源的行为，包括作为和不作为两种基本形态。环境资源危害结果主要是指环境资源犯罪的危险犯和行为犯形态，前者是指行为人的环境资源危害行为造成法律规定的发生危害结果的危险状态作为既遂标志的犯罪，后者是指以法定环境资源犯罪行为的完成作为既遂标志的犯罪。因果关系是使行为人在危害结果发生时负刑事责任的必备要件。由于污染环境犯罪中关系复杂，在认定时必须要有严格的限制。[3]

环境犯罪的犯罪主体是实施了环境危害行为并应当就其行为的社会危害性受到刑罚制裁的对象，它既可以是自然人，也可以是单位。在自然人的情形下，还需要具有相应的刑事责任能力，即其年龄应在 16 周岁以上，且精神状况良好。环境犯罪的单位在我国又可分为公司、企业、事业单位、机关和团体，他们实施环境刑法规

---

① 王秀梅：《破坏环境资源保护罪》，中国人民公安大学出版社 2003 年版，第 9–18 页。

② 陈德敏主编：《环境与资源保护法》，武汉大学出版社 2011 年版，第 134 页。

③ 陈德敏主编：《环境与资源保护法》，武汉大学出版社 2011 年版，第 135 页。

定的犯罪行为皆应承担刑事法律后果。①

环境犯罪的主观方面是指行为人对自己危害环境的行为可能引起的危害后果所持有的心理状态。犯罪的主观方面是认定行为人构成犯罪和对其犯罪行为承担刑事责任的主观依据。罪过的基本形式包括故意与过失。根据我国刑法和环境法的规定，破坏资源类犯罪的主观方面一般表现为故意，而且以间接故意为主。环境污染类犯罪大多是过失犯罪。值得注意的是，这里的过失是指犯罪主体对环境危害行为导致的公私财产重大损失或人身伤亡后果的心理状态，而就犯罪主体对其行为及其造成的环境危害后果的心理态度而言，更多情况下则是间接故意。②

符合上述环境犯罪构成要件则构成犯罪，应承担刑事法律责任。我国《刑法》规定，故意犯罪，应当负刑事责任；过失犯罪，除法律有明文规定之外，不需要承担刑事责任。刑事责任，以其刑罚当罚性与民事责任、行政责任和道德责任相区别。

我国现行刑法典规定了环境犯罪的相关内容，将“破坏环境资源保护罪”独立设节，同时在危害公共安全罪、走私罪、危害公共卫生罪等章节中也有涉及环境犯罪的规定。我国目前可以用作环境犯罪定罪量刑的依据包括规定于刑法典中的涉及环境保护内容的条款，以及附带规定在环境法中的附属罪刑规范。这表明，人们对环境犯罪有了更为深刻的认识，也逐渐重视采取刑法这一社会利

---

①　对于单位能否成为罪犯包括其成为环境犯罪的主体，理论界和实务界都曾争论不休。从我国的法律规定中也可以看出来，立法上其实已经承认了单位作为罪犯这一观点。也有学者认为，单位构成环境犯罪的主体应具备三个条件：单位环境犯罪的整体意志；单位犯罪行为存在依赖性；实施环境犯罪的功利性。

②　高桂林、刘向宁、李姗姗编著：《环境法：原理与案例》，知识产权出版社 2012 年版，第 147-148 页。

益与法律秩序的最终保障对环境进行强有力的保护。①

但是，关于造成气候变化的环境犯罪目前尚未出现在我国刑法当中，而且即使是上述环境犯罪，其中大部分罪名的成立都需要“造成重大环境污染事故，致使公私财产遭受重大损失或者人身伤亡的严重后果”。而在发达国家的环境刑法中，相应的构成要件要素通常不仅包括造成人员死亡、健康严重受损、财产严重损失的重大环境污染事故，还包括行为本身虽未造成实际损害，但对人的生命、健康、财产权益形成了可能的危险，以及其他违反环境管理秩序的各种主要污染违法行为。② 相较之下，我国对于环境犯罪的构成条件限制过严，导致环境刑法威慑力不强。

我们应当着力研究如何利用刑法的强效规范作用来应对气候变化，如对于气候变化的刑事责任运用。以目前刑法关于环境犯罪的相关内容为基础，借鉴美国、日本等国家关于环境犯罪的经验规定更加严格的规范气候刑事责任。只有这样，才能真正起到威慑作用，进而有效地控制气候变化。③

（三）气候变化行政责任

行政责任是行政法律关系的主体违反行政法律法规而应承担的法律后果。那么，比照这一概念，就可得出环境行政责任是环境法律主体由于违反相关环境行政法律规范而应当承担的不利后果。

承担行政法律责任必须以行政违法为前提，关于行政违法，行政法学界并无统一的认识。主要观点包括三种：其一，指行政法律关系主体违反行政法律规范的行为；其二，指行政相对人违反行政

---

① 郭冬梅：《应对气候变化法律制度研究》，法律出版社 2010 年版，第 236 页。

② 王振江、阮晏子：《环境污染犯罪立法的边界与尺度——基于立法实务的考量》，载《中国环境法治》2008 年 1 期。

③ 李英丽：《应对气候变化立法研究》，河南大学 2011 年硕士学位论文。

法律规范的行为；其三，指行政主体违反行政法律规范的行为。[1]

所谓气候变化行政责任是违反有关气候变化的行政法律规范而应承担的不利法律后果。气候行政违法的主体包括气候行政管理主体、监督主体、气候行政管理的公务人员以及气候行政管理的相对方等。

根据不同主体的违法行为又可以分为“违法行政的行为”以及“违反行政的行为”。所谓违法行政的行为就是指气候变化行政主体及其工作人员在实施气候变化行政管理的过程中违反相关行政法律规范的行为。而违反行政的行为则是作为气候行政管理相对方的公民、法人和其他组织违反相关行政法所规定的义务的行为。

笔者将重点介绍“违法行政的行为”。气候变化行政管理主体违法行政所产生的责任为气候变化行政违法责任，由于气候变化涉及面广、牵涉利益多，所以针对相关违法责任的规定必须设计周全，对于气候变化行政违法责任既要追究气候变化行政管理主体乱作为的法律责任，也要追究其不作为的法律责任。参照有关资料，上述法律责任可以划分如下：未按有关规定办理相关手续，如环境影响评估、污染治理项目审核、建设项目“三同时”[2]；超越权限自作主张增加、减少、免除排污费和环境污染罚款；利用职务上的便利，故意隐瞒包庇，对人民群众反映的环境问题或举报的不法事实拖延解决，导致问题未得到有效处理，以致环境损害发生；不认真履行职能，未依法律、规章和程序处罚违法行为；超越法律赋予的权力范围进行执法；玩忽职守，导致办案材料丢失、损毁，未能查清违法事实、严格把关，致使案件处理有误；在执行公务中凭借职权，为自己和他人谋私利，受贿或索要财物；以及其他需依法追

① 刘书燃：《中国行政法学三十年（1978—2008）》，载《中国法学三十年》2008 年 7 月 11 日刊。

② 建设项目需要配套建设的环境保护设施必须与主体工程同时设计、同时施工、同时投产使用。

究责任的行为。①

当然需要强调的一点是，任何责任的承担都应当是违反了一定的规范或义务，气候行政违法行为也应当是违反气候行政法律规范的行为，所以我们首先要完善气候变化的相关立法体系。

最后，针对以上气候变化行政责任均可采用我国已实施多年的环境执法责任制度。行政责任制度是分解和落实执法责任到具体的行政执法主体、划定执法范围和确立执法程序的各项制度的总和，是一种开放式、全方位、多层次、自律性与他律性相结合的行政制度。② 环境执法责任制度则以环境执法和管理为目的，明确环境执法机构及其工作人员的职责和任务，是环境行政机关的自我约束与防范机制。将该项制度贯穿于气候行政执法的始终，建立对气候行政主体的考核制度，对于应对气候变化工作有着积极意义。

① 郭轶：《中国环境行政执法研究》，西北农林科技大学 2009 年硕士学位论文。

② 王海燕：《行政执法责任制度研究》，吉林大学 2006 年硕士学位论文。

第七章　中国应对气候变化司法体制

第一节　诉讼主体

一、公益诉讼主体

（一）公益诉讼的概念

在罗马法中，诉讼有公益诉讼和私益诉讼之分。前者是对公共利益的保护，除法律有特别规定之外的个人都可以提起公益诉讼。后者以维护个人利益为目的保护个人诉讼的权利，只能由特定的个人提起。当时的罗马仅仅依靠政府官员的权力来维护公共利益是远远不够的，所以市民社会授权代表直接提起公益诉讼以弥补政府机构的不足。公益诉讼又被称为罚金诉讼、民众诉讼，被告败诉后所付的罚金要么归原告所得，要么在给原告一定奖金之后收归国库，任何市民都有权提起该诉讼。

在现代法律中，公务员代表国家履行公共利益保护之职能。一些学者将公益诉讼定义为由法律或被侵犯的国家利益授权，任何组织或个人都可以提起的诉讼活动。根据诉讼的性质、程序的简易和名义的不同可将公益诉讼划分为狭义的公益诉讼和广义的公益诉讼。仅以国家的名义，代表国家的国家机关所提起公益诉讼是狭义的公益诉讼；广义的公益诉讼除狭义的公益诉讼之外还包括了任何个人、社会团体、组织代表国家，以自己的名义提起的公益诉讼。

而另一些人认为，公益诉讼是指法院在当事人和其他诉讼参与人按照法定程序参加诉讼的情况下，根据对破坏国家、公共利益行为提起诉讼的个人或组织的要求进行诉讼审理和判决处理的活动。

根据上述对公益诉讼有关的定义，笔者认为，在通常意义上，我们所说的公益诉讼是一种广义的公益诉讼。这是一个由特定的国家机关、社会组织和公民依据法律授权，对违反法律法规、侵犯国家利益、社会公众利益或其他不特定多数人利益的行为请求法院追究其法律责任的活动。

（二）公益诉讼的特征

第一，公益诉讼保护的是国家或社会的公众利益，而不是具体的、特定的个人的利益，因而具有公益性。在我国，公众利益有国家利益和集体利益之分。前者是基于整个国家及公民所享有的，这是所有人的共同利益的组成部分。虽然起初这部分利益只被少数人所关注，但随着社会主义建设事业的发展，越来越多的人会留心于此，整个社会的公共利益也将会随之而扩大。在社会主义现代化建设过程中，教育人们要关心、保护并合理获得公众利益，反对损公利己的行为，是社会主义精神文明建设的重要组成部分。一般来说，我们认为公众利益是不特定多数人的利益，它具有开放性，只要是公众关注话题中的社会主体便有资格成为公益诉讼的主体。

第二，由于民事诉讼中“意思自治”和“不告不理”原则的存在，公益诉讼需由利益被侵犯者直接提起，因而其主体具有广泛性和不确定性。这里便存在一个诉讼权利选择的问题。诉讼主体有提起诉讼的权利也有放弃诉讼权利的自由，任何人不得侵犯其权利和自由而抢先提起诉讼。公益诉讼制度赋予了广大主体行使诉讼权利时的监督权，主要有以下几个发展阶段：（1）个人完全被公权力束缚，无法监督公权力；（2）由于受个人英雄主义和他国权力斗争的影响，某一个人很有可能干预国家权力，主导个人权利与公权力的关系；（3）在公权力的行使过程中，与之无利害关系的个人可以合法质疑公权力的行使程序和结果。在公益诉讼中，任何组织或个人对代表国家利益的个案没有直接的利害关系，起诉违法者可以维护国家利益以及社会良好的运行秩序。综上所述，公益诉讼主体十分广泛且难以确定，诉讼的提起与其是否与案件有切身的利益相关并无必要联系。

第三，由于公益诉讼涉及不特定多数人的利益，这使得其较一般诉讼将会受到更多的关注，因为人们总抱着“这也关乎我的利益”的心态。除此之外，公益诉讼的另一个层面实际上是国家权力，这就要求公众在日常生活中广泛关注和参与国家法律、政策的制定、实施和监督，从而体现了公众参与原则。众多关注所带来的社会效应也促进了公益诉讼及公众参与的发展。

第四，公益诉讼既可以由于违法行为已经造成了现实的损害而提起，也可以是违法行为没有造成实际的损害而因其存在损害风险和赔偿预期而提起。在公益诉讼中，只要违反了法律，无论是否造成了实际损失，国家、组织和个人均可以提起诉讼要求对违法行为进行审判，并由违法主体承担相应的法律责任，但在通常情况下都要求有现实的损害存在作为伤害要件给违法行为的严重程度定性。以美国《清洁水法案》为例，在环境公益诉讼中，“利益受到严重影响或可能受到严重影响的人”被定义为具有原告资格的主体。同理，依法进行煤炭生产和经营者如不给高度危险作业人员提供安全措施进行防护将有可能面临起诉。换言之，面临这种情况你可以起诉他。显然，这样规定是由于诉讼的公益性质。众所周知，当受害的利益一般是公益诉讼所保护的对象时，此利益很有可能是巨大的不特定多数人的集团利益。特别是在涉及国家或社会利益时，损害后果将是非常严重的。此时，公益诉讼将法律的功能体现得十分明显，不仅可以惩罚现有的违法行为，而且可以调整并指导事件的走向以避免更大的损害后果。

（三）公益诉讼主体的界定

公益诉讼的主体一般是指提起公益诉讼的人。如前所述，公益诉讼的参与者之间具有间接而非直接的关系，诉讼的一方参与者是与提起诉讼方无直接利害关系的组织或个人。为了避免虚假诉讼和恶意诉讼的出现，我国对提起公益诉讼的主体做了一定的规范。

《民事诉讼法》第 55 条赋予法定机关及有关组织提起环境公益诉讼的权利，这被认为是一大进步。中国长期以来依赖公权力保护公众利益，但实际效果并不佳，这是由于公众利益的广泛性与政府有限的人力、物力、财力之间的矛盾决定的。公益诉讼可以有效弥补政府力量不足的缺陷，让更多的社会力量参与到维护公共利益的行动中来。另外，公益诉讼的参与者也能够有更多的机会参与到社会主义现代化建设的事业中去，深化其对于权利和义务的理解。

所谓“法律规定的机关”应该是指检察机关，但是这在我国有着较大的争议。由于职权范围、专业优势和行政处罚功能，环保部门等行政机关应该能够提起公益诉讼，以此更好地维护公共利益。但事实并非如此，现行法律并没有明确规定检察机关提起公益诉讼的资格。在许多其他大陆法系国家，如德国、法国等，均已确定了检察机关提起公益诉讼的主体地位，而检察机关作为法律监督机关，它亦完全有动力和能力提起公益诉讼，所以我国也应当考虑赋予其提起公益诉讼的主体资格。《刑事诉讼法》第 101 条第 2 款①被认为是检察机关提起公益诉讼的正当性来源。因为这里涉及与国家、集体财产相关的附带民事诉讼，虽然文本中并没有写明这是“公益诉讼”但该诉讼仅限于在不构成犯罪的情况下针对国有或集体财产提起。

所谓“法律规定的有关组织”，笔者认为，可以参照社会团体、民间组织等非政府组织。这些组织的社会性和非营利性集中体现了其公益性的特点，在一定数量上积累的专业人才使其具有进行公益诉讼活动的能力，最重要的在于其与非法组织不同，具有合法

---

① 参见《中华人民共和国刑事诉讼法》第 101 条第 2 款规定：“如果是国家财产、集体财产遭受损失的，人民检察院在提起公诉的时候，可以提起附带民事诉讼。”

的身份。然而，提起公益诉讼的主体资格并不能够赋予所有的非政府组织，因此就这个问题还需要进一步的探讨。

（四）公民个人提起公益诉讼的主体资格

由现行《民事诉讼法》第55条之规定可以看出，公民个人无法单独提起公益诉讼，因为公益诉讼案件中的违反者侵犯的是公众利益而非个人利益。这和个人诉讼要求案件与诉讼提起者有直接利害关系的规定不相符合。众所周知，个人是诉讼活动中最为活跃的因子。因此，如果公民个人不能作为提起公益诉讼的主体势必将大大降低诉讼实践中的效果，但考虑到我国司法资源并不丰富，公民法律意识不强的现状，若任由个人提起公益诉讼，很有可能导致司法混乱和司法资源的浪费，期望在我国司法日益完善的今后，个人提起公益诉讼的限制将会有所放宽。

二、气候公益诉讼主体

我国现行的公益诉讼制度仅针对环境污染与消费者权益保护。而环境公益诉讼作为公益诉讼中的一种，其具有不同于传统诉讼的特征：

其一，环境公益诉讼的诉讼目的指向环境公共利益，即社会不特定多数主体的环境利益。环境是人类赖以生存的物质基础，事关全人类的长远发展。对环境的破坏，必然是对社会共同体而非单个个体的生存与发展的权益的侵害。环境公益诉讼制度的建立标志着法律对环境保护活动特殊性的认识和重视。

其二，环境公益诉讼的功能重在预防。生态系统的自我调节功能有限，一旦对环境造成了严重损害，这种损害便是长久难以恢复的。这就要求环境保护工作注重预防。传统民事诉讼强调将受害者遭受的损害恢复原状，无法恢复原状的则赔偿损失，具有同质救济性。环境公益诉讼以预防环境损害或者至少防止损害进一步扩大，保护社会共同体的环境利益为目的。补偿遭受到的损失不是环境公益诉讼的直接目的，只是附带结果。环境公益诉讼的提起不以实际损害的发生为必要，只要有损害的危险便可以提起环境公益诉讼。

虽然目前我国环境公益诉讼的主体仅包括符合法律规定的机关和组织，但许多国家的立法例承认公民个人可以作为环境公益诉讼的主体。环境公益诉讼主体资格没有传统诉讼中严格的限定，具有广泛性。传统诉讼中对原告有一定资格限制，要求必须是案件的直接利害关系人方可提起诉讼，防止原告滥用权利随意起诉。但环境公益诉讼为了更好地保护环境利益，相应地扩大了诉讼主体范围，允许并无直接利益关系的主体提起诉讼请求。

气候变化是当前的重大环境问题之一。气候问题事关每个个体的生存，生存是最基本、最神圣的权利。任何人都不能脱离整体气候环境独立生存，恶劣的气候条件下没有人能够独善其身，任何气候环境的损害都会是社会全体利益的损失。由于气候环境本身的特性，一旦损害形成，将会很难修补。由于气候变化危害的严重性、广泛性以及不可逆转性，相应的程序法保障显得尤为重要。气候公益诉讼是环境公益诉讼的一种形式，它是以环境利益中的气候利益为指向的公益诉讼，具有与环境公益诉讼相似的特征。最高人民法院有关民事诉讼法适用的司法解释就公益诉讼作出了专章规定，据此可以解释气候公益诉讼的有关问题。

参照《民事诉讼法》对环境公益诉讼主体的规定，气候公益诉讼主体在我国被限定为法律规定的机关和有关组织，但在理论界中，对于气候公益诉讼主体仍存在广泛争议。下面笔者将就其中的争议热点进行探讨。

（一）检察机关作为气候公益诉讼主体

检察机关作为气候公益诉讼的诉讼主体的适格性，一直是我国学界关于气候公益诉讼主体范围问题的争议焦点。

赞成者认为，与其他公权力机关相比，检察机关更具备提起诉讼的合理性；与公民、法人或者其他组织相比，检察机关提起气候公益诉讼更具有职能优势，[①] 或者说人民检察院的职能决定了其应提起气候公益诉讼。[②] 也有一些学者从气候公益诉讼维护的法益分析，认为国家和社会作为抽象的集合体无法参加诉讼，必须落实到具体的诉讼承担者，在市民社会尚未发育成熟的情况下，检察机关作为国家利益的代表，无疑有资格也有责任作为气候公益诉讼的主体。[③] 还有学者是从检察机关作为气候公益诉讼主体的“三性”，即必要性、可行性、法理性来肯定其适格性。[④]

虽然学界关于检察机关应当作为气候公益诉讼主体的理由足够充分，但在这里，笔者认为检察机关不宜作为气候公益诉讼主体。理由如下：

首先，实践中有相应的机构来提起气候公益诉讼，无须动用检察机关。气候公益诉讼的提起主体并不缺失，无须使检察机关也成为气候公益诉讼的主体。

其次，由检察机关提起气候公益诉讼的诉讼成本过高。在前面我们讲到，气候变化与环境保护是一项高技术含量的学科，它过高的综合性使其不易掌控。检察机关不同于与气候直接相关的行政部

---

① 陶卫东：《检察机关提起环境公益诉讼之原告资格探究》，载陶卫东主编：《生态文明建设与环境公益诉讼》，知识产权出版社 2011 年版，第 195-201 页。

② 梅宏：《人民检察院提起环境公益诉讼：不仅仅是为了业务的拓展——青岛市区两级检察院民事行政检察部门调研报告》，载陶卫东主编：《生态文明建设与环境公益诉讼》，知识产权出版社 2011 年版，第 211-219 页。

③ 刘春华：《检察机关环境公益诉讼主体资格分析》，载陶卫东主编：《生态文明建设与环境公益诉讼》，知识产权出版社 2011 年版，第 235-240 页。

④ 参见李雪妮：《检察机关环境公益诉讼主体资格问题研究》，载陶卫东主编：《生态文明建设与环境公益诉讼》，知识产权出版社 2011 年版，第 241-246 页。

门和社会团体，后者由于本身与气候关联度较高，其所掌握的关于气候变化方面的资料比较多，技术比较高，由其来提起气候公益诉讼恰到好处。而检察机关作为一个法律监督部门和刑事案件的公诉机关，对气候变化方面的信息有所欠缺，如要进行环境公益诉讼，需额外的设备、技术人员及信息，这都会造成诉讼成本的增加。

再次，从我国现行的法律规定来看，检察机关不仅是法律的监督机关，也是刑事案件的公诉机关。身兼多职会大大加重检察机关的负担，如若再加一项技术性含量极高的环境公益诉讼主体这个身份，难免会使其运作起来缺乏灵活性，工作的完成度可能会有所降低。

最后，由检察机关作为环境公益诉讼主体可能会过度集中权力。我们知道，检察机关本身就是法律的监督机关，要想使其在监督法律的过程中保持中立，就要使其避免参与到这个过程中，而以一个“局外人”的眼光来评判，尤其是要避免参与到审判程序中。如果使检察机关作为环境公益诉讼的主体参与到审判程序中，其法律监督的天平就难免会发生偏移。就像“每个人都不能是自己的法官”一样，一个部门怎能去监督与自身利益密切相关的审判活动呢？如果将环境公益诉讼这一权力赋予检察机关，难免会有过度集权之嫌，这会导致司法不公正的结果。

（二）有关组织作为气候公益诉讼主体

根据《环境保护法》的有关规定，有关组织必须满足一定条件方可作为气候公益诉讼主体。①

组织是公民基于共同的目标而自愿形成的团体。从事环保公益

---

① 具体来说，首先，该组织必须依法在设区的市级以上人民政府民政部门登记；其次，该组织必须专门从事环境保护公益事业连续5年以上且无违法记录；最后，该组织提起气候公益诉讼必须是基于社会公众的利益角度，不得假借公益诉讼之名谋取私利。

活动的环保组织具有非营利性、组织性、专业性、独立性等特点。[①] 并不是所有公民都能自觉站出来为气候环境权益斗争，也不是所有人都有参与气候公益诉讼的诉讼能力，这样的后果是社会整体气候利益的破坏者们逍遥法外，得不到应有的惩罚，被破坏的气候环境得不到恢复。因此，由环保组织代表公民提起气候公益诉讼，比起公民个人，往往具有更强的诉讼对抗实力。环保组织专业从事环境保护相关工作，其工作人员拥有比普通民众更多的环境专业知识和保护意识，同时还能完成专业性的气候技术工作。组织有固定的资金来源，可以支付气候公益诉讼的开销，比起公民个人有更为充足的物质支持。环保组织的专业性与经济能力保障了气候公益诉讼的顺利进行。其他国家有关环境公益诉讼的实践也表明，环保组织作为气候公益诉讼的诉讼主体具有独特的优势。

在我国有关组织参与气候公益诉讼仍然存在现实的不足。虽然近年来环保组织发展迅速，但目前看来尚不完善，面临着资金、人员、专业知识等多方面的不足。环保组织在社会立足并开展公益活动离不开社会公众的支持。由于历史条件、文化观念等因素的制约，在我国，公益的概念并没有深入人心，公众缺乏对环保公益组织的了解，也缺少从事环保公益活动的理念。与发达国家业已成熟的社会公益组织体系相比，我国的环保组织还有很大的发展空间。当我国的环保组织发展成熟之后，才能更好地参与气候公益诉讼。为推动环保组织的发展，保护气候环境，国家应当营造有利于组织发展的外部环境，提供政策保障。[②]

（三）公民个人作为气候公益诉讼主体

我国现行立法没有将公民纳入气候公益诉讼主体的范围，但理

① 黄中显：《公民环境公益诉讼的动力机制》，载《重庆社会科学》2009 年第 4 期。

② 比如更少的设立条件限制，更广泛的组织活动范围与更宽松的税收政策，这些都有利于促进有关组织成为气候公益诉讼的有力主体。

论界对此问题仍在热烈讨论中。

有的观点赞成公民作为气候公益诉讼主体。气候问题的成因多种多样，单靠政府部门或有限的社会组织很难监控每一个潜在的危害因子，应当充分调动全部的社会力量应对气候问题。因私人生活的广泛渗透，公民往往是最经济有效的监控者。公民承担部分气候公益诉讼，可以使气候问题得到更广泛充分的解决。反对观点认为气候公益诉讼不宜涉及任何私人利益。气候公益诉讼的目标是整体公共气候利益的保护而不是私人利益的补偿。若诉讼中掺杂个人利益，反而不利于公共利益的保护，应当由国家机关和有关组织代表公民进行气候公益诉讼，若明显有对个体利益的侵害，可以考虑直接提起普通诉讼或集体诉讼。

还有观点认为必须对公民气候公益诉讼的主体资格加以限制。这一观点的提出是基于对公民诉讼能力与诉讼条件差异的认识，认为部分公民由于经济条件、知识水平的不足，不宜作为气候公益诉讼主体。这种观点实在不可采纳。每个个体都有维护自己的气候环境利益并在利益受到侵害时获得救济的权利。作为诉讼主体提起气候公益诉讼，是公民不可剥夺的权利。赋予全体公民气候公益诉讼主体资格是理论层面的问题，落实到具体气候公益诉讼案件中，为保证诉讼的顺利进行，可以采取适当诉讼保障措施，这是技术层面的问题。

反对者担忧公民作为气候公益诉讼主体会引发“滥诉”，导致司法机关不堪重负和司法资源的浪费。但是通过合理的制度设计，这一问题是可以避免的。比如，美国就公民诉讼规定了一定的前置程序，要求私人原告在法定的期限（各州具体法律规定不同，一般为起诉前 60 天或 90 天）向被告、联邦政府和州政府提供书面的起诉通知，告知起诉事由。允许起诉前双方当事人进行谈判，允许被告人及时采取弥补措施作出遵守法律的努力。这一规定一方面减少公民恶意提起诉讼的可能，另一方面提高了在诉讼前解决问题的可能，减轻了司法机关的负担。实际上，就允许公民作为公益诉讼主体的国家的司法实践看来，滥诉的担忧并没有发生。

基于现实条件，我国是否应将公民纳入气候公益诉讼主体还有待斟酌。我国公民的气候权利意识还有所欠缺，关于运用诉讼手段维护气候权益的有关法律知识了解不多，缺乏在气候问题中的参与意识。而且气候侵权案件往往涉及面广、牵扯利益多，公民个人在该类案件的搜证、举证方面操作难度大，难以与国家机关以及相关社会团体相比，效率低将影响公民权益的保护。同时气候公益诉讼中的被告往往是有实力的大企业、大公司，公民个人作为原告明显处于弱势地位，对诉讼费用的承担能力也很有限，诉讼能力不对称。

如果考虑将公民作为气候公益诉讼主体，首先要培养公民的气候权利意识，强化其对气候问题的严重性与气候公益诉讼的重要意义的认识，提高公民的社会责任感，引导其积极参与气候公益诉讼。比如，可以利用大众传媒加强宣传工作，或者可以鼓励开展气候运动，以形成良好的社会氛围，倡导气候忧患意识和气候友好行为，用舆论的力量激发公民参与气候公益诉讼意识的形成。

还要考虑制定公民作为气候公益诉讼主体的援助机制，加强公民应对诉讼的能力。一般来说，影响公民参与气候公益诉讼的主要原因是经济因素和专业知识因素。为推动气候公益诉讼的顺利进行，一方面可以采取经济激励或是经济援助机制。例如，适当减免诉讼主体的诉讼费用，分担诉讼相关的证据收集、鉴定费用，给予积极提起气候公益诉讼、为维护公共气候利益作出努力的公民一定的物质奖励。这些援助费用可以来源于政府的资金支持，可以是被告依法被没收或处罚的资金，也可以考虑建立气候公益诉讼专项基金。另一方面要提供专业知识的援助，排除因专业知识的不足导致的诉讼能力的缺乏。政府的气候相关部门，有义务利用自身的专业能力，帮助公民举证与收集信息，为公民提供技术上和理论上的指导。气候知识之外，法律领域的专业技能对于参与气候公益诉讼的主体也不可或缺，为公民提供法律援助是十分必要的。比如，鼓励公益律师进行法律服务，提供气候公益诉讼法律咨询。

综上所述，笔者认为检察机关不宜作为气候公益诉讼的主体，在相应配套制度政策机制建立建成、公民气候权利意识逐步提高之后，公民以及符合法律规定的环保组织应当具备气候公益诉讼主体资格。

第二节 诉讼程序

任何诉讼制度的建立都不是一朝一夕所能完成的。气候公益诉讼制度要真正实现其目的——相应的法律责任，还需要设计一个合理、科学，并能符合该诉讼制度特殊要求的程序，因为诉讼程序作为诉讼法的核心只有当其具有普遍适用性时才足以保障气候公益诉讼在缓解气候变化进程中的实效。

虽然气候公益诉讼与民事、刑事、行政诉讼制度有所不同，但出于使气候公益诉讼这一新的诉讼制度更好地与现有司法制度对接，以提高效率的考量，我们在建构环境公益诉讼制度时应当以三大传统诉讼制度为基础，并结合我国环境基本法的相关规定。而如前所述，环境行政法律责任的承担主要分为行政处分和行政处罚两种方式，这两种方式足以确定环境行政法律责任。因此，对于环境行政法律责任通常不走诉讼程序，即使进入到诉讼程序阶段，也可以依照行政诉讼法并参考气候民事公益诉讼程序的相关规定。在环境破坏事件中，就个案而言，预防已没有意义，而处罚对受损害者的实质意义也并不大，最能够为受害者及时与可靠地提供救济的是民法上的赔偿。因此，笔者认为环境公益诉讼走民事诉讼之路是比较合理的，而这也是《民事诉讼法》的精神所在。所以本节将重点讨论如何建立气候公益诉讼中的民事诉讼程序。

一、民事诉讼程序

对于气候公益诉讼中的民事诉讼程序，应当对起诉与受理、管辖、前置程序、举证责任分配等方面作出特殊的规定，在下文中笔者将对以上几个要素进行详细说明。

（一）起诉与受理

起诉，是指当事人向人民法院作出的请求法院按照特定的程序进行审判的行为。但是考虑到气候公益诉讼的特殊性、复杂性与重要性，并不是所有案件法院都会受理，气候公益诉讼也有其相应的起诉条件。

1. 原告有诉的利益

“无利益即无诉权”是一项基本诉讼原则，也应该成为气候公益诉讼原告起诉必须满足的条件之一。[①] 所谓“诉的利益”并不是原告所主张的法律权利或是某种实体性利益，也并非原告通过胜诉所能获得的利益。它是当原告所拥有或其主张拥有的权利和利益受到威胁或损害时，其为了消除威胁或补偿损害，而向法院提出上诉并谋求判决的利益。这种利益并不是在通常情况下所具有的，而是在其他利益受威胁或损害的情况下才产生的，是一种“保护利益的利益”。[②] 而在涉及气候变化的案件中，原告“诉的利益”即为气候环境公共利益，具体可以理解为通过气候公益诉讼防止温室气体的超标排放以及化石燃料的过度使用，实现缓解气候变化的目的，而且该诉讼目的的实现还有助于法律规定的机关和有关组织为因气候变化而受到损害的当事人争取补偿，从而保护受害人在内的社会公众的环境权益。所以原告在提起气候公益诉讼时，应当满足具有诉的利益这一条件。

《环境保护法》第 58 条规定了环境公益诉讼的主体资格，即依照法律规定，能够提起诉讼的社会组织。具体来看，能够提起环

---

① 徐祥民、胡中华、梅宏等著：《环境公益诉讼研究——以制度建设为中心》，中国法制出版社 2009 年版，第 338 页。

② ［日］谷口安平著：《程序的正义与诉讼》，王亚新、刘荣军译，中国政法大学出版社 1996 年版，第 159 页。

境公益诉讼的社会组织须已在县级以上民政部门登记，或已连续从事专门性的环境公益活动五年以上，且无任何违法记录。但由于环境公益诉讼以公益为目的，因此提起诉讼的社会组织不得以此牟利。基于同样的理由，只要起诉的社会组织满足前述要件，法院就应当受理。从中可以看出，我国公民个体不是具有提起环境公益诉讼资格的主体，没有权利提起环境公益诉讼，也当然就没有权利提起气候公益诉讼，提起环境公益诉讼的资格仅仅属于那些有合法资质的社会组织。虽然环境公益诉讼针对的是侵犯社会公共利益的环境损害行为，但社会公共利益的损害必然体现在每个个体身上。同时，由于环境问题的隐蔽性与潜伏性，并非所有潜在受害人都会在第一时间发现环境损害，而社会组织了解取证则要花更长时间，这在实际上相当于纵容环境损害的发生。以有法定资格的社会组织提起气候公益诉讼虽然有利于相关证据材料的收集，增强原告方的实力，但对于原告资格范围的过渡狭义化仍然会导致部分利益受损主体由于无法直接提起诉讼而不能得到及时的损害补偿，或者是部分社会组织从中牟利，进一步损害利益受损主体权益，毕竟《环境保护法》未对社会组织的义务与在诉讼中非法牟利的法律后果作出相关规定。总之在笔者看来，原告主体资格的狭义化规定对利益受损主体弊大于利，在《应对气候变化法》制定时应对其进行充分的探讨与修正。

2. 有确定的被告

无论是在民事诉讼还是在行政诉讼中，确定的被告都是一个必要条件，这个条件对于气候公益诉讼也没什么例外，因此在气候公益诉讼中对被告的确定可以参照民事与行政诉讼法中的相关规范。

3. 有具体的诉讼请求和事实、理由

“具体的诉讼请求”在民事诉讼法学中指起诉时原告提出的要求法院保护的民事权益的范围和内容。在涉及气候变化的公益诉讼案件中，原告有具体的诉讼请求同样必不可少，因为只有这样才有利于法院审理案件，实现气候公益诉讼的目的，而“事实和理由是原告用来支持其所提出的诉讼请求的基础和根据，如果没有这种基础和根据，原告的诉讼请求便会成为‘无源之水，无本之木’，从而处于不驳自倒的境地，完全没有得到人民法院裁判确认其成立的任何可能”。[①] 正是基于它们的存在，原被告之间在案件的实体审理过程中才有可争议的内容，法院也才能据此判断是否支持原告的诉讼请求。

4. 属于人民法院受案范围受诉人民法院管辖

民事诉讼中的受案范围通常是指确定人民法院和其他国家机关、社会团体之间解决民事、经济纠纷的分工和职权范围。《民事诉讼法》将环境公益诉讼案件的受案范围限制在“污染环境”四个字上，但是除了环境污染外会损害公共利益的还有破坏自然资源、损害生态系统等行为，所以《民事诉讼法》对于环境公益诉讼的受案范围规定显然过窄，不利于社会公共环境利益的保护。而造成气候变化的原因同样也具有复合性，所以在气候公益诉讼案件中，只要有加剧或者可能加剧气候变化的行为发生时，就应允许法律规定的机关或组织提起气候公益诉讼。此外，原告提起的气候公益诉讼应当属于受诉人民法院管辖。关于气候公益诉讼的管辖问题，笔者将在下节进行详细论述，在此不加赘述。

（二）管辖

管辖，指的是在同级或各级人民法院中进行工作与权限划分的方式。具体到民事审判中，管辖解决了受理第一审民事案件的权限与分工的问题，即决定了审判权的归属。管辖可以分为级别管辖、地域管辖、移送管辖以及协议管辖，笔者将重点讨论有关气候公益诉讼的地域管辖和级别管辖。

我国在民事诉讼中的地域管辖制度通常采取“原告就被告”模式，即由被告所在地法院管辖，但是在气候公益诉讼案件中，

---

① 王亚丽：《民事起诉条件研究》，中国政法大学2007年硕士学位论文。

"原告就被告"模式似乎不宜适用，因为在该类案件中的被告往往是超标排放温室气体或过度使用化石燃料，以致气候变化加剧而损害社会公共环境利益的大企业或工厂，该类被告通常财力雄厚，并在当地具有一定的影响力。假使由被告所在地的法院掌握管辖权，被告在当地的影响力或多或少，或明或暗的会对法院的审理与判决产生有利于被告的影响，不仅因地域原因而增加了原告的诉讼成本，而且不利于原告获得一个公正的判决。因此笔者认为，基于更好保护弱势群体利益，实现诉讼价值的要求，在设计地域管辖制度时，在起诉前由原告在原告所在地、被告所在地、违法行为地的人民法院间自由选择案件管辖法院的"选择模式"无疑是更为合适的一种选择。①

在级别管辖方面，根据我国《民事诉讼法》的规定，中级人民法院管辖包括重大涉外案件和在本辖区有重大影响的案件。社会影响大、涉案当事人多、专业技术性强以及涉外可能性大等特点是环境公益类案件的基本特点，这决定了该类案件由中级人民法院管辖是更为合理的，原因在于中级人民法院的机构设置及日常工作较贴近基层，更有利于开展调查取证工作，及时解决案件，节约司法资源。因此，从级别管辖上看，由中级人民法院作为气候公益诉讼的一审法院无疑是更加适合的。

（三）前置程序

前置程序是指当事人在正式民事诉讼程序开始之前应当进行的程序，在法律有特别规定的情形下，前置程序是进入诉讼程序的前提。目前我国已在某些领域规定了相关的诉讼前置程序，如《劳动法》第79条规定：当劳动争议发生后，当事人有权向劳动争议仲裁机构提出仲裁申请，但是劳动仲裁结果并不一定是最终结果，当事人双方均保有向法院提起上诉的权利，即若对仲裁结果不满意

---

① 徐祥民、胡中华、梅宏等著：《环境公益诉讼研究——以制度建设为中心》，中国法制出版社2009年版，第342页。

仍可上诉。

诉讼前置程序的规定都是为了能够达到节约司法资源，防止某些有不良动机的诉权主体滥诉，防止司法过度干预行政机关对社会的管理以及提高诉讼效率的目的而设计的。为了能够更好地实现缓解气候变化的目的，关于气候公益诉讼的提起条件相对于以上诉讼类型更为宽松，但相应地，在气候公益诉讼中滥诉的可能性也更大，所以为了能够以更加便利、有效率的方式实现气候公益诉讼的目的，有必要将诉讼前置程序引入气候公益诉讼。

至于前置程序该如何设置，笔者建议欲提起环境公益诉讼的社会组织在提起诉讼之前应负有在法定期限内将起诉决定和处理结果对侵害者及其上级的告知义务。而接到举报的部门在法定期限内应当受理并采取相应的措施停止违法行为，同时应将结果及时通报给相关机构或组织，而只有当那些接到举报部门不作为或其行为并没有产生制止违法行为的效果时，有关机关或组织才可以向人民法院提起诉讼。

（四）举证责任分配

举证责任，又称证明责任，是指在诉讼过程中，事实存在争议时由提出相关主张者承担提供证据证明相应事实并在举证失败时由举证者承担风险的法律制度。

关于证明责任的分配原则，学理上存在多种学说，其中由德国法学家罗森贝克完善的“规范说”影响最大，亦是我国通说，在“规范说”看来，证明责任在通常情况下归属于提出诉讼请求的人，证明的内容为其主张的权利的合法性与合理性；而另一方在对原诉讼请求进行抗辩时，亦应对权利障碍事实、权利消灭事实等抗辩依据承担证明责任。另外，对于那些在实体法规定之外的事实或和案件争议无关的事实，不产生证明责任的分配。①

在我国的司法实践中，目前主要的责任分配原则还是“谁主

① 田平安主编：《民事诉讼法学》，法律出版社 2013 年版，第 212 页。

张，谁举证”。但考虑到环境案件的公益性质以及提起主体的能力限制，我国法律对环境诉讼中的举证责任作了特殊的规定，即举证责任倒置，这也是发达国家环境诉讼中为保护处于弱势一方的原告的通行做法，如根据我国《民事诉讼法》的规定，对于权利事实不产生的举证责任由被告而非原告承担，如果被告举证不能，则推定原告主张成立。

《最高人民法院关于民事诉讼证据的若干规定》对举证责任倒置规则作了进一步的明确，如根据其第4条第1款第3项规定，在环境侵权纠纷中，被告不仅须证明法定的免责事由存在，还须证明侵权行为与危害结果间不存在因果关系。一般来说，侵权责任的构成需满足侵权行为、损害结果、因果关系和过错四个要件，前述规定实际上就是对于因果关系要件证明责任的倒置，因为侵权行为的诉讼主张是由受害人提出的。但需要特别指出的是，加害人对于免责事由的证明责任并不属于举证责任倒置，因为免责事由是加害人对于受害人提出的承担侵权责任请求的抗辩，不属于上述四个构成要件的任何一个。

我国《侵权责任法》也有关于环境方面举证责任倒置的规定。第65条规定了由污染产生者承担环境污染损害后果导致的侵权责任。第66条规定，当环境纠纷发生时，由污染者承担对法定减责与免责事由的举证责任，同时，对行为与污染后果之间无因果关系的举证责任也由污染者承担。除此之外，《水污染防治法》第87条规定的水污染损害赔偿诉讼亦适用举证责任倒置规则。

笔者认为，气候公益诉讼也应适用举证责任倒置规则，即被告需要证明自己的排放行为并未导致温室气体的排放量超标。因为温室气体的超标排放以及化石燃料的过度使用并不是通常意义上的环境污染，对环境造成损害的后果难以在客观上测算并表现出来，因此只能由被告来承担自己并未超标排放的证明责任。但同样也是由于上述原因，原告不得免除其相应的举证责任，具体而言，即也要提出气候环境公共利益可能由于被告的原因受到损害的初步证据，以此来减少气候公益诉讼中的滥诉，节省司法资源。

（五）诉讼时效

《中华人民共和国民法总则》第 188 条规定了除法律有特殊规定的情况外，民事诉讼的一般时效为三年。而《环境保护法》第 66 条也规定了提起环境损害赔偿诉讼时效期间为三年，从当事人知道或应当知道其受到损害时起算。气候公益诉讼可以参照这一规定，将普通诉讼时效设定为三年。

二、环境刑事诉讼程序[1]

环境刑事诉讼程序，是指在环境刑事诉讼过程中所经历的程序。环境刑事诉讼程序与一般的刑事诉讼程序是一样的，都要经过立案、侦查、刑事起诉和审判四个阶段。当然，广义的刑事诉讼程序还包括执行，这里我们是指狭义的刑事诉讼程序。笔者认为，基于环境犯罪行为的隐蔽性、持续性及其法益侵害的严重性，刑事程序法在设计环境刑事诉讼程序时应结合我国的环境犯罪实际，在相关程序上予以特殊规定，具体来看需要刑事诉讼法学者和环境法学者加强学科间的交流与合作，对环境刑事诉讼程序的构造展开进一步的研究。

第三节　司法国际合作

司法协助，是指为了解决司法管辖纠纷，完善司法合作，保护司法独立与尊严，根据缔结或参加的国际条约或遵守国家间的互惠原则，开展国与国之间的合作，相互代为实施一定的诉讼行为。在这里我们讲的环境法领域的司法国际合作主要是指判决的承认与执行。提及司法国际合作，就会想到国际法上的国际司法协助。国际

① 曹明德主编：《环境与资源保护法》（第 2 版），中国人民大学出版社 2013 年版，第 108 页。

司法协助，是指根据国际间条约或者互惠原则，由一国法院（或其他主管机关或有关当事人）提出请求，并由另一国法院或其他有权机关同意并代为实施或者协助实施一定的司法行为。国际司法协助涉及民事诉讼、刑事诉讼和行政诉讼。我们在这里专指国际民事司法协助。此外，国际司法协助包括狭义和广义概念。狭义的司法协助包括：送达文书、调查取证、传询证人。广义的司法协助不仅包括狭义司法协助的内容，对外国法院及仲裁机构判决的承认和执行也属于其内容[①]。由此可以看出，我们本节所要探讨的司法国际合作是国际司法协助的一部分。

环境问题是一项国际性问题，因为这关乎全人类的生存与发展。这就要求世界各国不论发达国家还是发展中国家，不论西方国家还是东方国家都要为环境问题作出自己的贡献，各国要加强合作，共同致力于环境问题的解决。目前国际环境问题的解决主要有政治解决与法律解决两种方式，政治解决包括国家间相关条约的签订等，法律解决包括国际公约与国际法的制定、司法国际合作等。其中司法国际合作有其独特的性质，由于司法权是一个国家主权的重要组成部分，因此各国对国际间判决的承认与执行均慎之又慎，司法国际合作的合理使用也是各国面临的难题。

一、外国法院判决承认与执行的概念

承认外国法院判决，是指对与外国法院作出的有关当事人权利义务关系的判决，本国法院或有权部门予以承认，并使此项判决的效力与本国法院的判决等同。对于外国法院判决的执行以对外国法院判决的承认为前提，具体指的是在承认外国法院判决后，依照国内的程序来执行该判决。外国法院判决的承认与执行是相互联系的。一个判决要想在别国被执行，就必须以别国承认该判决为前

① 邹龙妹主编：《国际私法》，中央民族大学出版社 2013 年版，第 250 页。

提，即承认是执行的前提。但与之相对的是，一国法院对外国法院判决的承认并不必然伴随着对其予以执行。在我国的司法实践中，并不存在某种统一的做法，归结起来，我国对于外国法院判决的处理主要有以下几种情形：

第一，对外国法院的判决完全执行，即对当事人的救济性措施完全以外国法院判决为依据。笔者认为，虽然得到了完全的承认，但因为没有具体救济性措施而无须执行的判决，也应当包含在此判决中，这主要是一些宣告性质的判决。

第二，对外国法院判决予以部分执行，即对外国法院的判决所规定的实体性、救济性措施给予必要且合理的修改或变更。

第三，外国法院的判决虽然得到承认，但由于某些原因无法强制执行。

司法权是一个国家最为重要的主权之一，对于他国法院判决的承认不可避免地会对本国的司法独立性造成损害，即对国家主权的一种侵害，虽然历代法学家们为国际间司法判决的承认与执行提供了诸多理论依据，但司法对国家主权的影响是不可否认的。而对国际间判决的承认与执行带来的效益（如节约二次诉讼所花费的成本）和国家主权所受损害的权衡，决定了一个国家对于国际间判决承认与执行的态度与方针。对于不同国家间判决的承认与执行，目前国际上存在三种不同的理论：

第一种学说是国家中心说，即对外国法院审判结果的承认与执行与否完全由国家自主决定，国家的司法独立权不可侵犯。

第二种学说是世界主义（全球主义），国家间判决承认与执行问题应由国际社会在充分协商的基础上在效力和普遍公正上达到平衡，而国家不应对此作出干涉。

第三种学说是国家社会说，即国家作为国际关系的参与者在协调国际矛盾上应当发挥自身的作用：站在组成共同社会的国家的立场上寻求效力和普遍公正的平衡。

由于国家主权的至高无上性，且担心对国外法院判决的承认可能对国家利益带来损失，目前世界各国普遍采用的是国家中心说，根据其发展起来的判决承认与执行体制，主要由以下几种模式组成：

一是互惠体制。一般说来国家间判决的承认与执行建立在互惠原则基础上。

二是双边协定。长期以来，这是解决国家间判决承认与执行的常见方式，这也是最为普遍与传统的方式。

三是宪法或准宪法体制。这是用宪法或有准宪法性质的条约来解决国家间判决承认与执行的模式，比较典型的是解决了各州间判决承认与执行的美国宪法，以及欧盟内部建立的布鲁塞尔—卢加诺规则。

四是地区或者全球性的国际条约，主要包括《布鲁塞尔公约》《卢加诺公约》和《选择法院协议公约》等。其中《选择法院协议公约》是2005年在海牙国际司法会议上通过的旨在对国际范围内的民事管辖权进行统一规范并解决外国法院的判决在本国的承认与执行问题，目前来看是前述条约中最具代表性与国际约束力的国际公约。[①]

二、外国法院判决承认与执行的条件

长久以来，在一个独立的国家中承认或执行别国法院的判决被看作是对其司法主权的一种削弱，任何国家为了自己的国家利益，绝不容许任何无理由地被削弱主权的行为，因此各国往往严格限制对外国判决的承认或执行，以防止本国司法主权被削弱。根据相关国际法，[②] 承认与执行外国法院判决的条件大致有：

---

① 宣增益：《国家间判决承认与执行纳入WTO体系可行性研究》，载《中国法学》2004年第2期。

② 这里主要是依照海牙《民商事案件外国判决的承认和执行公约》第4条、第5条。

(一) 作出判决的法院必须有相关管辖权

法院具有特定的管辖权是受理国际民事案件、进入民事诉讼程序的前提。如果法院对于该案没有管辖权，其作出的判决是不可能得到外国的承认和执行的。各国对国际民事诉讼管辖权的规定有所不同，总体来看，对于管辖权的确定主要有以下几种标准：(1) 依被请求国法判定。这种标准被德、英、东欧等国家采用。(2) 依据作出原判决法院所属国的法律。采用此标准的国家有印度、巴基斯坦、缅甸等南亚、东南亚国家。(3) 结合被请求承认和执行外国判决的国家与作出判决的国家的法律判定。目前只有以色列等少数国家采用。(4) 依据国际条约的规定判定。这种判断方法比较简单，也比较公平，因而受到了多数国家的接受。①

(二) 外国法院判决已生效，并在本国已具有执行力

一个国家能够执行的外国法院的判决必定是已生效的判决，如果一个判决尚未发生法律效力，就无所谓执行，因为该判决可能面临着上诉、重审等结果。一个判决若在本国尚不具有执行力，在别国就更无执行力可言。根据 1971 年 2 月 1 日签订于海牙的《民商事案件外国判决的承认和执行公约》的规定："判决在请求国不能再作为普通程序的上诉标的。"② 该条第 2 款规定了在请求国能够被执行的判决才能在被请求国执行。

(三) 外国法院进行的诉讼程序是公正的

基于败诉方当事人的弱势地位，各国的国家立法和有关国际条约通常规定国内法院在对国外判决进行承认与执行时，应在诉讼权利上对败诉的当事人提供充分的、特殊的保障。否则，便可以认定案件审理的程序缺乏公正性，不利于对弱势群体利益之保护，从而

① 邹龙妹主编：《国际私法》，中央民族大学出版社 2013 年版，第 258 页。

② 参见海牙《民商事案件外国判决的承认和执行公约》第 4 条第 1 款第 2 项。

拒绝承认或执行其判决。作为败诉方而言，其诉讼权利可能因以下两种情形而受到损害：（1）未得到合法传唤，从而未能出庭陈述自己的诉讼主张。（2）在无诉讼行为能力时未得到适当代理。[①]

（四）外国法院的判决必须是合法取得的

这里是指有关的外国法院判决是基于合法手段而获取的，假如该法院的判决是通过欺诈等非法手段取得的，那此判决就不符合基本的程序合法与程序正义，也就不具备合法的效力，当然不能得到其他外国法院的承认与执行。有些学者将这一规定称为公共秩序中的程序公正。[②] 需要说明的是，这里所指的欺诈并不是指案件实质内容的欺诈，而是指有关程序的欺诈行为。

（五）须不存在“诉讼竞合”

根据国际法的规定，[③] 在诉讼的当事人、标的和事实均相同的情况下，如果判决已在一个缔约国的法院作出，并已满足被请求国承认和执行外国判决的条件时，当事人有权拒绝另一缔约国对此案件作出的判决，即使此判决满足了所有被承认与执行的条件。考虑到对本国司法独立性与法律权威、尊严以及法律关系稳定性的保护，这种做法是很容易理解的。一事一诉本来就是法律的基本原则之一，而为了保护法律关系的稳定与法治尊严，亦不能允许出现多个正确判决结果的情况。亦即当某一案件的判决已经被某国的法院作出且生效，那此案件中当事人的权利义务关系便已确定，除非判决的程序或事实依据确有错误，否则不容更改，不然就是对法律尊严的极大侵犯，而利用外国法院对同一案件的判决来影响已生效的案件判决更是对国家司法主权的极大羞辱，这是绝对无法被接受的。为了达到此种目的，条约也规定了国家保护司法独立性的责

---

① 杜新丽主编：《国际民事诉讼和商事仲裁》，中国政法大学出版社2005年版，第167页。

② 李旺：《国际民事诉讼法》，清华大学出版社2003年版，第207页。

③ 参见海牙《民商事案件外国判决的承认和执行公约》第5条。

任，即当某国已承认与执行第三国对某一案件的司法判决后，就不得再承认与执行另一法院对相同当事人间就同一标的展开的诉讼所做的判决。[①]

（六）承认与执行外国判决不违背本国的公共政策

一旦外国法院的判决被承认或执行，便有可能冲击被请求国的公共政策，这样的情况被国际法[②]认为是承认或执行外国判决的抗辩事由之一。“公共政策”即我们所说的公共秩序，在德国法中称“保留条款”，是指法院所在地国的法律基本理念、基本道德制度、政府政策以及重大公共利益或国家利益。[③] 假如被请求国法院对外国法院的判决予以承认与执行，那么这些原则、政策与利益将会受到损害。在外国法院判决的承认与执行中有此规定是基于国家的性质。任何一个主权国家在处理具有涉外因素的案件时首要考虑的就是国家主权和国家利益的维护，这就意味着对外国法院判决的承认与执行一旦与该国的基本公共政策相悖，任何国家都不会冒着社会秩序被打乱的危险去承认或执行外国的法院判决。

（七）判决地国和执行地国之间存在条约关系或互惠关系

从我国《民事诉讼法》第 276 条的规定[④]来看，我国对外国法院判决的承认或执行是以互惠关系为条件的。互惠原则亦是指相互原则，或称相互主义，从当今世界各国对于承认或执行国外判决的实践经验看，有条件地承认与执行外国判决是较为通行的做法，因此互惠原则一般是指两个相互之间承认与执行对方法院判决的国家

---

① 张仲伯主编：《国际私法学》，中国政法大学出版社 2002 年版，第 351 页。

② 参见海牙《民商事案件外国判决的承认和执行公约》第 5 条。

③ 韩德培主编：《国际私法新论》，武汉大学出版社 1997 年版，第 207 页。

④ 参见《中华人民共和国民事诉讼法》第 276 条第 1 款规定：“根据中华人民共和国缔结或者参加的国际条约，或者按照互惠原则，人民法院和外国法院可以相互请求，代为送达文书、调查取证以及进行其他诉讼行为。”

之间，出于互惠与公平的考虑，采取相同条件的原则。[①] 这一原则主要适用于两国并未签署相关的双边协议或国际条约的情况。在此种情况下，各国相互之间的判决承认与执行就可以围绕着互惠原则展开，不必担心没有可以依靠的法理基础或行为标准。当然，由于互惠原则是双向的，必须在两国同时采用的情况下才能适用，如果一个国家拒绝给予另一国互惠待遇，那么另一国便可以在本国国内拒绝承认和执行该国法院判决。[②]

（八）原判决国法院适用了适当的准据法[③]

仅极少数国家有此要求，如法国等。中国则无此要求。但基于对等，仅中国与法国、西班牙的司法协助协定有此特殊内容。[④] 目前，国际上存在的最具广泛性的规范司法国际合作的国际性条约是2005年在海牙国际私法大会上制定的《海牙选择法院协议公约》，已有将近100个国家和地区成为该公约的缔约国。我国内地目前并未批准该公约，但我国香港与澳门地区已批准该公约的执行。除上文所阐述的外国法院判决承认与执行的条件外，该公约中规定了一些可以对外国法院判决不予承认与执行的特殊情况：（1）诉讼中产生的先决问题包含在公约第2条第2款或者第21条所排除适用的事项中（包括单个缔约国特别声明排除公约适用法内的事项）；[⑤]（2）未对受害人实际损失做出补偿的外国法院判决可以不予执行，

① ［日］小林秀之：《国际取引纷争》，弘文堂1995年版，第186页。

② 杜新丽主编：《国际民事诉讼和商事仲裁》，中国政法大学出版社2005年版，第169页。

③ 邹龙妹主编：《国际私法》，中央民族大学出版社2013年版，第259页。

④ 如《中国司法协助协定》第22条规定，“在自然人的身份或能力方面，请求一方法院没有适用按照被请求一方国际私法规则应适用的法律时，被请求一方可以拒绝承认与执行请求一方所做出的裁决，但其所适用的法律可以得到相同结果的除外。”

⑤ 参见《海牙选择法院协议公约》第21条。

即判决所做出的损害赔偿必须以补偿被害人损失为目的，加入做出损害赔偿判决，或做出的损害赔偿判决是为了起惩罚或惩戒作用而非补偿受害人实际损失，那么此原因可作为拒绝承认与执行外国法院判决的合理原因。[①] 同时《海牙选择法院协议公约》第 8 条第 1 款也规定了缔约国承认与执行由此公约规定的缔约国法院判决结果的强制性与义务性，有公约规定的特殊原因的除外。[②] 这被认为是此公约中的关键性条款，[③] 用明确的条文规范了国家间的判决承认与执行制度，这也体现了目前绝大多数国家对司法国际合作的态度。

三、外国法院判决承认与执行的程序

（一）承认与执行请求的提出

各国对提出承认或执行外国判决的主体的规定亦有一定的不同。例如，在一些国家除去那些由国家支出诉讼费用的情况，其他时候只能由案件的当事人提出申请；另一些国家则采取先由当事人向作出原判决的法院申请，再由该法院向被请求国法院提出申请的方式；此外还有少数国家允许当事人在前述两种申请方式中自由选择。笔者结合海牙《民商事案件外国判决的承认和执行公约》第 17 条、我国《民事诉讼法》第 280 条第 1 款、第 281 条的规定认为，我国在前述问题上采取的第三种做法，即对外国法院判决承认与执行程序的启动，一方面取决于当事人的选择，另一方面也取决

---

① 参见《海牙选择法院协议公约》第 11 条第 1 款。

② 参见《海牙选择法院协议公约》第 8 条第 1 款

③ "Preliminary Draft Convention on Exclusive Choice of Court Agreements" Prepared by the Special Commission of April 2004 with Possible Modifications Prepared by the Drafting Committee at Its Meeting from 18－20 April 2005，外交大会 Working Document No. 1，Distribu－ion：June 2005。

于裁决作出国法律的规定。

关于请求的形式。各国法律及相关国际条约均认为承认与执行外国法院判决的请求必须以书面形式作出。此外根据我国相关法律与缔结的相关国际条约，除请求书外，还需要提供部分文件，具体包括：（1）由法院证明无误，并且明确指出判决生效和此判决在判决法院所在地具有执行效力的判决副本，如果副本缺失了指明判决已生效或在当地执行力的内容，则此副本还应附有判决法院为证明此事而出具的证明书；（2）对于当事人已充分地行使了其诉讼权利且相关诉讼程序合法的证明书；（3）请求书和前两项所指文件经证明无误是被请求方文字或双方认可的第三国文字（通常为英文或法文）的译本。①

（二）对外国法院判决的审查

海牙《民商事案件外国判决的承认和执行公约》第 8 条规定："除执行上述条文所需外，被请求当局对请求国送交的判决不应作实质性的任何审查。"对于此，我们可以这样理解：一国法院对某一案件的实质审判属于其国家内部的行为，如果别国对此进行实质性审查，则有"干涉别国内政"之嫌。

（三）承认与执行外国法院判决的具体程序

向本国法院或主管机关提交申请是当事人请求承认和执行外国法院判决的前提，而具体依据什么程序来承认和执行该判决则主要是国内法规定的问题。②

承认和执行外国法院判决的具体程序由于各国对国际间司法的效率与国家司法独立性之间的平衡度把握不同而形成了多种模式，根据各国国内法具体可以分为以下几种：（1）执行令方式；

---

① 参见海牙《民商事案件外国判决的承认和执行公约》第 13 条。
② 参见海牙《民商事案件外国判决的承认和执行公约》第 14 条。

(2) 登记执行方式；(3) 重新审理方式。① 这三种方式的具体内容差异很大，以下是具体分析：

执行令方式的前提是审查，依据是各国相关国内法与缔结的国际条约。被请求国在收到对外国法院的判决承认与执行的请求后，依据本国法律规定与已缔结的国际条约进行审查，对符合的判决颁发执行令，并按照我国的相关法律予以承认和执行。具体审查方式按照各国法律规定与所签订国际条约的不同，分为形式审查与实质审查两种。

登记执行方式，是指被请求国法院收到利害关系人递交的请求承认与执行外国法院判决的申请后，仅需查明该判决符合被请求国的国内法，即可予以登记，并且像执行国内判决一样执行登记过的外国法院判决。目前英国法院对英联邦国家与欧盟成员国采取此种方式。

重新审理的方式，正如其字面含义，指的是被请求国法院对外国法院的判决不直接予以承认或执行，而是要求申请人以外国判决为依据，重新在被请求国法院提起诉讼，由被请求国法院进行审查。但假如被申请执行人对外国法院的判决存在异议，那么被请求国法院将对其进行重新审理，以判断判决的准确性与合理性。经过这些程序后，被请求国法院如果认为外国法院的判决符合国内法的相关规定，此时被请求国法院将作出与外国判决相同的判决，但在执行该判决时依照本国的执行程序。

笔者认为，我国在该问题上的立场是"执行令方式"。案件的当事人及作出原判决的外国法院都属于被我国《民事诉讼法》承认的能够在我国提出请求承认与执行外国判决的主体，但二者的申请条件及申请程序有所不同，其中当事人只需向有管辖权的中级人

① 邹龙妹主编：《国际私法》，中央民族大学出版社 2013 年版，第 260 页；杜新丽主编：《国际民事诉讼和商事仲裁》，中国政法大学出版社 2005 年版，第 174 页。

民法院提出申请即可，外国法院的申请亦是向有管辖权的中级人民法院提出，但其申请必须在互惠原则的指导下进行，并且不能与我国缔结或参与的相关国际条约的规定相违背。受理申请的人民法院将按照一定的标准对申请进行审查，如果该申请没有危害我国国家利益，且不与我国国内法的基本原则相背离，那么人民法院将承认该判决的效力，在必要时还将发出执行令，按照本国的执行程序执行判决，否则不予承认或执行。

综合前述内容，笔者将我国承认与执行外国法院判决的条件概括为下面三点：首先，该判决须已发生法律效力；其次，作出该判决法院的所属国须同我国存在互惠关系，或签订、共同参与了相关国际条约；最后，中国国家主权、安全和社会公共利益必须被尊重与保护，中国法律的基本原则不得被违反。

四、环境司法国际合作

如上文所述，随着人类社会的不断发展，环境问题已经摆脱了原先限于一地一区的情况，展现出了越来越强的全球化、世界化的趋势。环境问题关乎全人类的发展，在最大限度上忽视了政治国界的存在，没有国家可以置身事外。特别是作为环境问题重要组成部分的大气环境问题，影响范围具有全球性。这就要求各个国家必须联合起来，通过各种形式的国际合作，来应对越来越严重的环境问题，而环境司法的国际合作，是其中的重要组成部分。

在处理早期的跨境环境问题时，各国通常依照国际法的精神，在国家对话的基础上探究问题的解决方案。然而由于现代社会环境问题在空间上的扩展、频率上的增多和影响上的恶化，各国更倾向于以私法的方式解决跨国的环境问题。随着环境领域“污染者付费原则”的不断落实，各个国家与国际组织逐渐意识到应当重视由私法主体，特别是跨国公司所引起的环境损害及其所应该担负的责任，环境损害被逐步接受为一种损害方式，适用民法的责任机制。这样的法律责任承担方式相较于早期的环境损害国家责任有着明显的优势，主要体现在以下三个方面：

首先，环境民事责任机制更有利于环境的保护。在早期的单一国家责任机制中，环境被认为是公共物品，对其的管理与保护职责应由国家与社会承担，个人对环境不负有义务。这种环境责任思想极易导致“公地悲剧”的发生。民事责任有利于克服环境保护的外部性，使人们树立对自身行为后果的认识，从而更加谨慎地对待可能会造成环境污染的行为。[①] 在早期的国家责任体制下，环境破坏者承担的责任小，与他们对环境的破坏不成比例，而受害者由于不具有对侵害者的直接追偿权，他们的利益得不到必要的保护。而在环境民事责任体制下，高额的赔偿会迫使各民事主体在生产生活中基于趋利避害的考量，会自觉地保护生态环境。

其次，环境民事责任机制与国际法的精神相契合。一直以来，国家为私人主体承担了太多跨境环境损害方面的责任，而对环境造成损害的私人主体，特别是在生产过程中对环境造成损害的跨国企业，并没有为其行为付出应有的代价。将民事责任引入环境法，有利于更好地区分跨境环境污染中的国家责任与个人责任，更好地实现了国际法的合作精神。

最后，环境民事责任机制在一定程度上弥补了作为“软法”的国际法的不足，使得跨境环境损害的规则更为标准有效，既节约了司法资源，也为环境污染受害者提供了更为便利和有效的救济途径。

总之，环境民事责任机制修补了跨境环境损害的责任认定与追究机制，为处理跨境环境问题提供了综合性的解决方案。而在跨境环境民事诉讼日益增多的情况下，环境国际司法合作成了日益普遍的情况，也成了各国环境立法与相关国际条约中的重点关注对象。

如前所述，气候问题在所有环境问题中具有最大的范围性，因

---

① 韩德培主编：《环境资源法论丛》（第1卷），法律出版社2001年版，第73页。

而，应对气候问题的司法国际合作是环境司法合作中的重中之重。

五、我国在环境法方面的具体规定

目前，我国在应对气候问题方面的法律仍然缺位，气候问题的司法国际合作制度仍未建立，但是在其他环境问题方面，我国已初步建立起司法国际合作制度。

我国《固体废物污染环境防治法》第 90 条规定：当有关于固体废物污染环境防治的国内法与我国缔结或参与的国际条约相冲突的，相关国际条约的适用将优先于国内法，但我国宣布保留的国际条约条款除外。而在《野生动物保护法》第 40 条规定的当有关于野生动物保护的国内法与我国缔结或参与的国际条约相冲突时；《海洋环境保护法》第 97 条规定的当有关于海洋环境保护的国内法与我国缔结或参与的国际条约相冲突时；《野生植物保护条例》第 31 条规定的当有关于野生植物保护的国内法与我国缔结或参与的国际条约相冲突时，亦遵从前述原则。由此可以看出，我国在承认与执行上述范围内的外国法院判决时，要从具体的情况出发，在参加了国际条约的情况下按照国际条约的规定行事，在未参加相关国际条约时按照我国国内法律依法行事，呈现出典型的执行令方式的特点。

总而言之，我国在气候问题司法国际合作的立法工作与制度建立上可以参考我国其他环境保护方面的经验，根据实际情况，在我国已缔结国际条约的情况下以国际条约的规定内容为准，在无国际条约的情况下以我国国内法为准，依法对其进行实质审查，根据审查结果决定是否对判决承认与执行。

第八章　中国应对气候变化的创新性路径选择

第一节　气候变化补偿基金

气候变化对人类日常生活的影响越来越显著，包括对人类的健康、财产等造成的影响。如果这种影响特别重大甚至于是有害的，那么就有可能会导致损害赔偿的出现。在气候变化领域生发的诉讼，基于举证的复杂性和困难程度而导致的诉讼战线过长等原因，传统的诸如通过侵权诉讼的路径来寻求损害赔偿是不经济的。并且，当气候变化所生发的诉讼存在大量潜在的受害者时，侵权诉讼将会加重法院的工作负担。因此，基于气候变化的规模之大以及该问题的复杂性，我们需要对因气候变化所导致的损害赔偿另外创设一套具有针对性的方案，气候变化补偿基金应运而生。

一、传统侵权诉讼路径的不适格

一个人不论是主动还是被动地接受气候变化的影响都是无从选择的，随着气候变化的加剧，其所带来的各种问题也日益凸显，人们已经意识到并承认气候变化的危害性以及积极作为以减缓气候变化是可行的，其中亦包括在司法领域的有关作为。例如，美国司法系统在马萨诸塞州诉美国环境保护局一案中的标志性意见表明《清洁空气法案》是政府部门采取行动调节温室气体排放量的正当权力来源。美国环保局的不作为使马萨诸塞州的权利遭受了损害，导致了该州海平面上升，但是在马萨诸塞州寻求赔偿时却遭遇了重大的程序性障碍。因为原告必须证明他们具备以下三个方面的条件：第一，遭遇了事实上的损害，这种事实上的损害必须是具体的、详细的事实或迫近的事实；第二，损害可追溯到被告的行为；第三，该行为能够被法院纠正。

这三个要件都构成对原告诉讼请求的挑战。首先，全球气候变化的受众面之广，决定了它很难显示出具体的受害人，几乎每个人都受气候变化的影响。其次，科学方面对于气候变化的具体影响以及应对气候变化措施对于减少温室气体排放量的具体贡献的影响难以确定，这就使损害难以追溯到被告的行为。最后，无论驾驶汽油动力车还是使用化石燃料产生的电动力车，所产生的温室气体排放量加剧气候变化的行为几乎不可能被法院纠正，难道要禁止使用汽车和电动车吗？虽然本案的最终判决结果①并没有直接关系到气候变化补偿基金的创建，但是它将引导人们发出司法支持的论点，即补偿气候变化所带来的影响确实是可取的。

尽管还有一些因气候变化而生发的诉讼原告获得了胜诉，但是基于侵权诉讼的机制寻求气候变化损害赔偿仍然不是最好的选择。首先，从原告的角度来看，诉请气候变化赔偿所存在的法律问题很有可能在较长时间内继续存在。即使法院愿意站在作为气候变化受害者的原告这一边，气候变化与原告所遭受的损害之间存在因果关系的证明以及建立损害赔偿等问题仍然存在重大障碍。除此之外，不同的法院，不同的法官审理的同样有关气候变化的案件很有可能出现不同的结果，并且冗长的诉讼过程以及高昂的诉讼成本意味着受害者将长时间无法获赔，这对于受害者来说是不公平的，特别是

---

① 法院最终判决："尽管美国环保局的监管本身不足以扭转全球气候变暖，但是为了减缓或者降低全球气候变暖而对来自于交通部门的温室气体进行监测是环保局的职责。"

对于低收入的弱势群体受害者来说。其次，从被告的角度来看，基于侵权行为的诉讼对公平性问题提出了重大要求。当人为因素是导致全球气候变化最主要的因素时，法院应当如何将责任分配给某个或某些特定的被告？成功的侵权诉讼也可能导致数额巨大的赔偿判决从而影响被告的盈利和运营能力，甚至整个国家经济的发展。最后，气候变化的规模之巨大也引出了一个问题，法院是否具有与之相匹配的裁判条件？全球气候变暖的公害索赔是在要求对一个规模不同于任何先前环境污染案件的责任者施加的损害赔偿，大量潜在的气候变化受害者，将会使侵权诉讼给法院增加实质性的工作负担。

二、CCF 的提出

气候变化问题的规模以及复杂程度表明，传统的侵权诉讼也许并不是一个用于补偿受害者的最佳选择。因此，立法者和政策的制定者应当寻找另一种可行性替代品，笔者建议设计一个有效的气候补偿基金（Climate Compensation Fund，CCF），目前虽然这并不是一个足够成熟的基金蓝图，但是我们主要从一些关键要素对其进行探讨，包括以下几个方面：

第一，补偿基金并不是一个全新的概念，CCF 应当朝向“确保公平补偿气候变化受害者”和“避免涉案化石燃料密集型企业破产的风险”的双重目的设计一个无过错补偿方案。也许在设立之初，CCF 无法处理涉及气候变化所引起的极端灾害的索赔，但是，CCF 的重点应当放在那些显著和容易识别的气候变化影响上，而非灾难性的影响。索赔的第一类应当是涉及自然系统的对温度变化反应特别强烈的元素，包括珊瑚礁、冰川、冻土。而海平面上升应当单独归为一类，这是因为它是气候变化最明显能够预见的后果。由于 1/3 的索赔都可能会涉及水，如干旱和洪水的影响，因此水是第三类索赔元素。正如丹尼尔·A. 法伯教授所言：“大多数情况下，这三类变化是可以预见的，而无须对气候变化的不同模式进行细微差别分析。”这三大类索赔元素应作为 CCF 的有效起点。但他同时也承认：“我们对于气候变化的认识并不详尽，有增长和提高的空间。”

第二，CCF 的资金来源仍然是一个具有挑战性的因素。然而，设立之初 CCF 可以强调“污染者付费”原则。化石燃料密集型行业有助于 CCF 成为一种具有激励功能的责任限制方式，此外对于该行业中不符合碳排放标准企业的违法行为进行处罚，所得罚款可以用于支持 CCF。

第三，授权立法，在中央建立一个专门的行政机构或者委员会负责监督 CCF 和成员资格认定。这一行政机构人员的结构不仅应当包括法官和律师，还应当包括一定比例的科学家，因为他们比法官和律师更加具备分析气候变化因果关系的能力。

第四，适当补偿的计算也是一项艰巨的任务，但是在设定具体计算标准之前，应当首先确定气候补偿的范围。笔者认为，气候补偿的范围定义应该足够广泛以至于 CCF 向受害者提供的补偿能够显著地缓解局部或区域性的气候变化问题，但这要以不导致压倒性的财政负担和不偏离减缓气候变化的宗旨以及其他理想的社会目标为前提。

虽然以上所述 CCF 的几个方面绝对无法佐证 CCF 是应对气候变化的完美方案，但这种方案有以下四个优点：首先，CCF 能够充分体现环境正义。所有符合条件的受害者都有资格获得赔偿，获得赔偿的人并非只是那些有时间和金钱来聘请好律师和支付长期诉讼费用的人。其次，一个无过错赔偿计划更能够兼容固有的气候变化因果关系及相关争论。气候变化的复杂性和全球规模使人们极难准确定位国家责任，从某种程度上来说，所有的人都需要对气候变化负责，特别是发达国家，但是责任的界限仍旧模糊。一个无过错赔偿的计划能够最大限度地使责任的界限清晰起来。类似的如科学家们能够使 CCF 委员会产生更为准确的决定，因为其在气候变化领域的专业知识是司法部门无法替代的。再次，CCF 将根据污染者付费原则将所得初始资金纳入其中，能够起到一个有效的威慑作用。如果支付的资金与温室气体的排放挂钩，那么对化石燃料密集型行业的减排将起到激励作用。例如，鼓励化石燃料密集型行业投资替代燃料等。最后，CCF 对于在大规模气候变化背景下的气候诉讼提供了相较于侵权诉讼更为可行的方案。因为在侵权诉讼中，无论是原告还是被告都无法完全证明侵权索赔的必要元素（违约、责任、因果关系、实际损害），并且由于自身诉讼地位、国家立法、行政决定等政治问题而难以实现理想获赔。

当然，CCF 并不是一个成熟、完美的方案，因此一个适当的评价仅就其优点高谈阔论而没有 CCF 的缺陷分析是不完整的。

首先，也许有的人会诟病，无过错补偿方案缺乏必要的威慑元素，因为大量的温室气体排放者无须承担财政责任。换言之，化石燃料密集型行业将依然缺乏减排动力，因为 CCF 没有对于其实质性责任的威胁。即使如上所述，CCF 的资金结构由污染者付费原则引入，能够带来一种威慑的效果，但对于一个无过错赔偿基金的相似论点是，矫正正义理论并不强调这样一个方案。CCF 仍然保存侵权选项用以解决矫正正义和更为深层次的道德、伦理问题。不仅如此，我们还应当警惕一个包容性的程序，因为它有可能会有损于人们对于减缓和适应气候变化所做的努力。

其次，那些反对 CCF 的人会认为困扰着气候侵权诉讼的气候变化与事实损害之间因果关系的证明同样也困扰着 CCF 赔偿资格的认定。这确有其事，但是至少在最初，符合条件要求的类型可以被狭义地定义为“容易识别”的气候变化影响。

再次，某些人认为 CCF 会成为行政的负担，但幸运的是，事实上过去成功实施受害者补偿的基金可以被用来作为建立 CCF 的基础模型参考。另一个障碍是创立 CCF 需要采取新的立法。通过近几年有关气候变化立法的证明，通过有关 CCF 的立法在现阶段是不可行的。

最后，确定相关气候变化损害赔偿的持续时间仍是一个问题，特别是当气候变化的影响并不局限于一个特定的事件或一系列事件时。成功的索赔是即使损害不限于短时间内，也仍然能够可持续地提供资金支持，以及合理利用资金。

综上所述，气候变化的规模之大以及其复杂性表明，传统的侵权诉讼并不完全适合用于补偿气候变化受害者，但是又因为有关气候变化的法律仍在不断变化之中，目前将大规模的侵权诉讼作为有效的气候变化受害者补偿方式似乎为时过早，因此法律和政策的制定者应当积极寻求可替代性方案，CCF 可以在进行受害者补偿的同时保护化石燃料密集型企业，规避其因支付受害者巨额索赔而破产的风险。正如丹尼尔·A. 法伯所言："我们应该支持建立一个补偿气候变化受害者的制度，并且建立这个制度的成本以及人们对于该制度运作的适应成本应当不是过于昂贵的。" CCF 不失为一个这样的制度。

第二节　气候公益信托

温室气体的综合调控是优越的温室气体减排策略，但是在此基础之上，私人诉讼并不适合应对气候变化等全球性问题，因此本书在前述第七章所论证的公益诉讼是目前气候变化诉讼较为普遍的选择。在此基础之上，笔者提出另一种应对方式，用以解决导致气候变化的活动所引起的纠纷，即气候公益信托。

一、公共信托原则

公共信托原则（the Public Trust Doctrine，以下简称 PTD）是指政府依据财产本身的性质进行划分，最大限度地保障公众实现对于某些特殊财产所享有的权益。其法律目的在于限制政府对于公共利益的破坏能力，提供对国家机关司法审查和决策的评审标准和法律机制，提供公众访问资源的信任权限，允许民主化进程治理、分配资源。

PTD是环境法上一个历史悠久的原则，在英国和美国已经有了较为成熟的实践制度与之对应。在我国，目前公益信托由于起步较晚、相关配套制度缺乏等一系列原因以致受众面较窄，公众认可度较低，更何况是在气候变化的背景之下谈论公共信托及以其为支撑点的公益信托诉讼，那更是鲜有涉足。政府凭借着公众的信赖利益及资源使用效益拥有一定的自然资源。20世纪70年代，约瑟夫·萨克斯教授认为，PTD属于自然资源法范畴，为了公众的利益，国家有义务保护某些自然资源，尤其是水资源，并应当适时对破坏这些自然资源的行为进行有效的行政、司法干预。

越来越多的国家将PTD作为环境保护的"生态公共信任"，这是公共信托理论演进的典型。这是对国家环境监管部门强力的支持，然而在一些国家，特别是在PTD与生态保护处于同一法律状态之下的国家中，生态公益信托已然成为限制和调节私人财产权的机制，有利于保护自然资源的公共价值和生态系统的完整性。通过对PTD的解释和扩展，可以重新界定这些可能威胁到自然系统生态价值的私人财产权。克莉丝汀·玛丽教授主张全面扩大公众信任的概念，以此在美国《环境和自然资源法》中解决新兴的环境危机和气候变化问题。

PTD有一个古老的谱系，可追溯至罗马法，它反映了某些资源的性质是公共的，《查士丁尼法典》在此学说的基础上宣布某些元素应当得到保护，包括自然法则下的空气、海洋、海岸。PTD要求政府作为受托人，保持资源的质量并保护那些迫近被耗尽的资源利益的未来发展。PTD的基础是自然资源及对信托主体的监督和控制。通常情况下，政府在行使其权力时有着广泛的调节利益冲突的利益平衡纬度。然而，当其在公共资源领域戴上一顶受托人的帽子时将更加受限制。受托人有义务保护信托财产，不得以自己或任何第三方的利益为目的导致信托财产的损毁或灭失，更不能放弃信托财产。在自然资源领域，受信托的财产需要具备以下三个特点：第一，信托财产虽然不只是用于公共目的，但它必须是可供公众使用的；第二，信托财产即使处在一个相当公平的对价之下也不会被出售；第三，信托财产必须保持其特定的用途，或者说信托财产必须是在一定意义上的用于自然用途的特殊资源。

二、PTD 在气候变化领域的灵活性和适应性

气候变化的不确定性对自然资源的影响大小难以精确，而影响发生的时间节点以及气候变化和人类活动的其他影响对此种不确定性体现得更为突出。这些不确定性共同凸显了实践对法律灵活性和适应性的要求。相比于对法律灵活性和适应性要求的体现作用，人们在 PTD 演进过程中对于气候变化的适应性管理的探索更为重要。

PTD 理论已成为一种平衡公共利益和私人利益的手段，它也被公认为是在自然资源领域（包括大气资源领域以及投射在气候变化方面）的公共、私人利益平衡、发展的关系基础。在此基础之上，人们必须获取新的信息，适应新的价值观表达方式，探索新的公共、私人需求和机会。因此，在探索和架构气候变化适应的需要及支持气候变化自适应的管理制度方面，PTD 理论潜藏着巨大的价值。

气候变化正在改变人类赖以生存的基本环境条件。以水资源为例，降水时间和降水量、降雪时间和融雪量，水温，流域形状等方面都因气候变化而较一个世纪之前有所改变，这种变化将继续持续几十年甚至于几个世纪。长期而言，这些变化会加剧现有的一些冲突，因此如何适当地使用和分配水资源，让公共用途和公共价值观与私人权利保持和谐就显得尤其重要，这是因为气候变化很可能直接影响到 PTD 理论在国家层面的适用。

在自然资源的适应性管理当中，人们对于气候变化影响的实证是必要的。然而，许多的不确定性细节仍然笼罩着人们对于气候变化的实证工作。在特定领域对于气候变化影响的实证有利于对特定资源的适应性管理。适应性管理是一个学习的过程，虽然我国目前缺乏完整的资源管理体系和包括数据搜集、评估在内的资源监测、

整合体系，对于现有管理方法和迭代规则评估是否仍然有意义以及与此相匹配的整体管理目标尚不明确，但有一点可以肯定的是，自然资源的适应性管理是应对气候变化的必要方法和优先选择。

用于应对气候变化的自然资源适应性管理需要法律制度的支持，但在法律框架下亦要保证管理决策的灵活性。从这个意义上来讲，让管理者调整甚至于完全改变管理方案，以提高其对于现有条件的认识也必然的。虽然我们对于以 PTD 为基础而生发的应对气候变化自然资源适应性管理方式有了初步的认识，但是将此落实于应对气候变化仍有一些实际的和潜在的障碍，主要包括应对气候变化责任的分配，捕捉气候变化规律的曲线以及其所衍生出的一个完整的气候变化环境影响报告书，碳排放权属及其丧失的问题，烦琐的行政程序要求和公共会议等。虽然运用 PTD 理论人们不能完全消除这些障碍，但是，如美国、英国等国家，他们已经通过谈判的方式成功地解决了一些障碍，我国也需要继续跟进。

三、一般法对于应对气候变化的价值剖析

气候变化对于自然资源和人类生活的影响被要求体现在法律上，从而保护公共权利和私人权利在生态系统中的理想平衡。诸如民事诉讼和传统侵权诉讼这类一般法诉讼相较于公益信托来说是一种固有的适应气候变化的制度。这种制度对于气候变化的适应性使得法律既能改变社会、经济或生态环境的实际情况，也能改变社会价值。

一般法通常被认为具有两方面的优势：第一，它提供了一种解决纠纷的公平、有效的方式；第二，它会产生一个反映和法律一致的社会实际供应增量的规则，特别是一般法体系的灵活性能够适应特定的事实，反映条件变化的特殊情况和调整规范，同时鼓励裁判者注意到人们对于现有权利的期望。事实上，短期内的一般性立法应当在一个给定的状态下找出应对气候变化的优先措施，需要特别考虑政府决策中资源分配对于气候变化的影响。委托国家相关机构

从事气候变化自适应的管理以及创建新的监管部门也是必要的方案。然而，由于不同地区受气候变化影响的程度不同，一般性立法并不是一个具体解决气候变化局部影响的完全适当的方法。另外，社会很有可能需要以气候变化为助力促进其发展。即使在短期内气候变化的影响得以被准确预测，在未来十年内，若不制定合适的政策则难以预测、解释和引导社会、人口、地缘政治、经济等的变化，更不用谈及生态了。

鉴于气候变化所要求的长期视野和以上所述这些气候变化的不确定性，任何有关气候变化的一般性立法所规定的具体应对措施有可能是无法存续的或者其存续也只是一种形式。

综上所述，本书总结出一般法用于应对气候变化的法律问题有如下四个特点：第一，气候变化的影响往往在范围较小的区域内反应激烈，影响了当地的生态价值观和生态习俗。因此，目前基于传统侵权诉讼对气候变化的影响进行规制依然会产生对于《侵权责任法》的重复依赖，从而会阻碍当地的发展。第二，气候变化对于法律来说是一个促进其自我发展的压力，气候变化的过程将继续产生生态和社会的影响，从而影响到人们的法律权利和义务。不论法律做如何回应，一般法生发的解决方案并不能充分解决现有气候变化问题，也无法重塑现有的监管结构。第三，没有人可以全面探讨和肯定应对气候变化的所有细节。这就表明该领域的法律将受益于一般法的规制，包括在全球范围内进行碳交易及借贷的解决方案，强调世界范围内国家“共同法则的力量”以适应甚至推进因气候变化而导致的社会变化。第四，《应对气候变化法》的最终目的和状态还不完全清楚，因此一般法上的法律演变可以成为目前我国应对气候变化非常有效的工具，它不仅要适应不断变化的情况和新兴社会的需求，也要改变社会的目标。

四、气候公益信托

所谓气候公益信托，是指在气候变化领域依据 PTD 而进行的信托。气候公益信托是生态公益信托理论的一种表现方式，也是公共信托法律的前沿。一些国家已经出现生态公益信托，立法者将公共信托的概念纳入本国宪法加以规定并授权其环境保护的概念。例如，1971 年 5 月 18 日，美国宾夕法尼亚州的公民修改了他们的宪法，称“人们有一种清洁空气、纯净水、保护自然、风景、历史和审美价值的环境的权利。宾夕法尼亚的公共自然资源是所有人的共同财产，作为这些资源的受托人，美联邦应保护人民的利益”。笔者认为，我国可以将气候公益信托作为应对气候变化的法律机制之一，这主要是基于 PTD 的弹性性质。PTD 应当延伸到气候领域，通过固定一个可辨识的侵权行为限制碳排放者的行为以及政府对碳排放行为的许可权。公众的信任并不存在固定的时间和范围，但 PTD 必须符合也能够符合不断变化的外部环境和公众需求，这就是 PTD 的弹性性质。再加之气候变化毕竟是关于变化的问题，一个静态的法律制度和绝对的财产权利无法使国家进入一个更适应气候变化的状态。因此，我国将公益信托引入应对气候变化领域应当注意以下几个方面：

（一）让应对气候变化在 PTD 解释之下成为一种国家责任

用 PTD 对气候变化进行分析，让应对气候变化正式成为一种国家责任，以尽可能多地保护自然资源和生态系统的公共利益。PTD 至少有一部分可以归属于产权理论，我国可以通过立法或将其引入宪法的方式，用它来调整和重新校准气候资源公共和私人权利之间的平衡，包括私人产权。手段可以是将其转化为一种国家财产，从某种程度上来说亦是一种国家私有的财产，而并非只是赔偿，以此来调整气候资源的财产权。

由于气候变化不仅会影响到气候资源本身，更显著的是对其他自然资源，特别是水资源的影响。因此，气候公益信托也可以通过对其他自然资源的公益信托而转化为一种国家责任。例如，水公益信托、森林碳汇公益信托、土地公益信托等。这些自然资源，特别是其中的稀有资源更加能够证明公益信托是有价值的应对气候变化的工具。

（二）明确产权是气候公益信托的先决条件

许多人致力于集中制定法律来解决环境问题，但是PTD本身来源于财产法领域。在气候公益信托中，政府作为气候资源及其他与气候有关的自然资源的受托人，为了公众利益实施管理。气候公益信托是一种资源所有权的基本类型，是一方为了另一方的利益而进行的财产管理活动。它将气候资源及其他与气候有关的自然资源的所有权托付给受托人，即政府；享有受益权的受益人，即公众。政府为了公众的唯一利益受托管理气候资产，气候公益信托中的资产构成了该信托的物或客体。因此，气候公共产权是政府拥有公众所信任的权利的位阶基础。我国将PTD引入气候领域以应对气候变化的先决条件即是对气候资源及其他与气候有关的自然资源的产权进行明确的界定。

（三）气候公益信托本身是一种民主

不同于大部分信托仅侧重于现代不同阶层的公民之间的纠纷，气候公益信托因其本身是为应对气候变化所设的缘故，而自带了可持续发展理念和代际公平理念，在政府作为受托人进行决策演算时应当将这二者纳入其中，这就体现了PTD的双重功能，即保护代际利益和跨世代的利益。由此气候公益信托可以作为一个民主化的工具，用来保障公民的权利。在PTD原则应用于气候领域进行资源配置活动时，应当鼓励司法审查，以此来表征为气候领域提供了一个法定的平衡。对于那些严重威胁代际公平的碳排放行为，应当法定剥夺排放者信托受益人的资格和未来。

第九章 尾 论

气候与法律看似无关，但实际上二者并不是相互独立的。早在《论法的精神》中，孟德斯鸠即认为，在特定气候下生活的人的性格和内心感情是与该气候息息相关的。气候影响着一个国家的风俗礼仪和民族性格。一个国家的风俗礼仪和民族性格则构成了该国家“法的精神”，进而影响到该国家的法律制度。但是，孟德斯鸠承认这一影响并不完全是要让法律顺应气候。如其所述，不和气候的弱点抗争的是坏的立法者，一个国家需用法律来抵消特定气候所带来的负面效应。[①] 孟德斯鸠的观点十分朴素，但经受不住现代科学的规范体系的检验，其论述至少为我们提供了一种思考方向，即气候与法律之间可能存在某种联系。气候影响自然环境，自然环境制约人类的行为，进而影响到旨在规范人类行为，维护社会秩序的法律规范。

在现代工业社会之下，气候对人类的制约作用被弱化，人类的某些行为也能影响到气候要素，最终导致气候变化。但反过来说，在人类能够通过自身行为影响自然环境的今天，这种通过社会规范来制约人类的行为，从而修正因为之前人类行为对气候的不良影响的做法是有很大空间的。事实上，部分发达国家近年来通过完善立法、加强创新、发展低碳经济的方式，在应对气候变化上取得了很

① ［法］孟德斯鸠:《论法的精神》，张雁深译，商务印书馆 2007 年版，第 141-142 页。

大成就。虽然这样的方式的普适性受到怀疑，现代科学亦无法完全解释人类行为影响气候变化的具体可行性，但是，孟德斯鸠的著作表明，气候变化与社会规则的问题，在西方也经历过近代社会科学发展初期的系统论证。这为我们现在研究应对气候变化的法律框架提供了一种思想上的启蒙。虽然在孟德斯鸠的时代，气候变化并未成为一项社会问题，因此只是单纯地讨论已经存在的气候状况对社会规则的影响，而并未深入讨论如何利用以法律为代表的社会规范去修正气候变化所带来的负面影响。但是气候变化目前已成为一个不得不重视的问题，对气候变化进行法律调控刻不容缓。

2011年，时任全国人大常委会委员长的吴邦国郑重宣布中国特色社会主义法律体系已基本形成。但正如我们在上文中多次提到的，在环境保护领域中破坏最强、治理难度最大、影响最深远的气候变化问题并没有在立法上得到其应有的地位，我国的应对气候变化活动主要还是由相关的国家政策调控。诚然，我们有足够的理由为我国过去二十年在应对气候变化领域所取得的成就而自豪，此外我们也必须承认造成气候变化的主要原因是温室气体的超标排放，而对温室气体排放的调控本身和我国各项节能减排的法律制度相重合，如果这些法律能够运行顺畅，我国的应对气候变化活动便能够得到推进。然而，当下的国内外形势已不同于过去的二十年，基于气候变化问题影响范围之广、程度之复杂的特点，应对气候变化活动无法由某一个或某几个国家单独进行，这最终导致了“后京都时代”的国际应对气候变化合作实际上陷入了“囚徒困境”。[①] 在国际社会对我国的减排压力不断增大的背景下，为在维护国家利益和承担国际义务间维持平衡，我国不能将应对气候变化维持在节能减排的简单层次，而是要努力将应对气候变化活动专门化、常态化、制度化。然而，如果我们缺乏应对气候变化的法治化，前述努

① 胡鞍钢、管清友：《中国应对全球气候变化的四大可行性》，载《清华大学学报》（哲学社会科学版）2008年第6期。

力就不能得到有力的保障，随时处在人亡政息的危险之中。这正是笔者在前文再三强调需加强应对气候变化立法的原因。

本书在前面的六章内容中以低碳经济为纽带，论述了中国应对气候变化法律框架的概念、意义、基本原则、制度设计和基本内容，并介绍了中国的环境执法程序和司法体制。可以说，除了专门的《应对气候变化法》还未制定外，构建中国应对气候变化法律框架的政策基础、制度基础、法律基础都已基本具备，中国应对气候变化法律框架呼之欲出。

正因如此，我国才需要对前述构建中国应对气候变化法律框架的政策基础、制度基础、法律基础进行彻底的反思。立法实际上是立法者将一定的理念和将来发生的事实相对应，从而形成法规范的过程，在这一过程中，我们不得不考虑诸多因素。古往今来，爱好平等正义的人们对于良法的追求从未停止，但正如美国大法官霍姆斯指出的，法律的生命不在于逻辑，而在于经验，[①] 它并不像包括部分立法者在内的许多人所期待的那样仅凭着抽象的概念构造和逻辑推演便能自给自足。事实上，法律体系一直是一个开放的体系，其内容随着社会生活的变迁和人们观念的改善而不断变迁、延展和补正，即使其文字载体可能并未改变。亦即有法可依并不意味着永远有法可依，更不意味着有良法可依，法律体系的形成不意味着法治的形成。环境保护立法就是一个典型的例子，高鸿钧教授曾认为，我们已经制定了许多自然资源与环境保护的法律，但这些法律一方面可操作性差，另一方面受行政干预严重，根本无法发挥实效。[②] 值得我们反思的是，高鸿钧教授十多年前指出的情况在今天并未因为环境保护立法的进一步完备而得到根本性的改善。

---

① ［美］小奥利弗·温德尔·霍姆斯：《普通法》，冉昊、姚中秋译，中国政法大学出版社 2006 年版，第 1 页。

② 高鸿钧：《21 世纪中国法治瞭望》，载《清华大学学报》（哲学社会科学版）2001 年第 4 期。

气候变化问题不是单纯的环境问题，而是发展问题，与人权息息相关，对于气候变化的应对一旦走入歧途，将影响到未来几代人的生存，在十字路口前的中国必须以人权为出发点和落脚点，努力平衡好秩序和自由的关系。中国的应对气候变化活动还在继续，可喜的是，我们了解到发改委负责人在 2014 年 11 月 25 日接受记者采访时表示，国家发改委一直在牵头组织应对气候变化立法的工作，通过前期立法的调研，在广泛地征求国家各部委和社会公众的意见后，已完成了《应对气候变化法律框架草案》，目前已经进入到立法程序。[①] 据悉，2014 年 7 月 21 日，国家发改委就中国《气候变化应对法》草案起草主持召开论证会。中国社科院法学教授，同时也是此次草案起草项目的首席专家常纪文称，目前的草案相对来说还比较原则和抽象，但其形成已是一大进展。[②] 气候变化是全球普遍面临的大气环境问题，应当贯彻公众参与这一公认的环境法基本原则，公众参与作为一项环境法律权利，也是新时代环境共治共享理念的最佳诠释。不仅如此，中国作为温室气体排放量最大的发展中国家，推进气候变化应对事业全民化是提升气候变化应对工作实效的基础，因此《气候变化应对法》草案必须以彰显公众参与为出发点，为调动公众参与应对气候变化的积极性提供制度保障。

长期以来，中国一直秉承可持续发展理念，以积极、务实的行动引领发展中国家气候变化应对进程，在应对气候变化方面的成就有目共睹。当地时间 2018 年 12 月 15 日，联合国卡托维兹气候变

---

① 网易新闻网：《发改委透露应对气候变化法律框架草案已起草完成》，http://news.163.com/14/1125/12/ABT6GI0I00014JB6.html，访问日期 2019 年 4 月 7 日。

② 中国气象局网：中国起草完成《气候变化应对法》草案，http://www.cma.gov.cn/2011xwzx/2011xqhbh/2011xdtxx/201407/t20140725_253673.html，访问日期 2019 年 4 月 7 日。

化大会落下帷幕，大会期间中国政府代表团在会场内设立了“中国角”，全面聚焦低碳发展、碳市场、南南合作、气候投融资等领域，立体地介绍了中国应对气候变化和推动绿色低碳发展的政策、行动与成就，表示中国已成为利用清洁能源第一大国。[①] 2018 年 11 月，生态环境部发布了《中国应对气候变化的政策与行动 2018 年度报告》（以下简称《报告》）。《报告》显示，2017 年我国单位国内生产总值二氧化碳排放（碳强度）比 2005 年下降约 46%，已超过 2020 年碳强度下降 40%—45%的目标，碳排放快速增长的局面得到初步扭转。中国承诺 2020 年非化石能源占一次能源消费比重达到 15%左右，森林蓄积量增加 13 亿立方米。此外，《报告》将“全社会广泛参与”作为专章提出，详细阐述了社会各方力量在应对气候变化方面的责任担当，强调应对气候变化实现政府主动引导、公众广泛参与、企业积极探索、媒体广泛宣传，深入贯彻落实环境治理公众参与原则。

我们期待将于不久后向社会公布的《中华人民共和国气候变化应对法》草案能够给我们带来惊喜，倡导全社会形成气候变化共识，描绘大气环境共治美好愿景。

---

① 于洋：《推动联合国卡托维兹气候变化大会取得积极成果　中国展现应对气候变化引导力》，载《人民日报》（2018 年 12 月 17 日 3 版）。

参考文献

一、论文类

[1] 郭冬梅:《气候变化法律应对实证分析——从国际公约到国内法的转化》,载《西南政法大学学报》2010年第3期。

[2] 郭冬梅:《〈气候变化框架公约〉履行的环境法解释与方案选择》,载《现代法学》2012年第3期。

[3] 宋锡祥、高大力:《论英国〈气候变化法〉及其对我国的启示》,载《上海大学学报》(哲学社会科学版)2011年第2期。

[4] 李艳芳:《论中国应对气候变化法律体系的建立》,载《中国政法大学学报》2010年第6期。

[5] 李玉梅:《我国气候变化法立法刍议》,载《政法论坛》2015年第1期。

[6] 吕江、梁晓菲:《国家核心利益与气候变化立法:在原则与规范之间》,载《吉首大学学报》(社会科学版)2014年第4期。

[7] 高翔、牛晨:《美国气候变化立法进展及其启示》,载《美国研究》2010年第3期。

[8] 李艳芳、张忠利:《美国联邦对温室气体排放的法律监管及其挑战》,载《郑州大学学报》(哲学社会科学版)2014年第3期。

[9] 罗丽:《日本应对气候变化立法研究》,载《法学论坛》

2010 年第 9 期。

[10] 刘召彬、王冰：《应对气候变化立法的现状及存在问题》，载《人大建设》2011 年第 5 期。

[11] 李慧明：《从“负担共享”到“努力共享”：欧盟气候治理中的负担共享政策及启示》，载《学术论坛》2011 年第 4 期。

[12] 燕方：《论我国应对气候变化立法之适应性选择》，复旦大学 2011 年硕士学位论文。

[13] 李英丽：《应对气候变化立法研究》，河南大学 2011 年硕士学位论文。

[14] 胡鞍钢、管清友：《中国应对全球气候变化的四大可行性》，载《清华大学学报》（哲学社会科学版）2008 年第 6 期。

[15] 张安娟：《碳排放权交易制度研究》，南京大学 2011 年硕士学位论文。

[16] 宋俊荣：《〈京都议定书〉框架下的碳排放贸易与 WTO》，载《前沿》2010 年第 13 期。

[17] 李艳芳：《系统化建构中的循环经济立法》，载《中国人民大学学报》2006 年第 3 期。

[18] 柯坚：《我国清洁生产立法问题初探》，载《法学杂志》2000 年第 4 期。

[19] 黄东：《森林碳汇：后京都时代减排的重要途径》，载《林业经济》2008 年第 10 期。

[20] 吕忠梅：《论公民环境权》，载《法学研究》1995 年第 6 期。

[21] 陈海嵩：《宪法环保条款的规范分析——以“环境国家”的建构为视角》，武汉大学 2010 年博士学位论文。

[22] 吴磊：《中国能源安全面临的战略形势与对策》，载《国际安全研究》2013 年第 5 期。

[23] 王明远：《我国能源法实施中的问题及解决方案——以〈节约能源法〉和〈可再生能源法〉为例》，载《法学》2007 年第

2 期。

[24] 王亚军、李传轩：《论节约能源法律中的市场化机制》，载《科技与法律》2007 年第 5 期。

[25] 江伟钰：《论清洁生产和良性循环经济立法与 WTO 规则》，载《广东商学院学报》2003 年第 2 期。

[26] 翟勇：《应对气候变化的理性思考》，载《河海大学学报》（哲学社会科学版）2008 年第 3 期。

[27] 解振华：《国务院关于应对气候变化工作情况的报告》，载《中国经济导报》2009 年 8 月 29 日。

[28] 张梓太、王文革等：《控制全球气候变化的法律问题及中国的应对》，载《政法论丛》2008 年第 2 期。

[29] 那力、张炀：《国际环境损害责任的私法化趋向》，载《当代法学》2004 年第 5 期。

[30] 王振江、阮晏子：《环境污染犯罪立法的边界与尺度——基于立法实务的考量》，载《中国环境法治》2008 年第 1 期。

[31] 潘丽娜：《环境行政执法中执行力的问题研究》，中国政法大学 2011 年硕士学位论文。

[32] 郭铁：《中国环境行政执法研究》，西北农林科技大学 2009 年硕士学位论文。

[33] 刘书燃：《中国行政法学三十年（1978—2008）》，载《中国法学三十年》2008 年 7 月 11 日。

[34] 黄中显：《公民环境公益诉讼的动力机制》，载《重庆社会科学》2009 年第 4 期。

[35] 宣增益：《国家间判决承认与执行纳入 WTO 体系可行性研究》，载《中国法学》2004 年第 2 期。

[36] 刘扬：《论国际法的法律性》，载《国际关系学报》2006 年第 2 期。

[37] 彭岳：《国际条约在国内适用中的制度僵化及其解决》，载《中国法学》2014 年第 4 期。

[38] 姜明安：《软法的兴起与软法之治》，载《中国法学》2006 年第 2 期。

[39] 曹明德：《气候变化的法律应对》，载《政法论坛》2009 年第 4 期。

[40] 刘雪莲、刘晶：《〈京都议定书〉的森林碳汇及其在中国实施的法律制度完善》，载《新疆大学学报》（哲学·人文社会科学版）2011 年第 3 期。

[41] 孙良：《论我国碳排放权交易制度的建构》，中国政法大学 2009 年硕士学位论文。

[42] 刘华、李亚：《欧盟碳交易的实践》，载《银行家》2007 年第 9 期。

[43] 张安娟：《碳排放权交易制度研究》，南京大学 2011 年硕士学位论文。

[44] 宋丽莉：《我国气候可行性论证的作用与实践》，载《阅江学刊》2013 年第 3 期。

[45] 张家算、徐万豪、徐孙斌：《城市发展与气候可行性论证》，载《城市建设理论研究》2012 年第 37 期。

[46] 伍毓柏、周显信：《我国气候可行性论证的现状问题与对策》，载《阅江学刊》2012 年第 5 期。

[47] 韩颖：《浅论重大项目气候可行性论证》，载《第 26 届中国气象学会年会公共气象服务与灾害管理分会场论文集》。

[48] 黄晶、李高、彭斯震：《当代全球环境问题的影响与我国科学技术应对策略思考》，载《中国软科学》2007 年第 7 期。

[49] 杨红强、张晓辛：《〈京都议定书〉机制下碳贸易与环保制约的协调》，载《国际贸易问题》2005 年第 10 期。

[50] 曾华锋：《〈京都议定书〉交易机制与生态碳核算系统的构建》，载《财会通讯综合》（下）2009 年第 1 期。

[51] 苏杨：《〈京都议定书〉的前世、今生和未来》，载《生态经济》2005 年第 4 期。

［52］刘书梅：《大气污染防治法首次大修》，载《WTO 经济导刊》2015 年第 1 期。

［53］张立东：《我国环境执法主体面临困境及对策研究》，山东师范大学 2013 年硕士学位论文。

［54］张学慧：《行政奖励制度研究》，山西大学 2005 年硕士学位论文。

［55］应松年：《把行政复议制度建设成为我国解决行政争议的主渠道》，载《法学论坛》2011 年第 5 期。

［56］王海燕：《行政执法责任制度研究》，吉林大学 2006 年硕士学位论文。

［57］王亚丽：《民事起诉条件研究》，中国政法大学 2007 年硕士学位论文。

［58］高鸿钧：《21 世纪中国法治瞭望》，载《清华大学学报》（哲学社会科学版）2001 年第 4 期。

［59］何建坤、周剑、刘滨、孙振清：《全球低碳经济潮流与中国的响应对策》，载《世界经济与政治》2010 年第 4 期。

［60］秦天宝：《严格法律意义上的国际环境法渊源初探》，载《探索·创新·发展·收获——2001 年环境资源法学国际研讨会论文集》（上册）。

［61］华启和：《国内应对气候变化研究综述》，载《东华大学学报》（哲学社会科学版）2011 年第 3 期。

［62］梅霄：《我国气候变化问题立法研究》，华北电力大学 2014 年硕士学位论文。

［63］彭本利：《中国气候变化立法的重点》，载《前沿》2012 年第 11 期。

［64］吕霞：《〈气候变化框架公约〉中的应对气候变化责任原则解析》，载《中国政法大学学报》2012 年第 3 期。

［65］郑莉：《欧盟等发达国家应对气候变化法律制度探析》，载《生态环境》2011 年第 11 期。

［66］付允、马永欢、刘怡君等：《低碳经济的发展模式研究》，载《中国人口、资源与环境》2008 年第 3 期。

［67］庄贵阳：《低碳经济引领世界经济发展方向》，载《世界环境》2008 年第 2 期。

［68］吴智慧：《超越增长的极限——纪念〈增长的极限〉一书出版 40 周年》，载《资源管理》2013 年第 1 期。

［69］董战峰、於方、曹东：《“绿色经济”可持续发展战略路径的必然选择》，载《环境保护与循环经济》2009 年第 3 期。

［70］张世鹏：《什么是全球化》，载《欧洲》2000 年第 1 期。

［71］白洋：《促进低碳经济发展的财税政策研究》，中国社会科学院 2014 年博士学位论文。

［72］陈潭：《浅论政策合法化与政策法律化》，载《行政与法》2001 年第 1 期。

［73］付丽苹：《我国发展低碳经济的行为主体激励机制研究》，中南大学 2012 年博士学位论文。

［74］邢晓迪：《我国低碳经济发展中的公众参与研究》，南京工业大学 2012 年硕士学位论文。

［75］崔军：《关于我国开征碳税的思考》，载《税务研究》2010 年第 1 期。

［76］张文：《尼古拉斯·斯特恩：“不应由发达国家告诉中国该做什么”》，载《中国经济导报》2010 年 4 月 8 日版。

［77］国家发展改革委员会经济体制与管理研究所：《国家发展改革委负责人就〈国家应对气候变化规划（2014—2020 年）〉答记者问》，载《中国经贸导刊》2014 年第 28 期。

［78］罗璇：《从〈京都议定书〉生效带来的压力和挑战看中国气候变化立法》，载《法制与社会》2008 年第 3 期。

［79］梅宏：《人民检察院提起环境公益诉讼：不仅仅是为了业务的拓展——青岛市区两级检察院民事行政检察部门调研报告》，载陶卫东主编：《生态文明建设与环境公益诉讼》，知识产权

出版社 2011 年版。

[80] 刘春华:《检察机关环境公益诉讼主体资格分析》, 载陶卫东主编:《生态文明建设与环境公益诉讼》, 知识产权出版社 2011 年版。

[81] 李雪妮:《检察机关环境公益诉讼主体资格问题研究》, 载陶卫东主编:《生态文明建设与环境公益诉讼》, 知识产权出版社 2011 年版。

[82] 陶卫东:《检察机关提起环境公益诉讼之原告资格探究》, 载陶卫东主编:《生态文明建设与环境公益诉讼》, 知识产权出版社 2011 年版。

二、专著类

[1] 付子堂主编:《法理学进阶》(第 4 版), 法律出版社 2013 年版。

[2] 张文显主编:《法理学》, 高等教育出版社 2003 年版。

[3] 周永坤著:《法理学——全球视野》(第 3 版), 法律出版社 2010 年版。

[4] 张文显著:《法哲学范畴研究》(修订版), 中国政法大学出版社 2001 年版。

[5] 金瑞林主编:《环境法学》, 北京大学出版社 2013 年版。

[6] 周珂、高桂林、楚道文主编:《环境法》(第 4 版), 中国人民大学出版社 2013 年版。

[7] 常纪文著:《环境法原论》, 人民出版社 2003 年版。

[8] 韩德培主编:《环境保护法教程》, 法律出版社 2007 年版。

[9] 吕忠梅著:《环境法》, 法律出版社 1997 年版。

[10] 黄霞、常纪文主编:《环境法学》, 机械工业出版社 2003 年版。

[11] 汪劲主编:《中国环境法原理》, 北京大学出版社 2006

年版。

［12］曹明德主编：《环境与资源保护法》（第2版），中国人民大学出版社2013年版。

［13］廖建凯著：《我国气候变化立法研究——以减缓、适应及其综合为路径》，中国检察出版社2012年版。

［14］郭冬梅著：《应对气候变化法律制度研究》，法律出版社2010年版。

［15］宋俊荣著：《应对气候变化的贸易措施与WTO规则：冲突与协调》，上海社会科学院出版社2011年版。

［16］刘俊主编：《关注全球气候变化》，军事科学出版社2009年版。

［17］王树义等著：《环境法前沿问题研究》，科学出版社2012年版。

［18］陈德敏主编：《环境与资源保护法》，武汉大学出版社2011年版。

［19］韩德培主编：《环境资源法论丛》（第1卷），法律出版社2001年版。

［20］毛涛著：《碳税立法研究》，中国政法大学出版社2013年版。

［21］陈英著：《林业碳汇交易法律制度研究》，法律出版社2012年版。

［22］吕振勇主编：《能源法导论》，中国电力出版社2014年版。

［23］林光洙、刘定慧、马品懿：《环境法与环境执法》，中国环境科学出版社2002年版。

［24］徐祥民、胡中华、梅宏等著：《环境公益诉讼研究——以制度建设为中心》，中国法制出版社2009年版。

［25］杨泽伟著：《国际法析论》（第3版），中国人民大学出版社2012年版。

[26] 朱文奇、李强著:《国际条约法》，中国人民大学出版社2008年版。

[27] 贾兵兵著:《国际公法：理论与实践》，清华大学出版社2009年版。

[28] 朱文奇著:《现代国际法》，商务印书馆2013年版。

[29] 邹龙妹主编:《国际私法》，中央民族大学出版社2013年版。

[30] 杨解君主编:《欧洲能源法概论》，世界图书出版公司2012年版。

[31] 田平安主编:《民事诉讼法学》(第4版)，法律出版社2013年版。

[32] 张仲伯主编:《国际私法学》，中国政法大学出版社2002年版。

[39] 李怒云编著:《中国林业碳汇》，中国林业出版社2007年版。

[40] 李挚萍著:《环境法的新发展——管制与民主之互动》，人民法院出版社2006年版。

[41] 李传轩、肖磊、邓炜等著:《气候变化与环境法理论与实践》，法律出版社2011年版。

[42] 杨泽伟著:《宏观国际法史》，武汉大学出版社2001年版。

[43] 王哲著:《西方政治法律学说史》北京大学出版社1988年版。

[44] 王铁崖著:《国际法引论》北京大学出版社1998年版。

[45] 周旺生著:《立法学》(第2版)，法律出版社2009年版。

[46] 庄贵阳、陈迎著:《国际气候制度与中国》，世界知识出版社2005年版。

[47] 严存生著:《法的价值问题研究》，法律出版社2011

年版。

[48] 杜澎著：《破坏环境资源犯罪研究》，中国方正出版社2000年版。

[49] 肖海军编著：《环境保护法实例说》，湖南人民出版社1999年版。

[50] 魏振瀛主编：《民法》（第4版），高等教育出版社2010年版。

[51] 蔡守秋主编：《新编环境资源法学》，北京师范大学出版社2009年版。

[52] 高桂林、刘向宁、李姗姗编著：《环境法：原理与案例》，知识产权出版社2012年版。

[53] 王秀梅著：《破坏环境资源保护罪》，中国人民公安大学出版社2003年版。

[54] 杜新丽主编：《国际民事诉讼和商事仲裁》，中国政法大学出版社2005年版。

[55] 李旺著：《国际民事诉讼法》，清华大学出版社2003年版。

[56] 韩德培主编：《国际私法新论》，武汉大学出版社1997年版。

[57] 董裕平、全先银、汤柳、姚云等译：《多德—弗兰克华尔街改革与消费者保护法案》，中国金融出版社2010年版。

[58] 夏义善、陈德照编著：《中国能源环境气候外交大视野》，世界知识出版社2011年版。

[59] 董岩著：《国家应对气候变化立法研究——以立法目的多元论为视角》，中国政法大学出版社2015年版。

[60] 高其才著：《法理学》（第3版），清华大学出版社2015年版。

三、译文译著类

[1] [美] 罗斯科·庞德著：《通过法律的社会控制》，沈宗灵译，商务印书馆 2010 年版。

[2] [美] 小奥利弗·温德尔·霍姆斯著：《普通法》，冉昊、姚中秋译，中国政法大学出版社 2006 年版。

[3] [美] E. 博登海默著：《法理学：法律哲学与法律方法》(修订版)，邓正来译，中国政法大学出版社 2004 年版。

[4] [美] 芭芭拉·沃德、勒内·杜博斯著：《只有一个地球——对一个小小行星的关怀和维护》，(国外公害丛书) 编委会译校，吉林人民出版社 1997 年版。

[5] [美] Anthony Leisrowitz：《国际气候变化公众认知研究的模式、趋势与局限》，熊伊雪译，载《东岳论丛——名家主持·气候传播研究》2013 年第 10 期。

[6] [美] 劳伦斯·索伦著：《法理词汇》，王凌皞译，中国政法大学出版社 2010 年版。

[7] [日] 小林秀之著：《国际取引纷争》，弘文堂 1995 年版。

[8] [日] 谷口安平著：《程序的正义与诉讼》，王亚新、刘荣军译，中国政法大学出版社 1996 年版。

[9] [美] R. 科斯、A. 阿尔钦、D. 诺斯等著：《财产权利与制度变迁——产权学派与新制度学派译文集》，刘守英译，上海人民出版社 1994 年版。

[10] [法] 孟德斯鸠著：《论法的精神》，张雁深译，商务印书馆 2007 年版。

[11] [德] W. G. 魏智通主编：《国际法》，吴越、毛晓飞译，法律出版社 2012 年版。

[12] 伊恩·布朗利著：《国际公法原理》，曾令良、余敏友等译，法律出版社 2007 年版。

四、英文文献类

[1] Jenny Sumner, Lori Bird, etc. "Carbon Taxes: A Review of Experience and Policy Design Considerations", National Renewable Energy Laboratory (US), Technical Report.

[2] John Miller: "Leveling the Carbon Playing Field: A Ralwsian Take on Carbon Taxation and Climate Justice", Institute for Fiscal Studies Reports.

[3] Reuven S. Avi-Yonah David M. Uhlmann, Combating Global Climate Change: Why a Carbon Tax Is a Better Response to Global Warming Than Cap and Trade.

[4] Michelle Passero, The Nature of the Right or Interest Created by a Market for Forest Carbon, Carbon & Climate L. Rev.

[5] Report of the International Law Commission on the work of Its Eightennth Session, YILC (1966).

[6] Fowlie, M. (2010), "Allocating Emissions Permits in Cap-and-Trade Program: Theory and Evidence", University of California, Berkeley Technical Report.

[7] See Arthur Nussbaum, A Concise of the Law of nations, New york 1954.

[8] See Lord McNair, International Legislation, in The Law of Treaties, Clarendon Press, 1961, Appendix.

[9] Ernst Brandl&Hartwin. Bungert. Constitutional Entrenchment of Environmental Protection: A Comparative Analysis of Experiences Abroad, 16 Harv. envtl, L. Rev. 1, 5 (1992).

[10] John c. Dernbach and Seema Kakade, "Climate Change Law: An Introduction", Energy Law Journal, 2008 (29) 1.

[11] "Preliminary Draft Convention on Exclusive Choice of Court Agreements" Prepared by the Special Commission of April 2004 with

Possible Modifications Prepared by the Drafting Committee at Its Meeting from 18 - 20 April 2005, Working Document No. 1, Distribu - ion: June 2005.

[12] Niklas Hahne et al, Evolution of Commitments under the UNFCCC: Involving Newly Industrialized Economics and Developing Countries, ECOFYS Gm6H, Berlin, Feb. 2003.

[13] Marino Marcich, Trade and Environment: What Conflict? Law & Policy of International Business, Vol. 31, 2000.

五、其他类

[1]《联合国气候变化框架公约》
[2]《京都议定书》
[3]《蒙特利尔议定书》
[4]《应对气候变化国家方案》
[5]《中国应对气候变化的政策与行动（2013）》
[6]《中国应对气候变化的政策与行动（2014）》
[7]《国家应对气候变化规划（2014—2020 年）》
[8] 人民网：http：//www. people. com. cn
[9] 中国政府网：http：//www. gov. cn
[10] 中国气候变化信息网：http：//www. ccchina. org. cn
[11] 中华人民共和国生态环境部:http://www.mee.gov.cn
[12] 中国气象网：http：//www. cma. gov. cn
[13] 百度百科：http：//baike. baidu. com
[14] 豆丁网：http：//www. docin. com
[15] 新华网：http：//www. xinhuanet. com
[16] 中国林业网：http：//www. forestry. gov. cn
[17] 百度文库：http：//wenku. baidu. com
[18] 腾讯新闻网：http：//news. qq. com
[19] 和讯新闻网：http：//news. hexun. com

[20] 环球网：http：//www. huanqiu. com
[21] 中国新闻网：http：//www. chinanews. com